普通高等教育经管类专业“十三五”规划教材

# 财经应用文写作

秦效宏　递　春◎主　编
史高峰　梁林蒙◎副主编

清華大学出版社
北　京

## 内 容 简 介

本书以创业项目开展过程为主线，把各类财经应用文写作贯穿起来，全书逻辑体系清晰，结构严密。全书主要包括财经应用文写作基础篇、创业意识形成篇、创业机会开发与评估篇、创业实施篇和财经专业毕业论文共五篇。具体包括财经应用文写作基础认知、社会实践报告、求职文书、申请书、市场调查报告、可行性分析报告、创业计划书、商业信息沟通文书、财经法律文书、企业日常事务文书和财经专业毕业论文 11 个项目。

本书力求实现创业教育融入专业教育。同时采用项目式教学方法并结合案例教学，以任务驱动的方式来调动学生学习的兴趣，突出学生财经应用文写作能力的培养，体现出学以致用的特色。目前国内缺少把创新创业教育融入专业教育过程的教材，本书按照创业项目的进程对财经应用文写作的需要，把各种文体以项目的形式贯穿起来，力求实现创业教育与专业教育的融合。

本书对应的电子课件可以到 http://www.tupwk.com.cn/downpage 网站下载。



**图书在版编目(CIP)数据**

财经应用文写作 / 秦效宏，递春　主编. —北京：清华大学出版社，2018（2023.1 重印）
(普通高等教育经管类专业“十三五”规划教材)
ISBN 978-7-302-50201-2

Ⅰ. ①财…　Ⅱ. ①秦… ②递…　Ⅲ. ①经济－应用文－写作－高等学校－教材　Ⅳ. ①F

中国版本图书馆 CIP 数据核字(2018)第 114528 号

责任编辑：胡辰浩　袁建华
封面设计：周晓亮
版式设计：思创景点
责任校对：曹　阳
责任印制：朱雨萌

出版发行：清华大学出版社
　　网　　址：http://www.tup.com.cn，http://www.wqbook.com
　　地　　址：北京清华大学学研大厦 A 座　　　　邮　　编：100084
　　社 总 机：010-83470000　　　　　　　　　邮　　购：010-62786544
　　投稿与读者服务：010-62776969，c-service@tup.tsinghua.edu.cn
　　质 量 反 馈：010-62772015，zhiliang@tup.tsinghua.edu.cn
印 装 者：涿州市般润文化传播有限公司
经　　销：全国新华书店
开　　本：185mm×260mm　　印　　张：15　　字　　数：374 千字
版　　次：2018 年 7 月第 1 版　　印　　次：2023 年 1 月第 5 次印刷
定　　价：69.00 元

---

产品编号：079490-03

# 前　言

“财经应用文写作”是财经类、管理类专业开设的一门公共基础课程。在财经类、管理类人才的培养过程中，对学生表达沟通能力和写作能力的培养非常重要，能在实际工作中根据需要撰写相应的应用文是每个大学生必备的能力之一。“财经应用文写作”课程主要系统讲授应用文写作的基本理论知识、基本方法，讲授具体文种的特点、结构、内容和写作要求。通过讲授与实践训练，使学生了解并掌握各类财经应用文写作技能，能写出主旨明确、详略得当、结构合理、语言得体和格式规范的各类应用文。

在“大众创业、万众创新”的社会和经济变革环境中，如何把创业教育有机地融入专业课程，是时代对高等教育提出的新要求。基于此，本教材以创业项目开展过程为主线，把各类财经应用文写作贯穿起来，力求实现创业教育融入专业教育。同时本教材采用项目式教学方法并结合案例教学，以任务驱动来调动学生学习的兴趣，突出学生财经应用文写作能力的培养。

本书共分五个模块，模块一为财经应用文写作基础篇，主要阐述财经应用文写作的基本常识。模块二为创业意识形成篇，通过社会实践报告、求职文书和申请书三个项目来阐述在创业意识形成过程中几种主要文书的写作。模块三为创业机会开发与评估篇，通过市场调查报告、可行性分析报告和创业计划书三个项目来阐述在寻求创业机会和开发创业项目过程中几种主要文书的写作。模块四为创业实施篇，通过商业信息沟通文书、财经法律文书和企业日常事务文书三个项目来阐述在创业实施过程中各类文书的写作。模块五为财经专业毕业论文，本模块相对前面四个模块较为独立，主要阐述如何撰写高质量的财经专业毕业论文。

本书在编写方面具有以下三个显著特点。

一、融入创业教育。本书在编写过程中按照创业项目的进程对财经应用文写作的需要，把各种文体以项目的形式贯穿起来，力求在培养学生财经应用文写作能力的同时，提升学生的创业能力。

二、采用项目化教学。本书在编写过程中，力求顺应当下高等学校教学改革的趋势，采用项目化教学方法组织编写，便于教师开展教学改革，同时激发学生的学习兴趣。

三、突出案例教学。本书在编写过程中，力求每个写作文体都有针对性的案例，便于教师开展教学和学生更好地学习。

本书由秦效宏、递春担任主编，史高峰、梁林蒙担任副主编。全书共五大模块，各模块编写的具体分工如下：第一模块、第三模块由递春编写，第二模块、第四模块由秦效宏编写，第五模块由梁林蒙、史高峰编写，案例由李蕾、李思仪、宁凯冰、杨涛、张惠、杨丝丝、王海元、王丽、张芬、张谦、张国强、张维、冯庆华、陈籽雨、王皓、李苗青编写。全书由递春负责统稿，秦效宏负责审定。

本书在编写过程中借鉴和吸收了国内同类教材的大量资料和优点，书中列出的参考文献仅是其中的一部分，还有很多没有列出，在此谨向这些文献的作者致以诚挚的敬意并表示感谢。

由于编者水平和经验有限，书中难免存在疏漏和错误之处，恳请读者和同行批评指正，以便再版改进。我们的信箱是 huchenhao@263.net，电话是 010-62796045。

本书对应的电子课件可以到 http://www.tupwk.com.cn/downpage 网站下载。

编者

2018 年 3 月

# 目　录

# 模块一

# 财经应用文写作基础篇

【模块目标】

| 学习目标 | 达成度 |
| --- | --- |
| 理论知识 | 掌握财经应用文的概念，了解财经应用文的特点<br>掌握财经应用文写作的主旨、材料、语言和结构<br>了解财经应用文的写作过程 |
| 专业技能 | 掌握财经应用文的写作要求<br>通过研读优秀的财经应用文，体会财经应用文的撰写要领 |

【模块任务】

项目一　财经应用文基础认知

【写作故事】

### 三纸无驴

典故：在《颜氏家训》的《勉学》篇中，记载了一则博士买驴的笑话，这是颜之推到邺城去办事时听到的。

当时有个博士，熟读四书五经，满肚子都是经文。他非常欣赏自己，做什么事都要咬文嚼字一番。

有一天，博士家的一头驴子死了，就到市场上去买一头。双方讲好价后，博士要卖驴的写一份凭据。卖驴的表示自己不识字，请博士代写，博士马上答应。卖驴的当即借来笔墨纸砚，博士马上书写起来。他写得非常认真，过了好长时间，三张纸上都是密密麻麻的字，才算写成。卖驴的请博士念给他听，博士干咳了一声，就摇头晃脑地念了起来，过路人都围上来听。

过了好半天，博士才念完凭据。卖驴的听后，不理解地问他："先生写了满满三张纸，怎么连个'驴'字也没有呀？其实，只要写上某月某日我卖给你一头驴子，收了你多少钱，也就完了，为什么唠唠叨叨地写这么多呢？"

在旁观看的人听了，都哄笑起来。这件事传开后，有人编了几句讽刺性的谚语："博士买驴，书券三纸，未有驴字。"

后众人们以"博士买驴""三纸无驴"等成语形容写文章或讲话不得要领，虽然写了一大篇，说了一大堆，却离题很远，可谓"下笔千言，离题万里"。图 1-1 所示为王建峰绘制的《成语——博士买驴》。

图 1-1 《成语——博士买驴》—王建峰绘制

# 项目一

# 财经应用文基础认知

## 项目描述

人们在社会活动中的交往和关系越来越频繁和复杂，反映这种经济活动的状况和关系的财经应用文已成为人们工作、生活中必不可少的一部分，日益受到社会的重视。本项目要求学生掌握财经应用文的基本概念，并理解构成财经应用文的基本要素。

## 任务描述

学生根据自己对财经应用文的理解，找到一篇好的财经应用文，并说明它好在哪里？

## 学习目标

能知道什么是财经应用文，理解财经应用文的基本构成要素，并能初步掌握财经应用文写作的基本要领。

## 任务导入

关统是某高校一名经济管理系大三的学生，因为各方面表现优异，被推荐为励志奖学金的候选人。作为候选人需要写一份个人总结，将自己优秀的方面展示出来。可是关统有点发愁了，他觉得一是东西太多了，不知从何处下笔？二是怎么写才能突出自己，从而让自己在最终的竞争中获胜？你觉得这种文书的写作该注意些什么？

### 一、财经应用文写作的含义

财经应用文是指在财经活动中形成、发展起来的和在财经工作中经常使用的应用文，是记录财经活动实践者成果的载体。在进行财经应用文写作时，总是关系到作者、作品、读者以及作品所反映的财经活动等多个写作要素。而财经应用文写作的任务就是研究这四种要素在整个写作活动中表现出的特点、规律及处理技巧。

财经应用文写作，作为应用文写作的分支，更注重文章的应用性。这主要表现在三个方面：一是使用性主体，即从事财经应用文写作的主体是这种书面文字材料的直接使用者或间接使用者，这个使用群体既可以是从事财经工作的行政管理单位、社会团体，也可以是财经工作领域以外的从事财经活动的单位和个体。主体的社会性、团体性得到了强化，而个性得到了弱化，这就使文章内容的表现过程中，不能有个性张扬的感情抒发，而完全遵从客观性和写实性。二是实用性价值，指财经应用文写作所形成的文字书面材料能帮助人们解决具体问题，处理具体的事务，提供决策依据，咨询业务信息，具有很强的实用性价值。三是惯用性格式，指财经应用文写作所形成的文字书面材料在长期的写作实践过程中，逐步地约定俗成或法定而成一种规范惯用的形式，这种格式的形成大大提高了财经应用文写作的方便性和频率度，极大地拓展了财经应用文写作的应用对象和范围。

## 二、财经应用文写作的特点

财经应用文写作是写作学和经济学交叉的一门边缘学科，这门学科既要遵循写作学的理论，具备一般文章所具有的特点，如观点明确、结构严谨、层次清晰、轻重分明等，又要切合经济学的实际，二者相辅相成、密切结合，形成这门学科独有的特点。

### （一）真实性

财经应用文写作的根本要求是真实性。无论是财经应用文写作的通用文书还是专业文书，在内容上都应是真实的，所反映的事件、处理的事务、表现的时间、引据的数字都应完全真实可靠，与实际情况没有出入，绝不允许任意编造、弄虚作假；另外，财经写作反映财经活动中的客观事物不能只局限在表面的真实，它还反映财经实践活动的客观规律，应是一种本质上的真实。否则，即使确有其事、其人、其数，但因这些人、事、数据只是客观规律的外在表现，而没有反映事物的本质，同样会造成财经应用文写作内容的失真。

### （二）客观性

客观性主要指财经应用文写作主体反映财经活动内容的态度。在反映内容的态度上，作者应客观表现，应如实地反映财经业务活动中的各种事物、事件、问题、数据，不能人为主观地去夸大缩小，甚至虚构想象，导致财经应用写作的失真，从而在客观管理实施中造成失误，这点尤其要引起我们在财经应用文写作中的注意，一定要审慎行事，客观真实地反映财经业务活动中的每一件事、每一情况或每一问题，万不可随心所欲。如粗枝大叶，将会造成所反映信息失真，造成决策失误，引起不良的后果。

### （三）社会性

财经应用文写作所反映的财经活动，不是孤立、单一的现象，而是和财经业务以外的事物紧密联系的社会现象。由此，财经应用文写作所体现的管理效应，不只发生在个人与个人双向碰撞之间，还调停国家、集体、个人、民营、外资多方之间的关系，是一种多向碰撞之间的效应体现。因此，财经应用文写作是整体意向和个人意向、全局意向和局部意向的科学综合反映，是管理者与被管理者的心理因素、行为因素、利益因素、文化因素的多层包容。

### （四）功用性

功用性是财经应用文写作作为管理手段在作用上的必然要求。财经应用文写作“以实告人”，旨在务实办事、解决实际问题。那么它的作用是体现在文章之外的法人地位、权威上，还是通过写作过程中所提出来的意见、措施、办法、对策、建议等文章的内容来实现？一般而言，文章之外只是施“事”的主体，重在“施”；文章之内是“施”之客体，重在“事”。“施”只是手段，“事”才是目的。可见功能性的好坏强弱主要体现在内容上，因内容错讹，施之也无益。缘于此，财经应用文写作反映之事就必须是指挥功能、约束功能、监督功能、协商功能、规范功能等多种功能的集合体，不然就会失去了它的作用。

### （五）层次性

财经应用文写作对财经信息的反映并不是杂乱无章的，而是具有鲜明的层次性。从信息的来源传递看，其可分为决策层信息、管理层信息、作业层信息；从信息发展变化看，有超前型信息、发展型信息、成熟型信息、滞后型信息；从信息内容方面看，有单一型信息和综合型信息。所以在财经应用文写作中应用信息时就要根据不同层次结构的信息来对客观事物进行判断，以便捕捉到最准确、真实、适时的信息。

### （六）程式性

程式性的特点主要表现在财经应用文写作的载体的格式、用语、文种，语体、布局，甚至各种标记、用纸、装订、排版、行文程序等都有大致相同或相近的样式，有大体统一的要求。

财经应用文写作程式性、规范性形成的原因主要有两个：一是约定俗成，即在长期写作过程中，部分格式、用语、布局代代相传，相互效仿，从而被大家认同，形成社会公认的模式，如调查报告、总结、计划、毕业论文、消息等；二是法定使成，主要指通过公文和具有法律性的一些文种，由权力机关以法律法规形式对文种、格式和操作程序等加以认定，并在管辖范围内普遍执行。例如 2012 年 4 月中共中央办公厅和国务院办公厅颁布的《党政机关公文处理工作条例》就对 15 种公文格式做了规定，是每个公文写作者都必须遵守、不得违背的。

### （七）简约性

财经应用文写作的功用性，决定了其语言的简约性。语言的简约主要表现在概念清楚、详略得当、轻重分明、说理明确、表意简明上。简约性是现代社会财经应用文写作的要求，篇幅短小、简洁明了才能适应现代经济生活快节奏、高效率的需要。语言的简约性要求作者选用内涵丰富的词语、少花笔墨、多用直笔、通俗易懂。

### （八）专业性

财经应用文写作的最终成果就是各种财经应用文，财经应用文主要运用于财经领域的各管理部门，反映的内容主要是具体的财经业务活动，表现出显著的专业色彩。例如，经济活动分析的全过程需要大量运用数据来说明。在生产、分配、交换、消费的各个环节，小至一个企业的资金、成本、利润、产值、消耗等，大至一个国家的国民经济计划安排和社会发展的预算、产业比例设置等，都要运用数据来监测、鉴定和衡量，都要运用统计、财务、会计、财政、税收、金融、投资等相关专业知识进行分析和预测。

专业性特点的另一方面是指财经应用文写作的专业化程度。现在民间各种从事财经写作的组织实体得到了迅速发展，如各类咨询公司、理财公司、律师事务所、会计师事务所、审计师事务所、调查公司等都是高素质、专业性的专职人员来为从事财经活动的各类顾客提供服务。财经应用文写作的专业化、社会化、服务化是未来发展的方向。

### （九）政策性

财经应用文写作既产生于财经业务活动的需要，又直接受财经业务活动的制约。国家机关、社会团体、企事业单位和其他经济组织的财经业务活动，都是在国家的财经法规、规章、政策的指导下进行的，作为反映财经业务活动的财经应用文写作必然要以国家的财经法规、政策作为写作的依据。财经应用文写作的内容要符合国家财经政策法规，不存在相左的东西。同时，在有些情况下财经应用文写作的过程就是对国家财经政策的宣传、贯彻和落实，如法规性通知、意见、规章制度等。财经应用文写作成果本身就是某一政策的载体。由此可见，财经应用文写作的内容具有很强的政策性。

## 三、财经应用文写作的作用

随着我国市场经济日益发展，国内市场同国际市场的相互融合、相互衔接、相互影响的依存度也在明显增强，市场中不同的经济实体、企业公司、投资主体之间的财经业务活动也日趋频繁，人们对财经应用文写作达到了前所未有的重视。他们会运用各种财经应用文帮助自己处理财经业务活动和财经活动中发生的各种关系，研究财经领域中的理论和实践问题。不难看出，财经应用文写作在社会主义市场经济建设中及经济全球化背景下发挥着越来越大的作用。

### （一）有助于科学决策、防范风险

财政、金融、投资是现代市场经营中最活跃、最具风险的因素，和各个经营实体在开展具体的财经业务活动时，诸如借贷资金、投放债券、开发产品、个人投资等，都要进行周密的计划、深入的调查及科学分析、前瞻预测，以保证某项决策的科学性和准确性，防范市场风险。这些内容大都要通过财经应用文来加以体现，这说明财经应用文是形成科学决策、预防市场风险的有效手段。

### （二）有助于规范行为、提高效率

市场经济是一种有序的经济，是讲究效率的经济，而任何无序、无效的经营实体都将在激烈公平的市场竞争中被淘汰出局。各经济实体和政府服务职能部门在市场中开展财经业务活动都要讲究规范性和效率性原则，都要遵循国内、国际市场的惯例准则来规范自己的活动行为，不能随心所欲、杂乱无章地从事经济业务活动，应在规范管理、规范经营的基础上提高自身的工作效率。而财经应用文写作中的法规性公文、规章制度、审计报告、合同、经济纠纷诉状都将在这方面起到积极的作用。

### （三）有助于宣传政策、传播信息

经济应用文写作中有不少文体，如“决定”“通知”“通报”“条例”等本身就是政策载体，被用以宣传党和国家的方针政策以及表彰先进、批评错误、推广经验，并以此端正和统一人们的思想认识，规范人们的行为，增强人们市场经营的法制观念和工作责任感，推动我国社会主义市场经济继续有序地发展。

另外，财经应用文写作在传播过程中，由于其载体集中储存了主体收集的各种财经管理信息，将对财经应用文写作的受体传递大量的资讯和信息，传递各种经济情报，所以财政、经济管理的现代化首先应是财经信息管理的现代化。在开展具体财经业务活动时，摄取、处理、收集、掌握各种财经信息是最重要的环节，而信息传播的起点是人的思想和语言，所以财经工作人员若没有掌握财经写作这种工具，用语言文字把科学的思维成果表述出来，那么采取任何传播手段来传播财经信息都是不可能的。

### (四) 有助于沟通联系、智能开发

财经应用文是加强上下级联系的纽带，也是同市场中各经济实体进行财经业务联系的有效工具。比如上下级间的上情下达、下情上报，各单位之间的信息交流、经验交流，各经济实体之间的业务往来，都要通过相应财经应用文写作的载体来进行联系衔接。财经应用文写作是一种复杂的精神活动，是一种智能产品，其写作过程中有选材、构思和表述三个步骤。在这些步骤中，必须充分调动写作主体的感受能力、想象能力、分析能力、判断能力、结构能力和语言能力，在写作主体各种智能和非智能因素的共同作用下，才能使感性认识上升到理性认识，从原汁原味的材料抽象出规律性的观点，使内在构思变为具体有据、有理、有序、有言的写作成果。毋庸多言，整个写作实践过程有利于智能的开发。

## 四、财经应用文写作的四要素

文本，本是对使用多种语言文字的同篇文书的区分。财经应用文写作的文本，是指用某种语言写成的一篇完整的财经应用文。一篇规范完整的财经应用文，一般由主旨、材料、结构、语言四要素构成。主旨，主要是解决言之有理的问题；材料，主要是解决言之有物的问题；结构，主要是解决言之有序的问题；语言，主要是解决言之有法的问题。这四个要素相互作用，形成有机整体。

### (一) 主旨

李渔在《闲情偶寄》中曾云：“作文一篇，定有一篇之主脑。”财经应用文也不例外。作为行文的灵魂，财经应用文的主旨是写作意图的体现，是写作主体对某一事物所持的态度、看法和主张。与文学作品相比，财经应用文的主旨往往是“意在笔先”，主题先行，在动手写作之前主旨即已产生。从主旨形成的过程看，财经应用文的主旨酝酿时间短，特别注意时效性。从主旨在文本中的体现过程看，财经应用文主旨的限定性强，而且往往是集体智慧的结晶，是群体思维的结果，是撰写者、领导、上级意图、受体利益、社会生活实际等多方面的反映。

财经应用文主旨的确立可分为以下四点：

(1) 立足于国

要从维护国家最高利益的高度来确立主旨。写作主体的理论、主张、政策、主意、办法、措施等，都要有利于我国社会主义市场经济的发展，有利于我国经济生活的良性循环，有利于经济效益的提高。

(2) 立足于法

要依照国家法律法规及有关方针政策的规定确立主旨。法律法规是财经应用文写作的依据，方针政策是法律法规的具体体现。写作主体所提出的、所分析的、所解决的问题，都必须符合法律法规及方针政策的要求，做到观点正确、原则分明。

(3) 立足于行

要依照客观实际确立主旨。写作主体的意见、主张、办法、措施等，都要建立在实事求是的科学基础之上，如实地反映客观实际情况，在实践中切实可行。

(4) 立足于新

要根据事物的特征确立主旨。事物是在不断变化的，确立财经应用文的主旨，就要研究新形势，归纳出新经验，总结出新方法，提出新措施。只有这样，才能使写作主体的观点具有超前性。

财经应用文的主旨除了在立意上要有上述四点要求外，在表达上也有其特殊要求。

(1) 准确客观

作为应对事务、临民治事的管理工具，财经应用文要在具体工作中去处理、解决问题，要求具有良好的信守功能。所以，财经应用文的主旨必须准确客观：首先要做到正确，防止违背法律法规、以权压法的文字出现；其次要真实客观地反映发文者的意图，尊重事实本身，防止主观臆断，妄加评判。

(2) 鲜明直露

直白显露，这是文学的大忌，但财经应用文的主旨必须鲜明直露。表现句式，多用判断句，直截了当地在文章的显要位置表达出来，或篇首亮旨，或篇中明旨，或篇末显旨，以更好地集中受体的注意力，节省读者的阅读时间，最大限度地提高应用文的效用。

(3) 单一集中

财经应用文的主旨单纯明确、单一集中，要围绕一个问题、一项工作、一件事情，集中力量把要说的主旨说得鞭辟入里，不能四面出击，面面俱到。那种主次不分、贪大求全的做法，只能“意多乱文”，让受众无所适从。

### (二) 材料

清代学者章学诚在《文史通义·文理》中，提出了“夫立言之要在于有物”的主张，强调写文章的关键在于要有材料。材料是财经应用文确立主旨、形成观点的依据，也是支撑主旨的基石。

财经应用文中的材料，指作者从实际生活和工作中收集、提取以及写入文章的事实和依据，即感性形态的具体材料和理性形态的抽象材料。在这些材料形态的变化过程中，写作主体要重视三个环节：材料的收集、选择和使用。

#### 1. 材料的收集

如果说主旨是财经应用文的灵魂，那么材料就是文章的血肉。写作主体不收集积累材料，就根本写不出来任何文章，所以写作主体必须在日常生活中有目的、有计划地去收集与本人或本部门切实相关的材料。要收集这些相关材料，就必须运用观察、调查、查阅等方法。

观察是一种有目的、有计划、有组织的知觉过程，是写作主体摄取信息、获得感知、丰富想象的主要途径。财经应用文写作的主体在从事财经工作的过程中，必须培养良好的观察力，时刻注意周围发生的一切，尤其是把观察重点放在财经业务活动的特点、规律以及财经工作的效益上。写作主体要培养良好的观察力，首先必须充当管理者，要亲自参与配合领导决策管理，并在管理的实践中去亲身体验领会管理中出现的问题、事项规律，了解管理决策的全过程。其次要有必要的知识储备，应具有管理学、经济学、社会学、心理学、统计学、数学和秘书学等多种学科知识的储备。最后应掌握观察方法，注意观察的顺序和角度，以及观察的广度和深度，要随时记录，及时调理，分析比较，抓住特征。

调查是为了认识和解决某一问题而了解情况。调查和观察一样，都是获取原始信息的手段。财经应用文写作中常见的调查方法有传统调查方法、统计调查方法和计算机采集法。传统调查方法即过去经常采用的普遍调查、典型调查、抽样调查、问卷调查等。统计调查方法是指有组织地收集各种统计资料，并对其进行分析研究的方法。计算机采集法是利用计算机采集原始信息，其数据的及时性与精确性是人工统计无法比拟的。

财经应用文写作中的查阅通常是采集性阅读，这是一种间接获取写作信息资料的感知方式。查阅资料包括传统的对书刊资料、文献的泛览与精读，也包括现代的网上阅读。查阅资料，也是一种获取材料信息的重要途径，并要求对阅读的信息进行摘录、分类、归纳，以整理成材料笔记。

**2. 材料的选择**

材料是阐述主旨的依据，材料的收集积累讲究一个“多”字，但不能把所有收集的材料都写进文章中去，这就有一个材料的选择取舍问题。一般而言，材料的选择讲究一个“严”字，并不是多多益善，面面俱到，而是要以一当十。其具体应围绕以下原则来选材。

(1) 要选择真实准确的材料

任何文章的材料都源于生活，但因文体不同、文章的功用不同，对材料的处理、加工也就不同。财经应用文的材料以事实性材料为基础，包括财经活动中真实发生或存在的事物(事件、人物、地点、时间)，也包括问题、数据、政策、法令等。总的来说，应准确无误，不能随意编造，否则将有损财经应用文功用的发挥，严重的将带来巨大的负面影响。讲材料的真实，不仅是指材料是实实在在发生的和客观存在的，还指材料的细节必须符合生活的原貌，符合事实本身的某方面特征。有时候，材料是存在的，但用在某个文本中则可能是不真实的，如张冠李戴、移花接木等。

(2) 要选择典型的材料

财经实践活动体现的客观内容是多方面的，故财经应用文的材料也是相当多的。在写作财经应用文时，只有选择那些最具代表性、最准确揭示事件本质的材料，才能使文章言简意赅，更有表现力，这就要求财经应用文所选用的材料具有典型性，要能以一当十。当然，财经应用文材料的典型性是相对的，要因时、因地、因人、因文的不同而有所区别。也许有的材料在这篇文章中是典型的，但到了另一篇文章中则不够典型，甚至会成为赘述。因此，财经应用文材料的典型性还必须充分考虑到材料的针对性，要做到主旨和材料的统一。

(3) 要选择新颖的材料

新颖的材料是指符合实际需要，符合市场经济运行发展的大趋势，能解决实际问题的，与热点、难点、要点、疑点、重点密切相关的各种材料。财经领域中的新问题、新情况、新经验、新矛盾层出不穷，只有使用了这些新颖的材料，财经应用文才最有吸引力、感染力，才能切实地解决新问题、指导工作。

3. 材料的使用

材料的使用是财经应用文材料运用中的最后一个环节，直接关系到文章主旨的表现，一定要加以高度重视。材料的使用重在一个“活”字，要能活灵活现地表现出文章的主旨，让受体一目了然。在材料的使用中，一是要决定不同材料和同类材料叙述、说明的先后顺序；二是要确定材料叙述说明的详略程度。只有把握住了以上两点，才能保证财经应用文写作中材料虽多，但有主有次，有详有略，疏密相间，配置均匀。

### （三）结构

结构是作者根据主旨需要，同时更好地表现主旨，对文中各个部分的先后次序作合理的安排。也就是说，通过构思找到表现主旨的完整而严谨的结构形式，通过结构对材料进行妥善的安排，即如何安排层次、段落，如何过渡、照应，如何开头、结尾等。这里只对结构类型和要求进行介绍，其他内容在具体文种中各有介绍，此处不再赘述。

1. 结构的基本类型

财经应用文的结构形态一般有以下五种。

(1) 总分式

总分式指一篇文章由两个或三个部分内容组成的逻辑结构关系，或先总述再分述，或先分述再总述，或先总述再分述最后总述。这种结构形态在财经应用文中使用比较普遍。总分式还可分为以下几种。①先总后分式，即开头先点出主旨，统领全文，然后分头表述。如在布置安排某项工作的带有指示性的行政性通知中往往先总说某项工作开展的意义和目的，后分条分项标示如何做的具体内容。②先分后总式，即先讲情况、根据、原由等，然后总述主旨。这种结构形态多见于请示、公函、通报、经济活动分析报告、审计报告、述职报告等。③总分总式，即先总述再分述，最后予以总结。这种结构形态常见于揭露问题的调查报告、工作总结、财务分析报告等。

(2) 篇段合一式

篇段合一式亦称一段式，即全篇只有一个自然段。由于内容少而简单，不便分开，往往采用一段式的写法，主要出现在行政公文的某些文种中，如发布法规性文件的命令(令)、转发和批转文件的通知、公函等。

(3) 并列式

文章中几个层次之间的关系是平行和并列的，这样的结构方式为并列式，也称横式结构，这在总结、咨询报告、分析报告中比较常见。比如对财务状况进行分析，可以从资产、负债、利润、成本、费用等诸方面展开具体分析，这几个方面的内容就是并列关系。

(4) 递进式

递进式指以时间为顺序，或由现象到本质、从因到果等逻辑关系为顺序，逐层深入展开的结构形式，也称纵式结构。比如开头提出问题，而后剖析研究问题，再找出原因得出结果，最后提出解决问题的办法和建议，这是一种从因到果的递进式。

(5) 条法体例式

这种结构可以从两个方面去理解：一是一般文章的分条列项式；二是法规、规章类文件的内在条法式。

### 2. 结构的基本要求

(1) 逻辑性

财经应用文写作是对客观事物的真实反映。因此，文章内容的结构形式必须符合客观事物的发展规律，各层次之间前后上下的连接有其必然性，与主旨有内在的逻辑联系，不能相互矛盾，这样才能准确反映文章的主旨。否则，结构杂乱无章，言之无序，就会令人难以理解，达不到行文的目的。

(2) 完整性

结果安排要有逻辑性，首先要保证结构的完整。比如公文的写作，要有标题、主送机关、正文、落款等。正文的结构中要有开头、主体、结尾、结束语等部分。任何一个部分都不能少，不能顾此失彼，残缺不全，造成结构的不完整，影响文章内容的表达。

(3) 严密性

严密性是指文章中层次段落的划分要恰当，组织严密、联系紧凑、脉络清楚，这样才能顺理成章，浑然一体。

逻辑性、完整性和严密性这三者是紧密相连的，如果不完整或不严密，就不会有较强的逻辑性，这三者内在统一，不可分割。如果写作主体写作时出现结构不完整、组织散乱、逻辑性差的情况，则表明写作主体对事物认识不够，整个行文的思路并不清晰。写作主体应尽快调整写作行为，深入实际，摸清具体情况，加深对客观事物的认识，切忌听之任之，出笔不慎，从而影响写作质量，甚至在管理中带来不良后果。

## （四）语言

语言是人类思维、交际的重要工具，也是进行写作、表达内容、构成文章的物质手段。

文章的结构须用语言去组织，材料须用语言去表述，主旨须用语言去显示。只有通过语言这个物质外壳，主旨、材料、结构等文本要素才能变成有形的东西。财经应用文写作使用的语言属于事务语体，是用来处理事务、沟通信息的一种直接交际性的语言系统，有其鲜明的个性特点和表现要求。

### 1. 特点

财经应用文的语言讲究务实和规范，是典型的事务性语体，这种事务性语体有以下几个方面的特点。

(1) 介词多，修饰性词语少

在财经应用文中，为了说清事由，讲明道理，引用文件，表明目的，界定范围，规范行为，常常使用较多的介词，这在公文中更为突出。比如公文的标题，大都用“关于”这一介词引出。而在公文正文中，介词的使用就更多了。例如：“鉴于当前走私、套汇、投机倒把牟取暴利，盗窃公共财物，盗卖珍贵文物和索贿受贿经济犯罪活动猖獗，对国家社会主义建设事业和人民利益危害严重，为坚决打击这些犯罪活动，兹决定如下。”其中的“鉴于”“对”“为”“兹”都是介词。在财经应用文中，常用的介词有以下几种。

- 表示关联、范围的有“关于”。
- 表示对象、关联的有“对”“对于”“将”等。
- 表示依据的有“依据”“根据”“遵照”等。
- 表示目的的有“为了”“为”等。

- 表示状态方式的有“按照”“参照”“比照”“通过”等。
- 表示处所、方向的有“从”“向”“在”等。
- 表示时间的有“自从”“兹”“自”“于”“当”等。
- 表示原因的有“由于”“由”“鉴于”等。
- 表示比较的有“比”“跟”“同”等。
- 表示排除的有“除了”“除”等。

一些修饰性词语较少在财经应用文中用到，尤其是比拟、联想、象征等语言基本不用。

(2) 专用词多，语气词少

财经应用文涉及财政、金融、保险、税务、证券、外贸等业务内容，而这些行业有其专用的业务术语，比如资金、净资产、利润、负债、损益、信托、抵押、市盈率、资本金、股东、索赔、免税、预算、投资、费用等。只有熟悉掌握本范围内的专业用语，才能更好地反映专业情况，写好财经应用文。但在财经应用文中，语气词、感叹词基本不用，如“吗”“呢”“啊”“呀”“啦”“哪”“喳”等，这些语气词在文学创作中多用于抒情，而财经应用文以实告人，不需要以抒发感情来打动受众。

(3) 习惯用语多，口语少

相对其他文体而言，习惯用语在财经应用文中使用得多一些，这是因为财经应用文注重语言的规范、庄重、严谨、简洁、方便，许多用语相沿相袭，成了财经应用文的惯用语，主要包括：

- 称谓用语(如我局、你厂、贵公司、该行等)；
- 开端用语(如按照、根据、关于、为了、对于、兹因、鉴于、据悉、据反映等)；
- 表达用语(如即办、同意、当即执行、坚决贯彻等)；
- 经办用语(如经研究、经批准、经请示××同意等)；
- 过渡用语(如为此、对此、据此等)；
- 总结用语(如总之、总而言之、综上所述等)；
- 结尾用语(如为要、为盼、为荷、特此函达、专此报告、当否、请批示等)。

这些习惯用语，是为了适应表达内容需要形成的，它们各司其职，已经习惯成自然，是财经应用文的一种特定语词现象。

在财经应用文中，口语基本不用，这是因为口语欠庄重，太随便，不严谨，有时意思不明确，比如：“帮帮忙”“好不好”“好得不得了”“野路子”“真爽”“瞎搅和”“让我想一想”“拎不清”等。这些口语显然不十分严肃，有碍内容的表达。

(4) 数量词多，模糊语少

财经应用文中为了对实事有一个量度表现，写作时常使用大量的数量词来反映事物的数量指标和数量关系，揭示客观规律。在财经应用文中经常使用的数词有基数、序数、分数、倍数、概数五类。使用数词时要注意两个问题：一是要清楚数词的基本概念及其运用中的区别，如“二”和“两”、“倍”和“番”、“倍数”和“百分数”、“绝对数”和“相对数”等。一般而言，绝对数是反映事物在一定时间、地点和条件下的总规模和总水平的数值，又称总量指标，在调查研究、编制计划、总结工作、分析经济活动时都要运用绝对数。相对数是把两个绝对数对比以后抽象出来的数字，即社会经济现象和发展过程中两个相互联系的指标数值的比值。例如计划完成的百分数就是用实际完成数与计划数对比之后计算出来的。二是数字分界要清楚。说明数量变化时，要把“增”与“增到”、“减”与“减到”、“以上”与“以下”的数字分界表述清楚。“增”或“减”后边的数字所表示的量，不包括原有数量，“增到”或“减到”后边的数字则包括原有数量。

财经应用文通常很少用模糊性语言，因模糊性语言用得太多会影响财经应用文对各种事物反映的准确性，也将影响财经应用文的具体操作，以致丧失财经应用文的功效，所以像“大概”“大约”“差不多”“几乎”“左右”“以来”“以后”等模糊词语在财经应用文中应尽量少用或不用。

2. 要求

作为事务性语体的财经应用文在语言表达上有以下四个方面的要求。

(1) 准确

财经应用文具有很强的政策性和实践性，要求语言必须准确：事实要准，不走样；数字要准，不估测；论断要准，不含糊。同时，还要注意分寸，表述周密；不用模棱两可的词语，避免错字、别字、漏字，讲究使用标点符号。

(2) 简洁

财经应用文既要言之有物，又要简明扼要，用最少的话将内容说得清清楚楚、明明白白。清代散文大家刘大槲在《论文偶记》中谈道：“文贵简。凡文笔老则简，意真则简，辞切则简，理当则简，味淡则简，气蕴则简，品贵则简，神运而含藏不尽则简，故简为文章尽境。”这就要求写作主体在运用语言时，要情真意切，理当扫除一切空泛浮华的套话、空话、大话，删去一切多余的字、词、句、段，尽量使字、词、句、篇简约化。

(3) 朴实

财经应用文语言的朴实是指文章要通俗易懂、朴实无华。如故做艰深，装腔作势，就会令人望而却步，影响行文效果。如梁代沈约曾有言：“文章当从三易：易见事，一也；易识字，二也；易读诵，三也。”这就强调写文章要大众化、通俗化，对于财经应用文，切记用半文半白话，用溢美之词，用晦涩之句，要追求文从字顺。

(4) 规范

财经应用文语言的规范是指行文必须符合国家有关规定。比如：标点符号的用法，运用名称应注意的事项，运用时间和数字时应注意的事项，简化字的使用，缩写语和简称的注意事项，主题词的选用，以及有些专业文书写作的规定用语等，都必须统一按规定使用、照章办事，不得各行其是，以免造成混乱，贬损财经应用文写作的质量，影响具体功效。

# 模块小结

本模块主要介绍了财经应用文的概念、特点、作用，以及财经应用文的主旨、材料、结构、语言等基础知识。只有掌握了财经应用文的四要素，才能真正写好财经应用文。

# 模块二

# 创业意识形成篇

【模块目标】

| 学习目标 | 达成度 |
| --- | --- |
| 理论知识 | 掌握财经类社会实践报告、求职文书和申请书的概念，了解社会实践报告、求职文书和申请书的特点<br>掌握社会实践报告、求职文书和申请书的写作要点和注意事项 |
| 专业技能 | 具备归纳总结能力和信息捕捉能力<br>具备撰写社会实践报告、求职文书和申请书的能力 |

【模块任务】

项目一　社会实践报告
项目二　求职文书
项目三　申请书

【写作故事】

关统为某大学应届毕业本科生，已经做好自己的职业规划，想要寻找一份符合自己专业的工作并为之努力，不怕吃苦，但求职路上难免艰辛，况且由于耽误了校园招聘，只有自己四处奔波预约，并带着简历争取面试机会，最近联系到一家心仪的公司，其人力资源主管电话中已说："你现在来太晚了，我们都要入职了，我们有指标的，指标用完就不招人了。"但关统依旧想去争取一下，并拟求职信一封，希望递交其手，这封求职信是这样写的：

1. 我是一名新毕业的本科生，我的学习能力很强，有一定潜力。

2. 投资-回报分析：贵公司招收人才，每年结果应该也良莠不齐，既有良将，也不乏庸才，每一次聘用，均等同于投资，我与贵公司其他签约者相似，聘用我也算作一次投资，只不过，这次投资中，我本人能做到以下几点。

① 降低投资成本：工资待遇可由公司决定，视为专科水平或更低也可。

② 增加风险保障：可以延长试用期，试用期在一年半以内即可，若在一年半期间，

我仍不能令公司满意，我自行离开。

③ 回报分析：本人相信，自己是一个人才！我只能口头保证我未来努力工作并达到贵公司人才标准，或可做得更好。

相对其他人才，我可能耽误很多，大学期间，种种原因，很多东西我没有争取，大学结束，我也依旧在学习，不想再让一些机会白白错过，出于对弱者的怜悯或是遇见伯乐这些能令贵公司聘用我的理由，我不在乎，对于我，重要的是一次机会，还有机会过后我所证明的结果。我也全然理解贵公司拒绝我的理由，所以，若您觉得实在为难，那我欣然接受贵公司的决定。

对于这样一封求职信，几位资深 HR 进行了激烈的讨论。首先是集团高级招聘经理李易尘，他认为如果把这个简历和求职信投给自己，肯定连面试机会都不给小关的。李易尘还给了小关一些建议：虽然你错过了校园招聘，但是你没错过精彩的人生，为了求职，自降身价，而且降幅很大，且你也未在文中提到你的优势，你的强项是什么，你能为公司做什么？说的内容很多，有价值的几乎没有。真正有能力的人，会在简历中写，他能为公司做什么，而不会自降身价。无论是本科或专科，基本相差不大，都没有工作经验，所以薪资范围基本也没多大差距。你说你耽误了很多时间，这和求职完全没有任何关系，对你的求职也没有任何帮助，建议你重写求职信吧。

# 项目一

# 社会实践报告

## 项目描述

随着人们对大学生实际动手能力要求的提高，学生的社会实践活动越来越丰富，作为社会实践活动情况最直接反应的社会实践报告成为评定学生能力的标准之一，本项目要求学生学习社会实践报告的写作，并最终完成一份社会实践报告。

## 任务描述

学生根据以前的某次社会实践，完成一份社会实践报告。

## 学习目标

能掌握社会实践报告的写作方法和技巧，并能独立完成社会实践报告的写作。

## 任务导入

关统是某高校物流管理专业大二的学生，根据学校素质教育学分选修要求，每个学生必须利用课余时间参加一次为期不少于两周的社会实践活动，并且完成一份不少于2000字的社会实践报告，根据这份报告给学生评定社会实践能力和文化素质教育分数。关统利用大二的暑假到一家物流公司参加了1个月的社会实践，虽然工作很辛苦，但是他感觉自己收获很大。可是，他在撰写社会实践报告的时候却不知道从何写起。你认为他应该如何取舍材料，完成自己的社会实践报告？

### 一、社会实践报告的含义

社会实践报告是进行有目的、有组织、有计划的社会实践后撰写的一份总结报告。其作用在于增强大学生的社会责任感，积极参加社会中的各种活动，增加大学生的社会阅历、职业阅历，并提高大学生的就业竞争能力，接触社会，了解实际职业需求。

## 二、社会实践报告的格式

### 1. 报告题目

报告题目应该用简短、明确的文字写成，通过标题把实践活动的内容、特点概括出来。题目字数要适当，一般不宜超过20个字。如果有些细节必须放进标题，为避免冗长，可以设副标题，把细节放在副标题里。常用的标题格式为“发文主题”加“文种”，基本格式为“××关于文者×××的实践报告”“关于××××的实践报告”“××××实践”等。

### 2. 报告正文

报告正文一般分前言、主体、结尾三部分。

报告前言写明参加社会实践的时间、地点、原因、目的。

报告主体是社会实践报告最主要的部分，详述社会实践的基本情况、做法、经验以及具体认识、观点和基本结论。

报告结尾可以提出解决问题的方法、对策或下一步改进工作的建议；或总结全文的主要观点，进一步深化主题；或提出问题，引发人们的进一步思考；或展望前景，发出鼓舞和号召。

## 三、社会实践报告的写作程序

### 1. 确定主题

主题是社会实践报告的灵魂，对社会实践报告写作的成败具有决定性的意义。因此，报告的主题应与实践主题一致，与调查和分析的结果一致，主题宜小，且宜集中。

### 2. 取舍材料

要选取与主题有关的材料，使主题集中、鲜明、突出；注意材料与观点的结合，选择最好的材料来支持作者的意见，使每个材料以一当十。

### 3. 布局和拟定提纲

这是社会实践报告构思中的一个关键环节。布局，指实践报告的提纲。社会实践报告的提纲有两种：一种是观点式提纲，即将实践者在实践中形成的观点按逻辑关系一一地列出来；另一种是条目式提纲，即按层次意义表达上的章、节、目，逐条写成提纲，也可以将这两种提纲结合起来拟定提纲。

### 4. 起草社会实践报告

这是社会实践报告写作的行文阶段。要根据已经确定的主题、选好的材料和写作提纲，有条不紊地行文。写作过程中，要从实际需要出发选用语言，灵活地划分段落。起草社会实践报告要做到：结构合理(标题、导语、正文、结尾、落款)，报告文字规范，具有审美性与可读性，报告内容通俗易懂。其中注意对数字、图表、专业名词术语的使用，做到深入浅出，语言具有表现力，要准确、鲜明、生动、朴实。

5. 修改社会实践报告

社会实践报告起草好以后，要认真修改。其主要是对报告的主题、材料、结构、语言文字和标点符号等进行检查，加以增、删、改、调。

## 四、顶岗实习报告的内容与写作要求

(1) 顶岗实习报告的主体部分包括实习目的、实习单位、实习内容、实习体会与建议、致谢等几部分。

(2) 顶岗实习目的写作中应包括以下几方面的内容：在整个大学生涯中的地位和作用，与就业岗位的关系如何，应以怎样的态度去面对和进行实习等。

(3) 实习单位的概况介绍中应包括企业规模、产品概况或经营业务、管理概况、人才需求情况、目前行业发展地位、与专业相关的岗位、设施设备等。

(4) 实习内容应重点描述你到该企业实习主要从事什么样的岗位，此岗位的工作流程和单据有哪些，需要的专业知识和技能有哪些，初期你具备哪些，通过怎样的实习过程和实习内容的安排，最后你又获取了哪些新技能(详细写)。

(5) 实习体会与建议部分应包含你在该单位实习过程中，通过具体工作和实习日志的填写，你发现该单位存在哪些问题，针对你能解决的问题给出可行性建议和自我体会。

**【例文】**

### 大学生社会实践报告

作为一名酒店管理专业的大三学生，我在过去的两年里系统地学习了酒店管理专业的理论知识，并且取得了饭店服务英语高级证书。毕业在即，面对如今竞争日趋激烈的就业形势，我选择了利用大三开始前的暑假参加社会实践工作。我希望通过这次社会实践体验一下工作的辛劳，磨炼一下自己的意志，同时积累一些社会经验和工作经验，为自己以后顺利走上社会、谋求更好的发展打下坚实的基础。

在我身边，有许多同学学习目标不明确，缺乏动力，积极性不强，他们利用暑假或寒假打工赚钱。我认为这是一种目光短浅的行为。陆游曾说："纸上得来终觉浅，绝知此事要躬行。"大学生除了学习书本知识，还需要参加社会实践。大学生要在社会实践中培养独立思考、独立工作和独立解决问题的能力，应通过参加一些实践性活动巩固所学的理论，增长一些书本上学不到的知识和技能。现在的招聘单位越来越看重大学生的实践和动手能力以及与他人的交际能力。作为一名大学生，只要是自己所能承受的，就应该把握所有的机会，正确认识自己，充分发挥所长，以便进入社会后可以尽快步入正轨。

作为一名还未走出校园的学生，我深知自己要学的东西有很多，而即将踏入的工作岗位又有着太多的陌生感和神秘感。为了使自己充分了解酒店行业，了解酒店员工的工作内容，培养角色意识，我选择了酒店收银员这一岗位，因为它接触的客人比较多，工作时间也比较紧凑，这对于我来说是一个绝好的锻炼机会。

我实习的这家五星级酒店位于上海最繁华的商业区——浦东区，该酒店环境优雅，服务标准高，拥有客房接近 1000 间，员工人数超过 1500 人，是一家声誉很好的涉外酒店，每年接待很多来自国内外的客人，并且承办大型会务接待工作。通过这次实习，我比较全面地了解了酒店的组织架构和经营业务，接触了形形色色的客人，同时结识了很多很好的同事和朋友，他们让我更深刻地了解了社会，拓宽了我的视野，也教会了我如何去适应社会、融入社会，不断调整自己的心态。本来以为自己已经掌握了酒店管理专业的许多理论知识，对于酒店的基础工作应该很快就能上手。到岗工作后，我才发现自己并没有太多的优势，学校所学的理论知识和现实还有很大的差距，一切都需要重新开始学习摸索。

工作中我刻苦学习业务知识，在领班的培训指导下，我很快熟悉了酒店的基本情况和收银的岗位流程，从理论知识到实际操作，从前台到接待为客人服务，一点一滴的学习积累，让我在很短的时间内就掌握了收银员应具备的各项业务技能。在这两个月的工作中，我发现要能自如地做好一项工作，无论工作繁忙还是清闲，都要把自己当成酒店的一员，用积极的态度去完成每一项工作。作为酒店的一员，穿上了制服，就要处处维护酒店的权益，要把自己和酒店紧密联系起来，要熟悉酒店的信息，要牢记自己的一言一行关乎酒店的利益，时刻为酒店做宣传，提高酒店和自己的形象。如果一个人只是抱着赚钱的目的，把自己当成廉价劳动力，就会因为工作量比例的大小而去抱怨，那他在哪里也不能工作得长久，他的职业生涯也不会发展得很好。

在实习过程中，我对老员工都是非常礼貌和尊敬的，也深刻体会到团队力量的重要。在工作过程中，我虚心向老员工请教，主动帮助他人，赢得了同事和领导的认可，许多老员工也因为我的态度好愿意教给我书本上根本没有的临场经验，让我在遇到突发状况的时候能够正确应对。

酒店的人才培养制度为我们提供了大量的学习机会，为我们提供了就业机会。当许多同学在抱怨工作难找、用人单位太挑剔，甚至要放弃所学专业的时候，他们也许从来没有想过自己是不是真的抓住了每次学习的机会，是否把自己完全武装起来了。通过这次实习，我发现了自己与酒店的契合点，为我的就业方向做了指引。我会不断努力，让自己离目标越来越近，相信成功一定属于勤奋努力的人。

**【点评】**该社会实践报告阐述了自己参加社会实践的目的、实践岗位、工作内容和实践的心得体会，内容完备，结构合理。

# 项目二

# 求职文书

## 项目描述

随着我国高等教育普及化的不断深入，拥有高等教育背景的人逐渐成为求职市场的主体，预计2018年高校毕业生人数将达到820万。面对如此庞大的求职人群，如何才能让自己在众多竞争者中脱颖而出？一份优秀的求职文书可以给求职者带来很大的帮助。本项目要求学生掌握求职文书的写作要领，完成一份能为自己的求职过程带来助力的求职文书。

## 任务描述

学生以自身为模板完成一份求职文书，求职文书的体裁可根据学生需求自选。

## 学习目标

能掌握求职文书的结构、内容与写作要点，并能独立完成一份完整有用的求职文书。

## 任务导入

关统毕业临近，他很想早日找到一份适合自己的工作。一个偶然的机会，他看到了某公司刊登在《西安晚报》上的一则招聘信息，于是非常想获得这份工作。在老师的指导下，他向那家公司投递了一份求职文书。经过筛选，他获得了面试的机会；凭借扎实的基本功底和良好的综合素质，他成功地被该公司录用了。

关统求职成功的原因是什么？首先在于他制作了一份完美的求职文书，那么如何才能写出一份完美的求职文书呢？

毕业生为了求职，递交给用人单位的自荐书、推荐信、应聘信、个人简历、毕业生推荐表、大学生活总结等统称为求职文书。

求职文书是求职者实现自我推荐和用人单位了解筛选人才的重要媒介，对劳资双方而言都是必要的。一般有以下三种形式：一是表格式，如简历表、毕业生推荐表；二是信函式，如求职信、自荐书、应聘信等；三是文章式，如大学生活总结、个人简介等。本文着重说明其中的求职信及求职简历。

## 一、求职信

### （一）求职信的概念

求职信是指从业人员或非从业人员为谋求某种职业、职位而撰写的信函。

求职信的主体既包括从业人员，即在职人员，也包括非从业人员，即非在职人员。从业人员为追求较高的经济收入，或取得深造、高就和发展的机会，需要改换门庭和变换工作，运用求职信，作为实现愿望的桥梁。非从业人员包括下岗职工以及大中专院校毕业生。他们眼下无工作可做，不得不投身到求职队伍中来。他们更需要通过求职信，体现自身形象，表达自己的愿望，以吸引招聘者。

求职信的内容是谋求某种职业或职位。在上述两类求职人员中，从业人员的求职大多是谋求某一职位，以更大地释放自身的潜能；而非从业人员，迫切需要解决的是生活上的燃眉之急，一般只要求有个适合自己的职业。

求职信在文体格式上属书信类。求职者与招聘者用书信形式进行沟通，以达成共识。

### （二）求职信的作用

在人才竞争日趋激烈的条件下，求职信具有以下几个作用。

(1) 求职信是展示求职者个人才能的窗口。求职的过程，就是积极推销自己的过程。求职信是求职中书面形式的自我，是求职者的广告和宣言。

(2) 求职信应根据待聘岗位的特殊要求，充分展示自己的学历、经历、能力、业绩及优势，让招聘单位尽快发现自己，尽可能多地了解自己，尽量能选择自己。

(3) 求职信是沟通需求双方的桥梁。求职信既是求职者意愿和才能的表达，又是招聘单位认识、了解求职者的第一步。求职信担负两方面的任务：既要把求职者“推”出去，又要把招聘者“吸”过来。如何沟通需求双方、达成共识，是求职信孜孜以求、着力解决的基本问题。

### （三）求职信的分类

求职信可以作多种划分，具体如下所示。

#### 1. 根据求职者是否在职划分

(1) 从业人员求职信。其主要目的在于改善职业或职位，大多具有隐秘性。

(2) 非从业人员求职信。求职者暂无职业，希望通过谋求的职业来取得生活来源，并实现自我价值。其一般无秘密可言，具有公开性。这类求职信还可细分为再就业求职信和大中专学校毕业生求职信。

#### 2. 根据所求职业的宽窄划分

(1) 专门性求职信。求职者所谋求的职业、职位是确定的，是不可变更的。

(2) 普通性求职信。求职者所谋求的职业较为宽泛，不提出确定的岗位，具有较大的适应性，以减少就业的难度。

#### 3. 根据求职的层次划分

(1) 申请职位的求职信。求职者所谋求的是领导或管理层中的某一职务。这类求职信侧重于业绩、工作经验、领导和管理能力。

(2) 申请职业的求职信。所谋求的仅仅是某种职业，着重介绍的是适合于这种职业的专业知识和工作经历。

### (四) 求职信的格式及写法

求职信一般由标题、称谓、正文、落款四部分构成。

#### 1. 标题

(1) 采用“求职信”作为标题。

(2)“求职信”前加以申请某一职位的限制，如《申请销售经理职位的求职信》。

#### 2. 称谓

称谓即求职信送达何人手里，一般是招聘单位人事部负责人或经办人，如“敬爱的李经理”“亲爱的×××女士”。

#### 3. 正文

这是求职信的主体部分。一般由应聘岗位(职位)、资格条件、表达愿望以及说明联系方法等部分组成。

(1) 应聘岗位，即求职者打算实现的目标。求职目标愈明晰愈好，对专门性求职信来说尤其如此。如在《申请工程与开发经理职位的求职信》中，开头部分就直截了当地说:“我正在寻找一个高科技大制造公司的工程与开发管理职位。”在普通性求职信中难以说得如此确切，但也要给招聘者一个便于接纳安排的范围，如“申请教学管理的工作”。

(2) 资格条件，特指对照应聘岗位的特殊要求，求职者在理论和实践上已经具备的条件。如对照工程与开发经理职位的特殊要求，某求职者在信中说道：“作为一个具有15年经验的工程与开发主管，我的资格条件如下：负责改进欧米茄药品的包装系统；为液体填装产品开发新的包装技术；有5年管理整个顾客产品部工程与机械人员的经验；对消费品实行有效的降低包装费用战略。”

(3) 表达愿望，进一步说明自己是所求职位的最佳人选，能给招聘单位带来价值。比如:“我相信，基于我扎实的工作作风、我的领导才能以及对我现在的和过去的雇主的忠诚服务，我是总经理这个职位的理想人选。”

(4) 说明联系方法，指招聘单位读了求职信后认为可考虑录用，与求职者取得联系的方法。其一般是留电话号码，如“如果您认为我对综合工程公司可能是有价值的，您随时可以给我打电话，电话号码是139××××××××，我盼望您的回音”。

#### 4. 落款

求职者署名，并写上发送的年月日。

### (五) 求职信注意事项

若想写出一份出色的求职信，应当注意以下几点事项。第一，使用专用的纸张，求职信、个人简历、附件等求职材料要使用配套纸张——这能显示你的档次和职业风范。第二，尽量把求职信的长度控制在一页之内。要确保求职信简短达意，确保求职信中不出现拼写、打印和语法错误。同时，要尽可能地避免求职信与个人简历中信息的重复。第三，在求职信中，尽量展示你独特的与用人单位招聘岗位所“吻合”的解决问题的技能，并且用特定实践经验加以支持。第四，如果没有被要求，不宜在求职信中谈论薪金。第五，不要说谎或者夸大其词。求职信和简历中说的一切，都必须能够在面试中得到支持和证实。第六，写求职信态度要诚恳、端正、自信，不卑不亢。

【例文】

自荐书

尊敬的贵公司领导：

您好！

首先，感谢您在百忙之中阅读我的自荐书，我叫关统，是××学院在校大学生。在进入大学后，我就耳闻贵公司是一个人才济济、技术先进、管理规范、气氛和谐的公司。听闻贵公司招聘信息管理人员，因此贵公司成为我的第一求职目标，本人在第一时间向您提交这份自荐书。以下是我的个人资料，感谢您翻阅。

我是一个乐观自信、认真细心、吃苦耐劳且具有高度责任感的男孩。现在我即将毕业，面临自己的人生选择，面对机遇和挑战，我很有信心。

在校期间，我通过孜孜不倦、勤奋刻苦的学习，掌握了信息管理方面的基本理论、基本知识和基本技能，在校一直名列前茅，受到老师好评。经过两年的学习，不仅在信息管理方面有了很大的收获，而且变得更加成熟稳健，专业功底更加扎实，实习中受到老师、同学好评。

过去并不代表未来，勤奋才是真实的内涵。对于到贵公司工作，我相信我能够很快适应工作环境，进入工作角色，并且在实际工作中不断学习，不断完善自己，努力做好本职工作，提升工作能力和水平。如果能够有幸加盟贵公司，我坚信在我的不懈努力下，一定会为贵公司做出应有的贡献。因此，我对自己的未来充满信心。

在此次应聘中，我不一定是最优秀的，但我仍然很自信，用行动证明一切。希望贵公司能够给我一次机会，让我有充分施展自己才能的机会，我会尽心尽力，尽职尽责，让贵公司满意、客户满意。

自荐人：关统

2017 年 10 月 20 日

## 二、个人简历

### （一）个人简历的概念与写作原则

#### 1. 概念

个人简历是求职者说明个人基本情况、教育背景、工作经历、所获荣誉等的书面材料。个人简历是对过去生活经历的精要总结，在一定程度上是一个人过去经历的浓缩。个人简历通常作为求职信的附件，一起呈送给用人单位，求职者希望借此让用人单位全面了解自己，从而为面试创造机会，最终达到就业目的。

#### 2. 写作原则

一份卓有成效的个人简历是开启事业之门的钥匙。正规的个人简历有许多不同的样式和格式。大多数求职者把能想到的情况都写到个人简历中，但我们都知道没有人会愿意阅读一份长达五页的流水账般的个人简历，尤其是繁忙的人事工作者。这里有三条写个人简历的重要原则。

(1) 精炼性原则

精炼性指个人简历要越短越好。在大多数情况下，你的简历应该限制在一页以内，工作介绍不要以段落的形式出现；尽量运用动作性短语使语言鲜活有力；在简历页面上端写一段总结性语言，陈述在事业上最大的优势，然后在工作介绍中将这些优势以工作经历和业绩的形式加以叙述。

(2) 正面性原则

正面性指内容应当是正面性的材料。招聘者对理想的应聘者也有要求，他们希望看到应聘者对自己的事业采取的是认真负责的态度。应聘者应该符合这些关键条件，这样才能打动招聘者并赢得面试机会。同时，简历应当告诉人们真相，但没有必要告诉全部真相。虽然不能说谎，但不需要和盘托出，不要有其他无关信息，以免影响招聘者的判断。

(3) 真实性原则

真实性指自己给自己写简历时一定要客观理性地总结自己的经历，做到真实、准确，诚实描述自己，不要自吹自擂，也不要过于谦虚。无论在用词、术语还是在撰写上，都要准确，这样才能取信于人。写作简历时，要强调工作目标和重点，语言简短，多用动词，并且避免会使应聘者被淘汰的不相关的信息。人力资源管理者都很繁忙，在筛除掉不合适的应聘者前不会花费时间浏览每一份简历。应聘者获准参加面试，简历就完成了使命。

### (二) 个人简历的形式和基本内容

#### 1. 形式

个人简历有三种典型的形式，可以采用其中的任何一种，每一种都有它特定的目的和特有的说服力。

(1) 年代顺序排列型个人简历

用这种形式写简历时，个人经历和学习或社会实践活动中取得的成就，应按照时间先后顺序排列，重点应强调近几年的情况。这种简历的优点是看上去一目了然，容易看懂，也是最普遍采用的方式。

(2) 实用型个人简历

这种简历无须把个人取得的成就按年代顺序排列，而应该将它们分别列在不同的实践活动名称下。然后按照这种排列，将具体日期写上，把它们作为辅助资料。也就是说，把最重要的成就排列在前面。这种简历可以掩饰就业经历不足的劣势，可以针对最感兴趣的职位目标组织个人经历背景。

(3) 目标型个人简历

大多数个人简历着重于过去，目标型简历则着重于未来。在写明具体求职目标(意向)之后，第一项内容的标题应是“能力”，其中列举五至八种所能做好的事情；也可以列举认为可以胜任的、与求职目标相关的岗位，即使应聘者从未实际做过的也可以。第二项内容的标题应是“成绩与才能”，应该从过去非职业性的成就中选出具体事例，而且事例最好与“能力”一项遥相呼应。

这种简历的优点是可以让未来的上司去想象，应聘者可能在哪个职位上会取得好成绩，而这些工作可能并未做过。

2. 基本内容

个人简历的写作格式一般由 7 个部分组成，即标题、个人基本情况、求职意向、学习经历、工作经历、所获得的各种奖励和证书、自我评价。

(1) 标题

可以直接标明文种(如“简历”“个人简历”)，首行居中位置。

(2) 个人基本情况

个人基本情况包括姓名、性别、出生年月、籍贯、民族、教育程度、专业、职务职称、政治面貌、婚姻状况、健康状况、身高、兴趣爱好、性格及自己的联系方式(通信地址、电话、E-mail 等)等。这一部分放在最前面，联系方式一定要写清楚，便于用人单位取得联系。另外，根据工作的性质要求，有些求职者需要在简历中准备个人照片。有些职位，比如文秘、公关、销售，对外貌有一定要求，这些需要灵活处理。

(3) 求职意向

求职意向即求职目标或个人期望的工作职位，用简短的话表达自己的求职意向，让用人单位一目了然地看到应聘者的求职意向正是他们急需的。

(4) 学习经历

学习经历主要介绍求职人受教育的情况。按倒序时间来写自己的学习过程，通常写到高中(大专)，高学历者(硕士、博士)可以从大学写起。要写清学习的起止时间、毕业的学校、专业。重要的学习经历可以列上主要的、有特色的专业课程及成绩，尤其是要体现与所谋求的职位有关的教育科目、专业知识。要突出重点，有针对性，使用人单位感到求职者的学历、知识结构与其招聘条件相吻合。

(5) 工作经历

写工作经历，要突出与求职目标相关的工作经历；一定要说出最主要、最有说服力的资历、能力和工作经历。写工作经历时，时间要倒序，最近的工作情况要放在最前面。在每一项工作经历中先写工作日期，接着是工作单位和职务。

对于初出校门的大学生，工作经历可以改为社会实践和实习经历，包括在学校、班级担任的职务、勤工助学、课外活动、义务工作以及参加各种团体组织、实习经历和实习单位的简要评价等。

(6) 所获得的各种奖励和证书

所获得的各种奖励和证书包括发表的论文、社团成员资格、奖励和获得承认的计算机技能、英语等级、语言技能等资格证书，有关个人兴趣爱好的荣誉证书也可以针对求职意向有选择地列举两三项，让用人单位了解求职者的工作、生活情况。这部分内容主要是向用人单位证明自己的应聘资格，用人单位比较重视这一部分的内容，所以应该认真对待。

(7) 自我评价

自我评价是帮助用人单位更全面地了解求职者，如果概括真实、重点突出、简洁得当，也是能够帮助求职者从众多简历中胜出的。在求职者书写“自我评价”时，千万不要有虚假成分，例如夸大自己的能力、优点或工作经验等。经验丰富的招聘者很容易通过求职者的措辞判断求职者是否中肯而踏实，一旦语句让人感觉到浮夸，招聘者往往会不露声色地把求职者的简历淘汰出局。另外，要学会找到自己真正的闪光点，如果自我描述没有重点，与你求职的岗位没有任何联系，或者过于大众化，就难以突出自我的优势。

### (三) 个人简历的写作要求

(1) 简历内容要简。简历的“简”字，就决定了简历的篇幅不能太长，应做到简明扼要。

(2) 详细写出特长。求职者在填写自己的特长时，比较模糊和笼统，没有说明到底“特”在哪里。这让用人单位很难做出准确判断，也容易产生怀疑。因此，填写时一定要详细。

(3) 求职目标明确。所有内容都应有利于应征职位，无关的甚至妨碍应征的内容不要叙述。

(4) 突出过人之处。每个人都有自己值得骄傲的经历和技能，如有演讲才能并得过大奖，应详尽描述，这会有助于应征营销职位。

(5) 用事实和数字说明。不要只写上“善于沟通”或“富有团队精神”这些空洞的字眼，应举例说明曾经如何说服别人，如何与一个和自己意见相左的人成功合作。这样才有说服力并让人印象深刻。

(6) 自信但不自夸。充分准确地表达才能即可，不可过分浮夸，华而不实。

(7) 适当表达关注及兴趣。在简历中适当表达对招聘单位的关注和兴趣，这会引起招聘人的注意和好感。

### (四) 个人简历的写作技巧

简历的内容、式样、设计方案很多，仁者见仁，智者见智，那么怎样制作个人简历呢？应记住：任何一个好单位，他们收到的求职简历都会堆积如山。没有哪个人事主管会逐一仔细阅读简历，他们都是以快速的方式匆匆而过，每一份简历所花费的时间一般不超过两分钟。无法吸引他们注意的简历很可能被忽略而过，永久地沉睡在纸堆里。在各种个人简历模版、写作规则、注意事项前，许多求职者迷失了自我，个人简历失去了个性，把个人简历当成自我吹捧的抒情散文，过于专注自己取得的每一项成就，这些八股文般的个人简历在求职竞争中不仅不能为求职者带来帮助，反而会将原本有个性的求职者淹没在众多的泛泛而谈的个人简历中。因此，“突出个性、与众不同”便是设计个人简历成功的法宝。

故个人简历写作时要注意以下几点技巧。

(1) 内容上突出个性。内容就是一切，所以一定要突出个人的能力、成就及过去的经验，使简历更出众。

(2) 形式上与众不同。如果想求职成功，首先就要将简历设计得与众不同，用足够的时间，从样式到内容把简历设计得落落大方，不落窠臼，从而脱颖而出。

(3) 篇幅上短小精美。目的是使招聘者在最短的时间内读到更多的信息。篇幅最好不超过两页(A4 复印纸)。

(4) 表达上转劣为优。如果只是一个刚毕业的学生，可能正在与那些有相同学历但是有更多工作经历的人竞争。年轻、没有相关职业的丰富工作经历等，这是求职者的弱势，写作时需要巧妙处理，以转劣为优。

(5) 用证据证明实力。招聘人员要证明以前的成就及前雇主从自己那里得到了什么益处，包括为其节约了多少钱、多少时间等，说明有什么创新等。这样，成功的概率将大许多。

(6) 用词上力求精确。阐述求职者的技巧、能力、经验要尽可能准确，不夸大也不误导。确信所写的与自身的实际能力及工作水平相同。不要写错别字，简历上的错别字会让招聘户认为求职者的素质不够高。

(7) 以招聘企业出发进行创新。个人简历要具有唯一性和原创性，体现招聘官最经常见到的，但又最有感情的几个基本要素。

只要认真思考，深入分析应聘的单位，多认识，多了解，结合企业的基本情况，充分考虑招聘官的情感需求和心理愿望，把自己以合适的形式同企业相结合，以恰当的方式表现出来，其个人简历就是独具个性、富有创意的，会被招聘官从众多的个人简历中抽出来放到一边。

(8) 突出求职岗位。个人简历还可以从体现求职者应聘岗位所需的职业技能和职业修养的角度进行创新，在个人简历上表现出求职者具有符合应聘岗位要求的能力、水平和职业意识，这是个人简历创新的第二个方面。

有位同学应聘的岗位是某房地产开发公司的策划专员，他把自己的个人简历做成一份楼盘预售公告，一份楼书。对于房地产开发公司而言，策划专员这个岗位要求应聘者具备独特的思维，富有创意和激情，并且能做好策划工作。求职者首先必须能够策划好自己的个人简历，而这位同学，既结合了从求职单位进行创新的要求，在个人简历中体现了招聘官喜闻乐见的基本要素，还结合了应聘的岗位进行个人简历的创新。楼书是房地产开发公司与顾客沟通的重要工具，也是最能体现房地产开发公司专业能力和策划水平的重要载体，还是最常见的楼盘表现形式，这位同学能进行大角度的思维转换，充分说明了他完全具备策划人员的基本素质，而且还是个极富创意的策划人员，这样的人员正是企业最需要的，求职成功是必然的。

(9) 从专业出发体现求职者的专业素养。大学里的专业门类繁多，各个专业有其专业特点和专业语言，用专业语言来对个人简历进行处理，体现专业素养，这也是进行个人简历创意。每一个专业学科都有本学科的专业语言，以自己的专业语言来诠释、体现、制作你的个人简历，就一定会是一份让人过目不忘的个人简历，让人爱不释手的个人简历，让未来的同事讨论的个人简历。若简历中能体现求职者的专业素养，那么获得初级岗位应该不会是一件困难的事。有一位同学是会计专业毕业的，应聘的岗位是某公司财务人员，他把自己的个人简历做成一份会计报表中的资金平衡表。这份个人简历体现了让招聘官乐于见到的企业 VI(视觉识别)元素，还与他应聘的岗位——财务工作相结合，以会计语言——会计报表的形式表现了这位同学极好的专业意识和专业素养。

总之，只要放开想象的翅膀，大胆尝试，敢于创新，做一份有创意的个人简历，任何人都能胜任。同时，个人简历的创新要注意以下几方面的问题。

(1) 个人简历的创新要把握方向，切不可偏离目标，个人简历的目标就是获得面试机会，能实现个人简历目标的就是最好的个人简历。

(2) 个人简历的创新要慎重，千万不要离谱，要以招聘者和常人能接受的方式进行创新。

(3) 个人简历的创新要结合企业和自己的具体情况，把两者有机地结合起来，让所有的创新都为个人简历的主人服务。

**【例文】**

## ×××简历

**个人简介**

姓名：××× 性别：男 出生年月：1995年3月10日

籍贯：陕西西安 民族：汉 政治面貌：团员

学历(学位)：大学本科(学士) 专业：电子商务

本人性格：开朗、谦虚、自律、自信。

**学习经历**

毕业院校：××大学管理系 2014.9—2018.7 电子商务专业

其他培训情况：

1. 英语通过国家CET六级考试，英汉互译表达流畅。
2. 擅长利用Internet进行各种网际信息交流，具有一定的网站建设、规划经验。
3. 能熟练运用并操作HTML、Dreamweaver等工具制作各类网页及特效图。
4. 能熟练操作Windows平台上的各类应用软件(如Word、Excel、Internet Explorer等)。

**工作经历**

1. 2015.9—2016.7××公司客服部兼职
2. 2016.9—2017.7××公司客服部兼职

求职意向：略

联系电话：029-12345678 手机：13901234567

联系地址：××市××区××大道××号 邮编：7100000

E-mail地址：××××××@sohu.com；××××××@163.com

证明材料：略

(摘自《人力资源网站》，有改动)

**【点评】**这是一份内容简洁、求职目标明确的个人简历，求职者在填写自己的特长时，能根据专业特点，突出自身的优势，给人留下比较深刻的印象。

# 项目三

# 申 请 书

## 项目描述

个人的能力总是有限的，当我们面对难以解决的问题，需要向上级寻求帮助或寻求批准的时候，申请书就是我们与上级进行沟通、传达我们诉求的文书。本项目要求学生掌握申请书的写作要领，完成一份申请书。

## 任务描述

学生以自身为主体，结合实际情况撰写一封申请书，申请书具体主题自拟，或由教师指定。

## 学习目标

能掌握申请书的结构、内容与写作方法，并能写作出格式正确、内容完整的申请书。

## 任务导入

万众创业的大潮轰轰烈烈，成就一番事业的想法一直徘徊在关统心头，况且关统周围很多创业成功的例子都刺激着他也加入其中，成为创业大军中的一员，可是作为应届毕业生，关统最缺的就是资金。创业项目的启动资金从哪里来？关统不想伸手向父母索取。一天他听说了大学生创业贷款，于是他决定用创业贷款开启自己的创业之路，可是需要贷款的人太多了，怎么才能让贷款发行机构愿意贷给自己，看来好好地写一份贷款申请书非常有必要。什么样的大学生创业贷款申请书能帮他实现愿望？

**申请书**

尊敬的市委、市政府领导：

我叫关统，生长于大山，出身农村，我于 2017 年毕业于____大学的_____专业。思求学之艰辛，顾应聘之痛楚，展前程之迷茫，触吾心悲凉至极。但是，大山、贫苦的农村培育了我坚韧、豁达、追求卓越的性格。党和国家鼓励大学生自主创业的优惠政策，在严峻的金融危机和就业形势下，我选择了自主创业。

在亲历亲为的社会实践中，我积累了一定的创业经验和创业思想，可是，资金问题现在已经成为众多像我这般的创业者的制约瓶颈。我想过向家人、亲戚和朋友筹借，但几乎杳无音讯，因为农村确实太穷。而我爸妈供我读大学已经负债累累，面对环堵萧然的家境，他们更是无能为力。

资金的困难导致我创业的道路受阻，但我无法放弃用自己的知识和努力来改变自己和大山命运的想法，因为我现在至少还是一个大学生，是一个应该承担社会责任的青年。带着期待的想法，我写下这篇大学生创业贷款申请书。申请党和政府有关部门能给我××万元的创业贷款资金，我一定按时按量归还贷款，虔诚期待领导能给予考虑。

此致

敬礼

祝领导工作愉快，身体健康！

申请人：关统

2017 年 12 月 25 日

【点评】这是一篇比较成功的大学生创业贷款申请书。在对自己的具体情况加以说明的同时，其展现了自己对创业的热情，用真挚的语言打动相关部门领导，从而可以帮其成功申请到创业贷款。

**【拓展知识】**

大学生创业贷款是国家给大学生提供的创业优惠措施，为支持大学生创业，国家各级政府出台了许多优惠政策，涉及融资、税收、创业培训、创业指导等诸多方面。申请大学生创业贷款必须符合这些条件——大学专科以上毕业生，毕业后 6 个月以上未就业，并在当地劳动保障部门办理了失业登记。大学毕业生自主创业的小额贷款方式为担保、抵(质)押贷款。国家为大学毕业生提供的小额创业贷款是政府贴息资款，期限为 1～2 年，两年之后不再享受财政贴息。符合条件的借款人根据个人的资产状况和偿还能力，最高可获得单笔 50 万元的贷款支持；对创业达一定规模或成为再就业明星的，还可提出更高额度的贷款申请。要获得这项贷款，毕业生必须提供相关材料，书写一份正式的申请书。

## 一、申请书的定义

申请书是个人或集体向组织、机关、企事业单位或社会团体表述愿望、提出请求时使用的一种文书。申请书的使用范围广泛，也是一种专用书信，同一般书信一样，也是表情达意的工具。申请书要求一事一议，内容要单纯。不同的对象有不同的申请书，常见的有入团申请书、入党申请书、大学生助学贷款申请、大学生创业贷款申请等。

## 二、申请书的格式

申请书的结构由标题、称谓、正文、结语和落款五部分构成。

### 1. 标题

标题由申请内容和文种名构成，格式如“××申请书”等。题目要在申请书第一行的正中书写，而且字体要稍大。如入党转正申请书就是由入党转正(内容)和申请书(文种名)构成的，入党申请书、入团申请书、转职申请书等也是同样的道理。

**2. 称谓**

在标题下面空一行或者两行，顶格写出接受申请的人或组织的名称，并在称呼后面加冒号。其一般都是尊敬的、敬爱的等形容词加接受申请的人或者组织的名称，如入党申请书是“敬爱的党支部”，转职申请书则是“尊敬的人事部”等。

**3. 正文**

前面一段先自我介绍，然后说明对申请的事件的认识、动机、理由等，后两者要重点写。如果申请的理由比较多的话，则可以从几个方面、分几个阶段来写。

比如入党申请书的正文包括以下三项内容。

(1) 申请内容。开篇就要向领导、组织提出申请什么。要开门见山，不含糊其词。

(2) 申请原因。为什么申请，也就是说明申请书的目的、意义及自己对申请事项的认识。

(3) 决心和要求。最后进一步表明自己的决心、态度和要求，以便组织了解申请人的认识和情况，应写得具体、详细、诚恳、有分寸，语言要朴实准确，简洁明了。

**4. 结语**

申请书可以有结语，也可以没有。正文写完后下面空一行，在这行前面留两个空格，写上“此致”，然后在下一行顶格写“敬礼”。结语一般是表示敬意的话，如“此致、敬礼”等，也可写表示感谢和希望的话，如“请组织考验”“请审查”“请领导批准”等。

**5. 落款**

在结语右下方署明申请人姓名，并另起一行在下面注明年、月、日。

**【例文】**

**入党申请书**

敬爱的党支部:

我申请加入中国共产党。

中国共产党是中国工人阶级的先锋队，是中国各族人民利益的忠实代表，是中国特色社会主义事业的领导核心。中国共产党为中华民族的伟大复兴做出了无可替代的、卓越的历史贡献。中国共产党是一个伟大的、光荣的、正确的党。中国共产党代表工人阶级和各族人民的根本利益，全心全意为人民服务。改革开放以来，中国共产党带领人民坚持“一个中心、两个基本点”，大力发展社会主义市场经济，取得了举世瞩目的成就，证明了中国共产党能够领导全国人民建设有中国特色的社会主义，夺取一个又一个胜利。

作为成长在21世纪的年轻一代，我们深刻感受到了党对于中国当代社会发展的巨大领导力。在共产党的正确领导下，中国经济的发展成就和国家的实力不断增强，我们中国人把“嫦娥三号”送入太空，把“蛟龙”送入深海，中国在国际上的地位越来越重要，把中国梦变成现实，尤其是2013年中共中央政治局提出并实施“八项规定”端正党的工作作风、纯洁党员队伍以来，我们看到了政治风气的变化，看到了党中央反对腐败、加强廉政建设、改善民生的决心和成效。在我的身边，那些加入党组织的老师和同学们给了我很大的帮助，在他们身上，我看到了党员立足本职岗位、吃苦耐劳、无私奉献的精神。

“90 后”的我作为一名在校大学生和共青团员，深知社会和国家赋予我们的伟大责任，努力寻找奉献社会的机会。没有追求与理想，人生便会碌碌无为；没有信念的人，便会迷失方向甚至迷失自我，难以到达理想的彼岸。我明白只有将自己的爱国热情化作行动，将自己的理想和祖国的前途命运结合起来，坚决拥护共产党领导，紧跟共产党并使自己成为其中的一员，以优秀共产党员为人生目标，从自我做起，努力向先进共产党员靠近，学习他们的优秀品质，理解他们的伟大抱负，将自己的力量与激情按照党的指示奉献给广大群众，才能够真正实现自己的抱负，才能真正为富国强兵、提高综合国力服务，才能够实现自己的社会价值。

我深知按党的要求，自己的差距还很大，有许多缺点和不足，希望党组织从严要求。以使我更快进步。我将用共产党员的标准严格要求自己，自觉地接受党员和群众的帮助与监督，做好党交给的工作，接受党的各种考验，和一切不良社会风气做斗争，为祖国的繁荣昌盛和人民的安居乐业做出自己的贡献，为共产主义事业奋斗。

请党组织在实践中考验我。

此致

敬礼

关　统

2018 年 3 月 25 日

**【点评】**入党申请书首先指出自己对党的性质、纲领、奋斗目标、宗旨以及党的路线、方针、政策的认识；其次联系自己的思想实际阐述参加中国共产党的目的；最后表明今后的努力方向，即个人在政治、思想、学习、工作、作风、纪律等方面的主要表现，特别是要对自己存在的缺点和不足敢于指出，并向党组织表明改正的决心和努力方向，如何以实际行动争取入党。

**【拓展知识】**

入党申请书，又称入党申请报告，是要求入党的人向所在单位的党组织提出的一种书面材料。入党申请书标志着申请人经过了郑重思考，向党组织表明自己有入党的志愿和要求，使党组织了解申请人的政治信仰和追求，便于党组织对申请人有针对性地进行培养、教育、考查，同时是党组织确定入党积极分子和发展对象的重要依据。

**【例文】**

### 大学生助学贷款申请书

尊敬的××银行某分行领导:

我是××大学××系××班的学生关统，学籍号为××××××××××。我的家在陕西子洲××村，那里非常偏远，交通不便，经济落后。为了维持生计，我的父母在我和弟弟很小的时候就离开家乡，到广东打工。他们都是普通的农民，没有文化，只能在建筑工地上打零工，靠微薄的收入支撑起我们这个六口之家。我和弟弟跟着年迈的爷爷奶奶在小山村里长大，过着清贫的生活，每年只有在春节的时候才可以见到父母一次。

由于很早就知道生活的艰辛和父母的不易，我特别珍惜读书的机会，希望能够靠知识改变自己的命运，将来以诚实的劳动改善家人的生活。2015 年，我凭着优秀的成绩考上了××大学。读大学期间，我勤奋读书，获得许多荣誉，同时利用课余时间打工赚取生活费，减轻父母的经济压力。我渴望早点走上社会，成为自食其力的人，回报父母的养育之恩。艰苦的生活并没有打垮我的意志，可是突如其来的灾难让我无力承担。今年夏天，我的父亲突然生病，为了给他治病，家里一下子背上了几万元的债务，我大四学年的 6000 元学费也没有了着落。我不想在大学的最后一年失去学习的机会，更不想因为学费无法交齐而中断学业，所以在此申请助学贷款。

本人在校期间品行良好，成绩优秀，遵纪守法，为人守信，已经是中共预备党员。如果能够获得贷款，交上学费，我将加倍努力、顺利完成学业，为班级、为学院争光，成为一名优秀的高校毕业生。在离校后我一定努力工作，按协议规定按时归还贷款，让更多像我这样陷入困境的同学获得帮助。请领导和银行相信我的人格，相信我的还款能力和信心。

特此申请，望予批准！

此致

敬礼！

申请人：关统

2018 年 3 月 25 日

**【拓展知识】**

大学生助学贷款是由政府主导、财政贴息，银行、教育行政部门与高校共同操作的专门帮助高校贫困家庭学生的银行贷款。

借款学生不需要办理贷款担保或抵押，但需要承诺按期还款，并承担相关法律责任。申请国家助学贷款的条件是：具有完全的民事行为能力（未成年人须由其法定监护人书面同意）；诚实守信，遵纪守法，无违纪违法行为；学习刻苦，能够正常完成学业；因家庭困难，在校期间所能获得的收入不足以支付完成学业所需的基本费用（包括学费、住宿费、基本生活费）；由所在学校审查同意；符合中国人民银行公布的《贷款通则》中规定的其他条件。

# 模块小结

本模块主要介绍了在创业意识形成阶段，可能会促进创业意识产生并逐渐转化为创业行动的财经类社会实践报告、求职文书和申请书三类文体，掌握这三类文体的概念，了解他们的特点，并掌握社会实践报告、求职文书和申请书的写作要点和注意事项。

# 模块三

# 创业机会开发与评估篇

【模块目标】

| 学习目标 | 达成度 |
|---|---|
| 理论知识 | 掌握市场调查报告、可行性分析报告、创业计划书的概念<br>了解市场调查报告、可行性分析报告、创业计划书的写作特点和注意事项<br>掌握市场调查报告、可行性分析报告、创业计划书的格式和写法 |
| 专业技能 | 具备调查与分析的能力<br>具备逻辑思维能力 |

【模块任务】

项目一　市场调查报告
项目二　可行性分析报告
项目三　创业计划书

【写作故事】

Airbnb(爱彼迎)

Airbnb(爱彼迎)是市值最高的上市酒店集团。2017 年 3 月坐拥 218 亿美元市值的“前浪”希尔顿酒店，最终还是被完成总额超 10 亿美元 F 轮融资的 Airbnb 这个“后浪”拍在了沙滩上。

2008 年的Airbnb 也曾是一家普通的创业公司，也需要用一份完美的商业计划书说服天使投资人。

Airbnb 准备天使融资时所做的商业计划书(Business Plan，简称 BP)其实很简单，放在 PPT 中呈现就更为简洁明了，虽然只有 14 页，但却非常清晰地阐明了项目自身的商业模型及其能够解决的问题。没有繁杂冗余的文字信息，也没有混乱不清的逻辑条理，有的只是“简约而不简单”。Airbnb 商业计划书如表 2-1 所示。

表 2-1 Airbnb 商业计划书

| | |
|---|---|
| 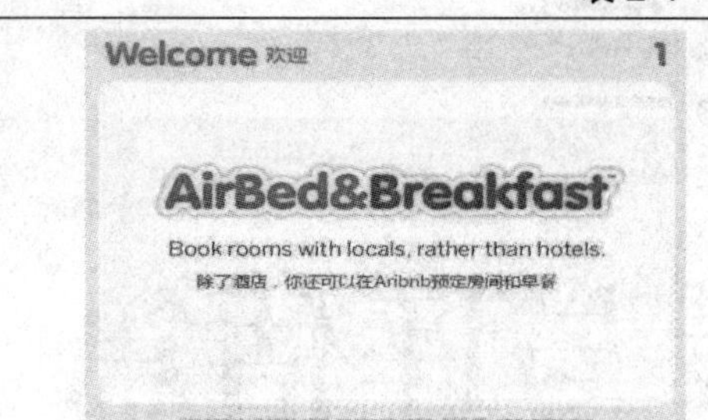 | Problem 解决的痛点 2<br>Price is a important concern for customers booking travel online.<br>价格：是消费者在线预定房间时最关注的<br>Hotels leave you disconnected from the city and its culture.<br>酒店：让你脱离了旅行所在的城市和文化<br>No easy way exists to book a room with a local or become a host.<br>最简便地方式：让用户预定房间或者成为房东 |
| 01 What<br>用最简单、最凝练的语言描述产品是干什么的 | 02 Problem<br>清晰地直击当前市场及用户痛点 |
|  |  |
| 03 Solution<br>根据痛点所在提出符合 Airbnb 特色的解决办法 | 04 Market<br>解决方案是否有效，还需要用数据来验证市场的可行性 |
|  | 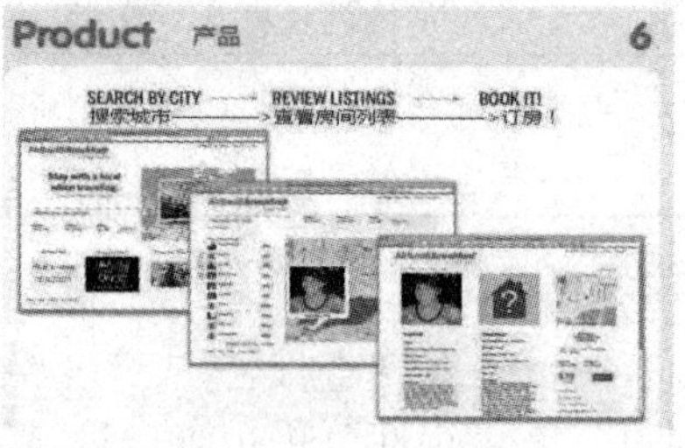 |
| 05 Size<br>市场规模预估其实就是让投资人看到，项目本身具有很大市场潜力 | 06 Product<br>向投资方明了地展示出已上线的产品是如何进行运作的 |
|  |  |
| 07 How<br>所有的创业项目，最终能否拿到融资，其实就是看投资人眼中这个项目是否能够带来经济收益，而商业模式的优劣对投资人来说则是最为直观的展示方式；而 Airbnb 恰好从一开始，就有着清晰的盈利模式 | 08 Adoption<br>推广方案的制订需要具有不同角度的着眼点 |

（续表）

| | |
|---|---|
| 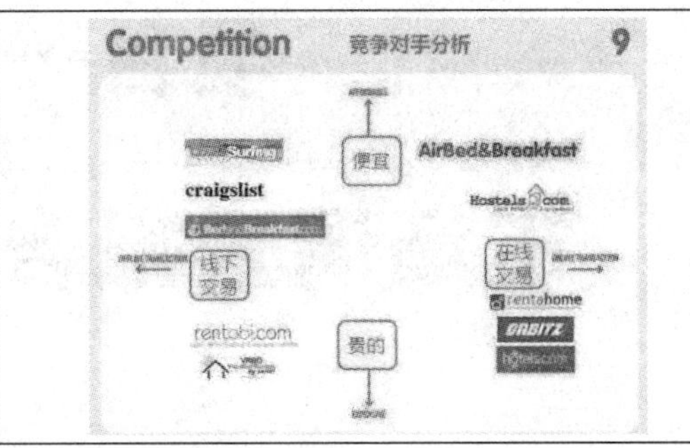 |  |
| 09 Competition<br>使用四象限法能够向投资人展示更为全面的竞品分析 | 10 Advantage<br>核心竞争力其实也是创业者最为重要的秘密武器之一，这是在市场中存有众多竞品的情况下，仍然能够脱颖而出、吸引融资的特别之处 |
|  | 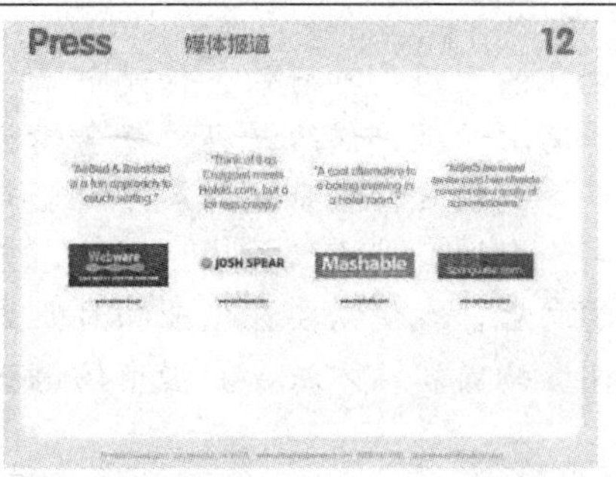 |
| 11 Team<br>创业者需要向投资人展示出核心团队不仅能够分工明确，更为重要的是各自职能可以互补 | 12 Press<br>Airbnb 向投资人传递的是“我们的项目已经引起各界关注，这是一个极具潜力的好项目”的信息，而创业者们如果还没有引起过多关注，也一定不要弄虚作假 |
|  |  |
| 13 User<br>产品接受度的好坏是除资金外，产品能否存活的又一重要指标，只有用户认可，才有可能良性发展 | 14 Financial<br>清晰的融资条件与目标的提出，能够为投资人大致提供项目对融资金额的需求，以及之后的使用计划 |

从 Airbnb 这份简洁到极致的 14 页 BP 中不难发现，一份好的 BP 根本不需要长篇大论，也不需要太多装饰，根据 BP 做出的 PPT 多用图表的表达形式，能够让投资人更为直观地了解项目本身。

而通篇来说，最重要的是，一定要在尽可能短的时间里，有逻辑、有条理，同时有亮点地把项目描述清楚。

# 项目一

# 市场调查报告

## 项目描述

创业的理想是美好的，但是创业能否成功依靠的并不是美好的理想，而是看市场。市场的需求情况、供给情况、竞争情况等诸多因素都会影响项目的落地与开展。如果不考虑市场的因素，盲目地开展不符合市场需求的项目，最终的结果将会是折戟沉沙，空耗时间、金钱、人力、物力。因此，为了能够实现资源利用效率的最大化，在我们有了创业意向后，我们需要在创业项目正式开动前，充分地了解市场。本项目要求学生了解市场调查的内容、方法，掌握市场调查报告的结构、内容和写作要领。

## 任务描述

在前期创业意向的前提下进行市场调查，并根据调查情况完成市场调查报告。

## 学习目标

了解市场调查的内容、方法，掌握市场调查报告的结构、内容与写作要点，并能独立撰写市场调查报告。

## 任务导入

关统决定要创业了，他有了初步的想法，打算做一家专门为有创业想法的人提供共同研讨空间的咖啡吧。可是这样的咖啡吧能不能做下去？开了以后有没有客源？创业不是盲目地追赶潮流，为了让自己有限的资源发挥更大的作用，他打算先了解一下市场对此方面产品的需求情况，以及此类产品未来的发展情况，并写成市场调查报告，给一些志同道合的伙伴们看，希望能够获得他们的支持。可是，他在撰写市场调查报告的时候却不知道从何写起。你认为他应该如何获取材料，并对材料进行组合，以完成自己的市场调查报告？

### 一、市场调查报告的概念

市场调查报告，就是根据市场调查、收集、记录、整理和分析市场对商品的需求状况以及与此有关的资料的文书。换句话说，就是用市场经济规律去分析，进行深入细致的调查研究，透过市场现状，揭示市场运行的规律、本质。市场调查报告是市场调查人员以书面形式，反映市场调查内容及工作过程，并提供调查结论和建议的报告。市场调查报告是市场调查研究成果的集中体现，其撰写的好坏将直接影响整个市场调查研究工作的成果质量。一份好的市场调查报告，能给企业的市场经营活动提供有效的导向作用，能为企业的决策提供客观依据。

## 二、市场调查报告的特点

市场调查报告是经济调查报告的一个重要种类，是以科学的方法对市场的供求关系、购销状况以及消费情况等进行深入细致的调查研究后写成的书面报告。其作用在于帮助企业了解掌握市场的现状和趋势，增强企业在市场经济大潮中的应变能力和竞争能力，从而有效地促进经营管理水平的提高。

市场调查报告可以从不同角度进行分类。按其所涉及内容含量的多少，可以分为综合性市场调查报告和专题性市场调查报告；按调查对象的不同，可分为关于市场供求情况的市场调查报告、关于产品情况的市场调查报告、关于消费者情况的市场调查报告、关于销售情况的市场调查报告以及关于市场竞争情况的市场调查报告；按表述手法的不同，可分为陈述型市场调查报告和分析型市场调查报告。

与普通调查报告相比，市场调查报告无论从材料的形成还是结构布局方面都存在着明显的共性特征，但比普通调查报告在内容上更为集中，也更具专门性。

(1) 针对性。市场调查报告是决策机关决策的重要依据之一，必须有的放矢。

(2) 真实性。其市场调查报告必须从实际出发，通过对真实材料的客观分析，得出正确的结论。

(3) 典型性。其主要表现为两点：一是对调查得来的材料进行科学分析，找出反映市场变化的内在规律；二是报告的结论要准确可靠。

(4) 时效性。市场调查报告要及时、迅速、准确地反映、回答现实经济生活中出现的新情况、新问题，突出“快”“新”二字。

## 三、市场调查研究的方法

在调查研究过程中，由于调查目的不同，所选择的调查类型、调查方式也不同，其使用的方法也不尽相同。

### （一）直接调查方法

(1) 普遍调查法，即普查，是指在一定范围内，对所有对象进行全面的调查，以获得完整系统的资料。普查的优点是资料全面、误差小，如全国性人口普查采取的就是普查方式，为今后国家有关方针、政策的制定提供了依据。

(2) 典型调查法，即在一定的总体范围内，选择能够代表总体状况的典型深入的调查。明确地选择典型，是此调查法的关键。若所选典型不具备普遍性、代表性，将特殊规律误认为一般规律，并用以指导全局，则会造成失误。

(3) 抽样调查法，即在需要调查的客观事物的总体中抽取一部分进行调查，以此推断总体情况。此调查法的长处是省时、经济，较客观可靠。根据操作的方式不同，其可分为随机抽样和非随机抽样两种。随机抽样又称概率抽样，即不以个人主观想法进行判断，总体中每一个个体均具有相同的地位，采取随机方式抽样，各样本的选取机会都是均等的。随机抽样又分为简单随机抽样、分层随机抽样、集群抽样等。非随机抽样也称非概率抽样，它根据研究者的主观意志来选取调查对象，以此判断对事物的认识。非随机抽样又分便利抽样、配额抽样、判断抽样等。

(4) 实地观察法，即直接亲身深入调查第一线，通过观察、访谈等方式，获取真实、可靠的情况。

(5) 问卷调查法，即根据调查的内容设计一系列问题，并编制成表格(即调查表)，通过反馈后的统计数字，进行归纳、分析研究，然后将结果写成市场调查报告。

### (二) 间接调查法

间接调查法又称文献资料法，即从报纸、杂志、会议资料、简报、网络等载体所登载的信息、科研成果、经济信息中采集资料，在进行分析比较和研究后得出结论。

## 四、市场调查报告的格式及写法

根据市场调查报告的写作目的、类型的不同，以及读者对象的不同，其写作格式和要求应有所区别。一般来说，市场调查报告的结构由标题、目录、摘要等部分组成。

### (一) 标题的写法

(1) 直叙式标题

“直叙式”反映调查的主要内容、调查对象，例如《××市的环境污染状况调查》《大学生就业状况调查报告》。

(2) 表明观点式标题

“表明观点式”直接阐述调查报告的观点、看法以及对调查信息的评价，例如《食堂销售额逐渐下降》《唐装趋向于时尚》《保暖内衣悄然升温》。

(3) 提出问题式标题

“提出问题式”以设问、反问等形式突出问题的焦点和尖锐性，例如《价格战能根本提高企业效益吗？》《当前大学生就业路何在？》。

(4) 双标题式标题

在“双标题式”标题中，主标题采用提出问题式或结论式，副标题则采用直叙式。如《“皇帝的女儿”也“愁嫁”——关于舟山鱼滞销情况调查》《××牌产品为什么滞销——对××牌产品的销售情况的调查分析》《女人生来爱逛街——京城女士购物消费抽样调查报告》。

### (二) 目录

调查报告的内容、页数较多，为了方便读者阅读，应当使用目录或索引形式列出报告所分的主要章节和附录，并注明页码。

整个目录的篇幅不宜过长，以一页为宜。

市场调查报告通常只编写两个层次的目录。较短的报告可以只编写第一层次的目录。以下是目录的参考样例。

(1) 目录



(2) 图表目录

如果报告含有很多的图和(或)表，那么需要制作图表目录，目的是帮助读者很快地找到对一些信息的形象解释。

案例：约翰·斯皮尔伯格(John Sprilberg)经过 6 个月的研究，为美国一家最大的糖果制造商准备了长达 250 页的报告，并向公司最高决策者作口头汇报。1 小时后，总经理不耐烦地说："明天 8 点前把一份 5 页纸的摘要放到我办公桌上。"

### (三) 摘要

摘要是调研报告中最重要的内容，是整个报告的精华。一般来说，高层管理人员只阅读调研报告的摘要部分。因此摘要一定要精炼，篇幅不宜多长，1 到 2 页为好。其主要内容应包括：

- 简要说明调查的由来和委托调查的原因；
- 简要介绍调查对象和调查内容；
- 简要介绍调查研究的方法；
- 简要说明调查执行结论与建议。

以下是摘要的一般书写模式：

受……委托，本公司针对……开展调研活动。由于……原因，因此，本项目采用……调研方式，运用……什么软件及什么统计方法，对……调查内容进行分析，最后得出……结论并提出……建议。

### (四) 调查概况

#### 1. 研究背景和目的

在这一部分报告内容中，研究者要对调查的由来或受委托进行该项调查的原因作出说明。说明时尽可能引用有关的背景资料为依据，简短罗列客户企业在生产经营中面临的问题，在此基础上提出调查的目的以及包含的信息范围。

撰写时有以下几种形式。

(1) 开门见山，提示主题

报告开始就交代调查的目的或动机，提示主题。

例如，“我公司受西安市某饮料开发公司的委托，对消费者进行一项有关中药保健可乐饮料市场需求状况的调查，了解消费者对中药保健可乐饮料的购买意向，为××公司开发该产品提供可行性决策参考”。

(2) 结论先行，逐步论证

先将调查的结论写出来，然后逐步论证。许多大型的调查报告均采用这种形式。特点是观点明确，一目了然。比如对中药保健可乐饮料的购买意向调查项目也可以这样开头:“通过我们对××保健可乐饮料在西安市消费者购买意向的调查，认为它不具备开发价值，原因主要从以下几方面阐述”。

(3) 交代情况，逐步分析

先交代背景情况、调查数据，然后逐步分析，得出结论。

例如，“本次关于××品牌运动装的消费情况调查主要集中在北京、上海、重庆、天津，调查对象集中于中青年”。

(4) 提出问题，引入正题

用这种方式提出人们所关注的问题，引导读者进入正题。例如，“从去年下半年开始，随着康师傅方便面的上市，各种合资的、国产的方便面，如统一、营多、一品、加州等品牌，雨后春笋般涌现，面对种类繁多的方便面，作为上帝的顾客是如何选择的？厂家该如何在激烈的竞争中立于不败之地？带着这些问题，我们对北京市部分消费者和销售单位进行了有关调查”。

### 2. 调查研究方法

对调查的过程、时间、地点、对象、资料收集方法和抽样方法等作比较详细的介绍，对调查研究的局限性和不足之处也应予以实事求是的说明，内容如下：

- 调查地区；
- 调查对象；
- 访问完成情况；
- 样本的结构；
- 资料采集；
- 访问员介绍；
- 资料处理方法及工具。

## （五）调查结果

这是调查报告的主体部分，主要是将调查的结果报告出来，包括数据图表资料以及相关的文字说明。要对调查研究中发现的基本事实资料进行有组织、有重点、层次分明的陈述，便于读者理解有关文字说明。可选择重要且简单明了的数据分析图表并插入相应的叙述内容中。

## （六）结论和建议

(1) 概括全文。经过层层剖析，综合说明调查报告的主要观点，深化文章的主题。

(2) 形成结论。在对真实资料进行深入细致的科学分析的基础上，得出报告的结论。

(3) 提出看法和建议。通过分析，形成对事物的看法，并在此基础上，提出建议和可行性方案。

### （七）局限性

叙述由于时间、预算、组织限制等因素的制约而导致调查项目结果具有局限性，如陈述样本规模和样本选择、抽样框及抽样误差，“只有17%的问卷回收率”等。陈述研究局限性的目的在于指出研究成果的弱点，以便在应用研究结果时引起注意。

### （八）附件

市场调查报告的附件可以由以下内容组成：

- 项目策划书；
- 实地调查问卷的抄本；
- 抽样有关细节的补充说明；
- 现场走访人员约访时间表；
- 主要质量控制数据；
- 技术细节说明；
- 调查获得的原始数据图表；
- 提供资料人员的名单。

## 五、市场调查报告的写作要求

应围绕市场营销中的一个突出问题来组织材料，集中分析、解决一个重要问题。市场调查报告有的是公开发表的，有的在内部使用。但其写作目的是一致的，都是为了弄清事物的本来面目，从而解决问题，或为领导机关解决问题、制定政策提供依据。必须明确调查报告的这一鲜明的特点，在写作中必须站在客观的立场上，一切从实际出发，坚持实事求是的原则，不带任何主观色彩和框框，深入调查，并对调查得来的“丰富的感性材料去粗取精、去伪存真、由此及彼、由表及里”。只有这样，才能揭示出事物的本质和内在联系，在市场调查报告中提出符合客观实际的、富有创见性的见解。

### （一）材料充分翔实

能否通过深入细致的调查研究掌握第一手资料，能否收集大量的相关资料，这直接影响市场调查报告的质量，同样，材料是否真实、是否清晰，也影响结论是否可信。所以，作为充分体现可信性和可操作性的实用文书，市场调查报告所引用材料的真实性至关重要，不可轻视。掌握真实材料，是写好市场调查报告的基础和前提。要占有第一手真实的材料，就必须深入实际，开展调查研究，要了解和掌握群众普遍关心的，迫切需要解决的，并带有普遍性、倾向性、真实性的问题和材料。只有深入调查，掌握的材料才能真实可靠，确凿无误。这样写出来的市场调查报告才不会失去它的科学价值。

### (二) 正确运用分析方法，保证客观性和科学性

观点必须是从分析材料中得出的正确结论。市场调查报告的观点，不是作者事先确立好的，不是对材料进行简单归类得出的，也不是写作者某种主观意向的随意附贴，而是写作者对大量事实材料进行分析综合后得出的结论，是写作者站在理性的高度对事实材料认识的结果。所以，只有当观点是从全部事实材料中得出的正确的结论时，观点才是真实可信的，才是一种理性的认识，才会为观点与材料的统一提供内在基础。观点统一材料，决定材料的取舍；材料要充分、有力地说明观点，这是一个问题的两个方面。在市场调查报告的写作中，在选取材料支持说明观点时，要注意选取那些典型材料，即选取那些思想深刻、有代表性的、最能说明问题的材料。在方法上，使用材料要精当，可以用一组材料说明观点，可以运用两个材料对比说明观点，也可以采用综述与列举相结合的方法说明观点，还可以用些精确的统计数字说明观点等。

【例文】

## 大学生手机市场调研报告

**一、调研目的与概况**

近年来，随着社会化进程的加快，经济水平的不断提高，手机在大学生这一群体中有了越来越广泛的使用，购买手机的大学生越来越多，手机的更换频率也越来越快。并且，大学生也属于手机消费的主要群体之一，因此，手机市场在大学中也具有很大的潜力，导致很多手机厂商将手机销售推向校园。我们着重从外显因素出发，分析大学生的购买倾向。为了解手机在大学生中的一些使用状况，购买决策因素，手机的消费情况和市场前景，我们决定以大学生为调研对象，对大学生手机市场做一次调研，以便能更准确地把握这一市场动向。

1. 通过对大学生手机消费情况的调研，全面了解大学生手机消费市场的容量及结构、质量、价格和品牌等内容。

2. 研究消费者的行为与心理，了解大学生手机消费情况与习惯。并了解手机市场结构与市场的潜力，了解手机在大学生中的使用情况与潜在的市场需求。

**二、调研对象**

在校大学生

**三、调研时间**

2016 年 4 月 30 日到 5 月 4 日

**四、调研方法**

1. 互联网上查找资料。

2. 校园网络问卷。

**五、调研方式**

本次问卷调查主要采取校园问卷的方式，共发放问卷 60 份，回收问卷 55 份，问卷回收率为 91%。其中男生占 40%，女生占 60%。

**六、调研报告**

(一) 市场状况分析

近年来，手机在大学生这一群体中广泛普及，学生手机拥有率达到 100%。智能手机更新换代迅速，手机市场不断更新。而现在学生使用手机频繁，手机磨损也较为严重，

有一些调查显示，很多大学生在两年内会换一次手机。因此，大学生也是手机消费中一个巨大的群体，大家追求时尚与新颖，手机市场在大学生中具有很大的发展潜力。

(二) 目前学生手机市场份额分析

**您的手机是什么牌子的？**

**答题人数 55 人**

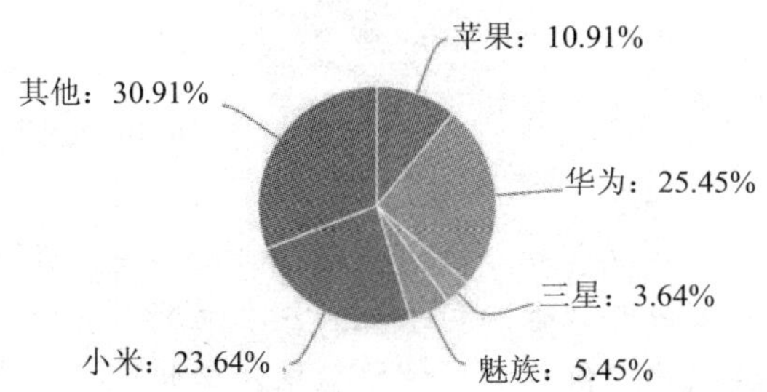


根据调查显示，小米、魅族、华为、苹果都是学生手机选择中靠前的。从数据中也可以看出，大学生对国产品牌手机的信赖在加大，对国产手机的认可度也在提高。

(三) 大学生了解手机信息的途径

根据调查显示，了解手机信息的途径主要是上网和朋友介绍，当然，电视广告等宣传一样所占比重较大。现在，网络媒体能够更全面、更具体地反映手机市场的信息，且方便快捷，因此作为大学生而言，更青睐于通过网络收集手机购买信息。

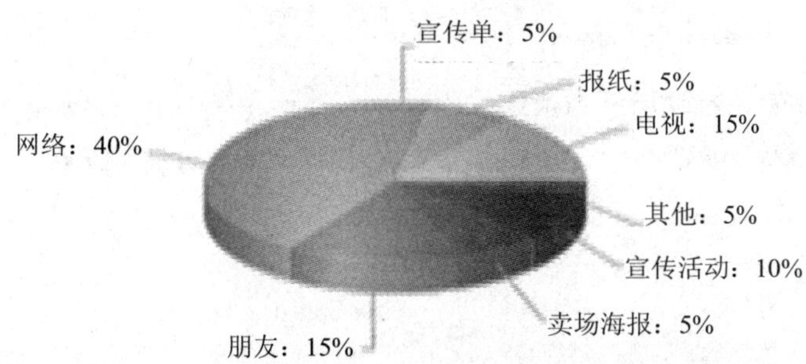


(四) 大学生购买手机的准则和特点

手机更换频率：

| 选　项 | 比　例 |
| --- | --- |
| ≤6 个月 | 0% |
| 1 年 | 22% |
| 1 年半 | 15% |
| 2 年 | 45% |
| ≥2 年 | 18% |

**您购买手机时会考虑的因素：**

**答题人数 55 人**

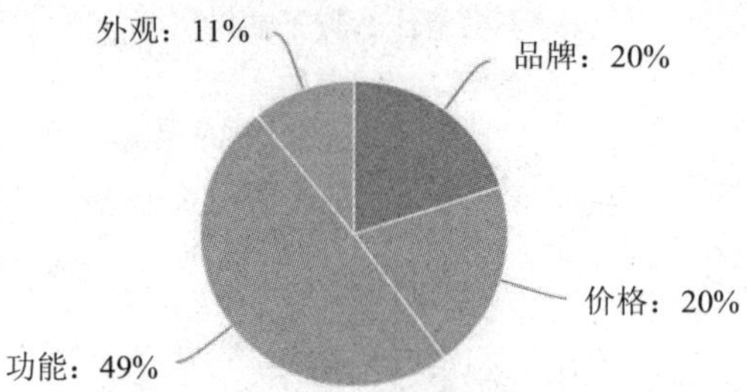


调查显示，大学生购买手机主要考虑的因素是时尚个性化款式，手机功能，价格和品牌等方面，这些因素也成为大学生购买手机的基本准则。其中，大学生对于手机的功能这一选择达到 49%，其次才为价格和品牌，款式。由此观之，手机功能的多元化和强大是大学生选择手机的一个重要主导因素。由调查结果我们可以看出大学生选择手机的几个特点：(1)手机选购时功能要比较强大，款式时尚，品牌的知名度高，价格一般在 1000～2000 元。(2)大学生更换手机比较频繁，容易形成再次消费，购机地点较集中。(3)国产手机选择较高，对手机质量要求较高。大学生手机更换频繁的一个因素是手机的质量，而且大学生认为国产机的最大缺点为质量不过关，其次为手机功能不够强大。同时，大学生作为一特殊的消费群体，并没有经济来源，手机质量好也是大学生选择手机的一重要因素。

(五) 大学生每月手机消费情况

**您每个月有多少钱用于手机消费**

**答题人数 55 人**

**目前，您每个月的话费大约是多少？**

**答题人数 55 人**

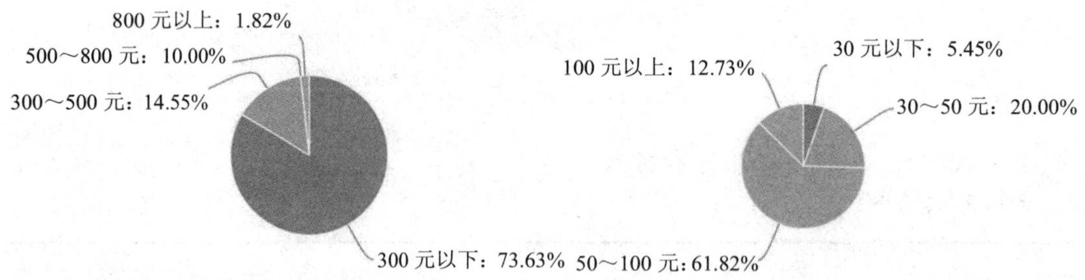


由调查结果显示，大学生中约有 83.64%的同学每月手机消费小于 300 元，手机消费包括手机贴膜、手机维修、手机配件的购买等。这也表明由购买手机带动的与手机有关产品的销售也具有很大的市场潜力。并且，大学生每月手机话费在 50~100 元的占 61.82%，即大学生话费花费情况还是比较大的。话费开支也是重要的一项，现在网络发达，大学生上网所花费的流量多，所订购的套餐也比较多，这对手机市场的发展有一定的促进作用。

(六) 营销建议

从以上的分析中，我们很容易可以看到大学生这一群体在手机消费中的巨大市场，并且随着时间的推移，这一群体的消费力量也会越来越大，且具有很大的市场潜力。因此，提高对大学生这一群体的注意力，开拓这方面的市场，对于手机的营销具有积极的意义。我们的建议如下：第一，继续推行中低档手机销售路线，具有品牌营销，价格比较合适，功能、质量均较好的手机，抓住学生消费的这一商机。第二，把手机销售店开到大学中去，并配套各种手机配件的销售，打好宣传工作，并做好售后服务等工作，得到学生的信赖，抢占大学生手机市场。

**七、总结**

随着社会生活环境的改变，人们的消费结构也在不断发生变化，消费对象也在时刻发生转移，大学生作为整个消费群体中的一个特殊群体，正在更多地融入社会，对手机消费的追求已逐渐成为大学生中的一种新时尚，手机消费在大学生中有巨大的市场潜力。

目前手机市场品牌和机型繁多，各个品牌之间的市场营销策略手段等各有不同。通过这次调查可以发现，真正能得到大学生消费群体欢迎的手机是那些性能、质量、外观等过硬的手机。虽然品牌也有一定的影响力，但是一款性能出众，质量过硬，外观大方的手机总是能得到大学生的认可的。

附件：

**手机市场问卷调查数据分析**

Q1：性别

**1. 性别**

**答题人数 55 人**

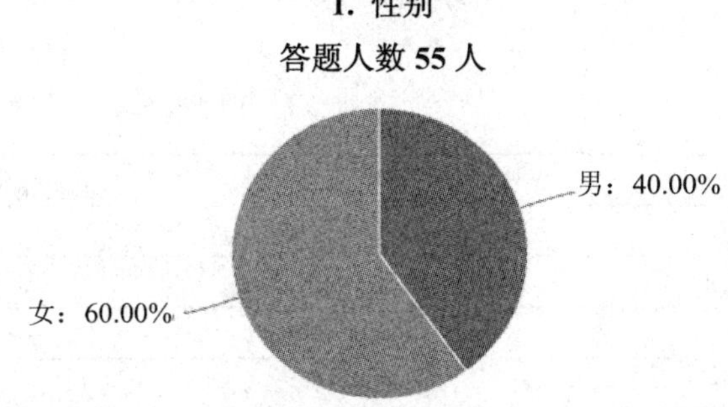


| 答案选项 | 回复情况 |
|---|---|
| 男 | 22 |
| 女 | 33 |

受访人数 55 人

Q2：您购买手机时会考虑的因素：

**2. 您购买手机时会考虑的因素：**

**答题人数 55 人**

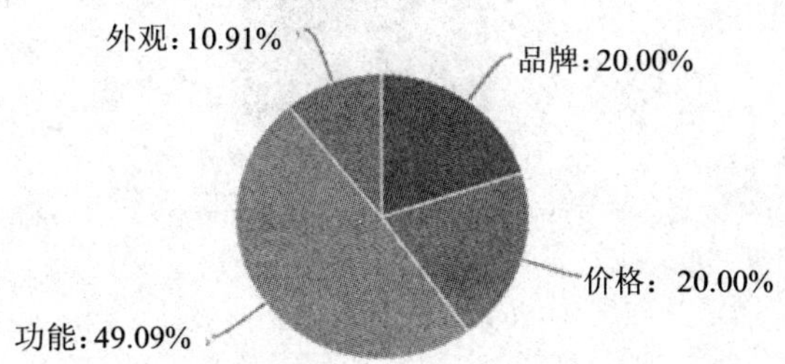

| 答案选项 | 回复情况 |
|---|---|
| 品牌 | 11 |
| 价格 | 11 |
| 功能 | 27 |
| 外观 | 6 |

受访人数 55 人

Q3：您购买手机时，最看重的是什么？

**3. 您购买手机时，最看重的是什么？**

**答题人数 55 人**

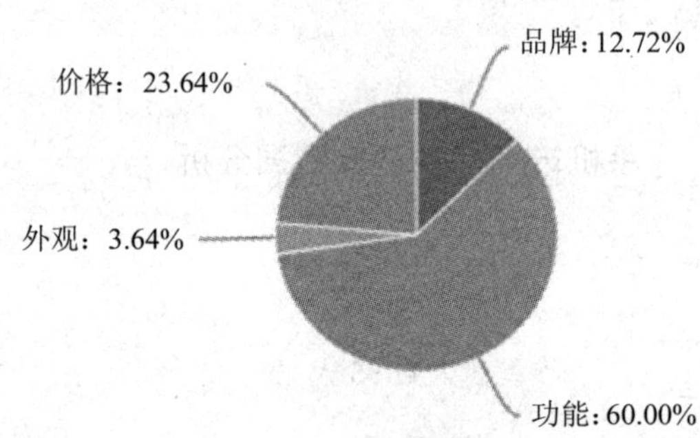


| 答案选项 | 回复情况 |
|---|---|
| 品牌 | 7 |
| 功能 | 33 |
| 外观 | 2 |
| 价格 | 13 |

受访人数 55 人

Q4：您每个月有多少钱用于手机消费？

**4. 您每个月有多少钱用于手机消费？**

**答题人数 55 人**

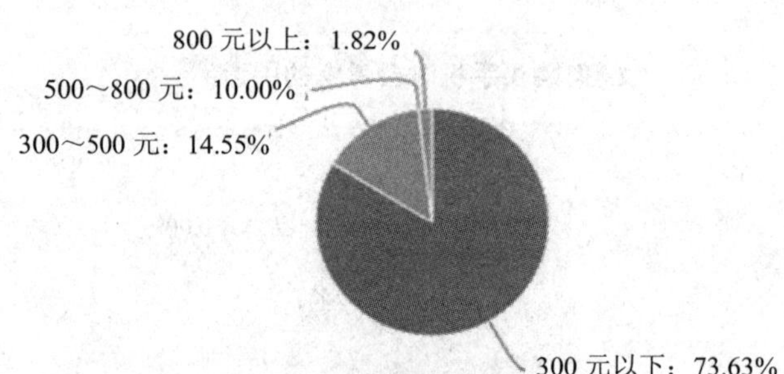

| 答案选项 | 回复情况 |
|---|---|
| 300 元以下 | 46 |
| 300～500 元 | 8 |
| 500～800 元 | 0 |
| 800 元以上 | 1 |

受访人数 55 人

Q5：您购买手机时会考虑的功能：

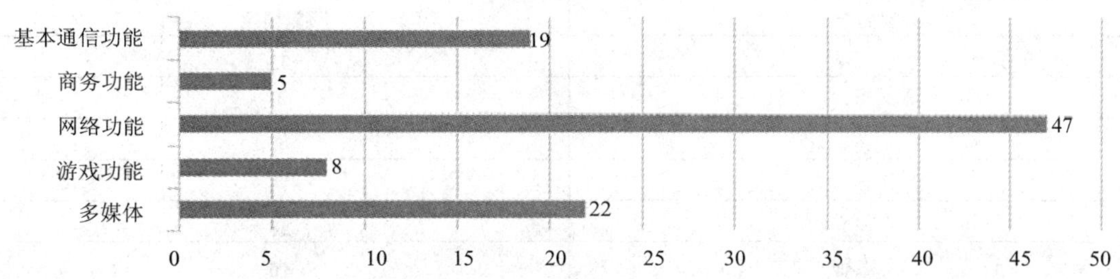


| 答案选项 | 回复情况 |
|---|---|
| 基本通信功能 | 19 |
| 商务功能 | 5 |
| 网络功能 | 47 |
| 游戏功能 | 8 |
| 多媒体 | 22 |

受访人数 55 人

Q6：您购买手机时首选的外观设计：

6. 您购买手机时首选的外观设计：

答题人数 55 人

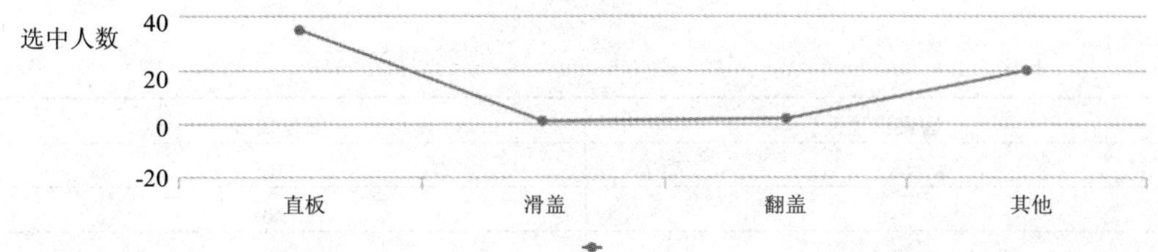


| 答案选项 | 回复情况 |
|---|---|
| 直板 | 35 |
| 滑盖 | 1 |
| 翻盖 | 2 |
| 其他 | 20 |

受访人数 55 人

Q7：您购买手机时会从哪里获取手机信息：

**7. 您购买手机时会从哪里获取手机信息：**

**答题人数 55 人**

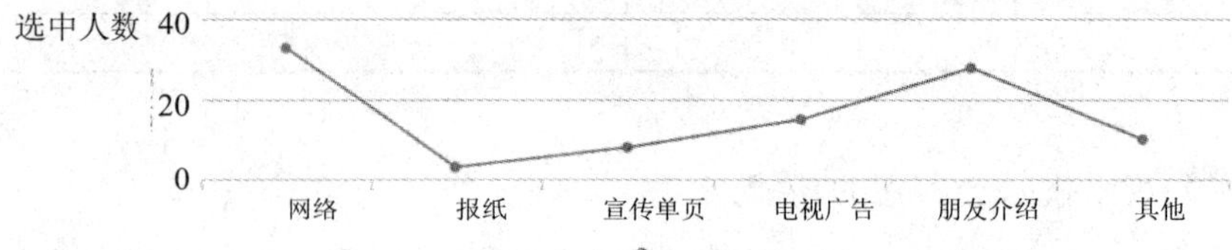


| 答案选项 | 回复情况 |
|---|---|
| 网络 | 33 |
| 报纸 | 3 |
| 宣传单页 | 8 |
| 电视广告 | 15 |
| 朋友介绍 | 28 |
| 其他 | 10 |

受访人数 55 人

Q8：您购买手机时会选择什么颜色？

**8. 您购买手机时会选择什么颜色？**

**答题人数 55 人**

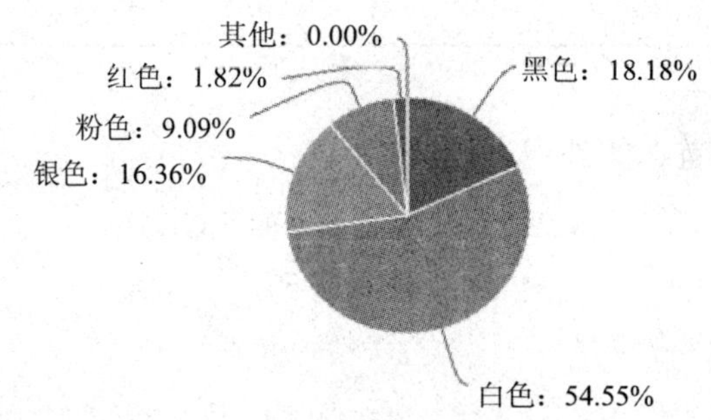


| 答案选项 | 回复情况 |
|---|---|
| 黑色 | 10 |
| 白色 | 30 |
| 银色 | 9 |
| 粉色 | 5 |
| 红色 | 1 |
| 其他 | 0 |

受访人数 55 人

Q9：您购买手机时会优先考虑：

**9. 您购买手机时会优先考虑：**

**答题人数 55 人**

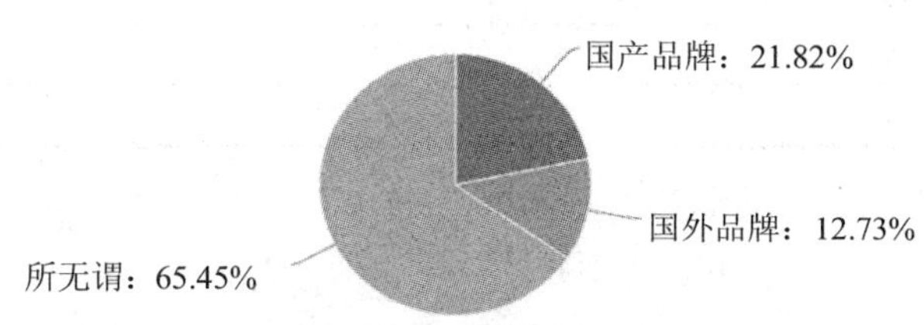


| 答案选项 | 回复情况 |
| --- | --- |
| 国产品牌 | 12 |
| 国外品牌 | 7 |
| 无所谓 | 36 |

受访人数 55 人

Q10：您会选择国产手机吗？

**10. 您会选择国产手机吗？**

**答题人数 55 人**

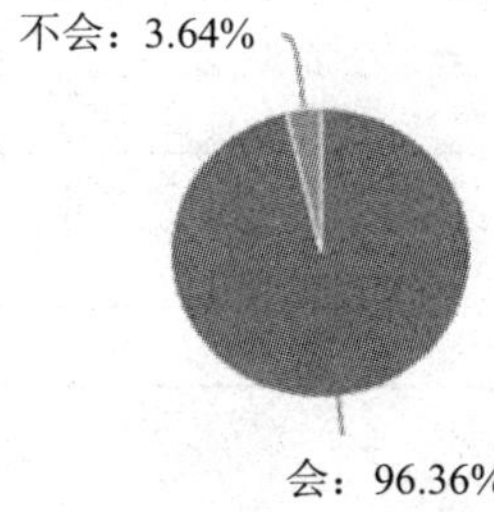


| 答案选项 | 回复情况 |
| --- | --- |
| 会 | 53 |
| 不会 | 2 |

受访人数 55 人

Q11：您对国产手机不满意的有：

**11. 您对国产手机不满意的有：**

**答题人数 55 人**

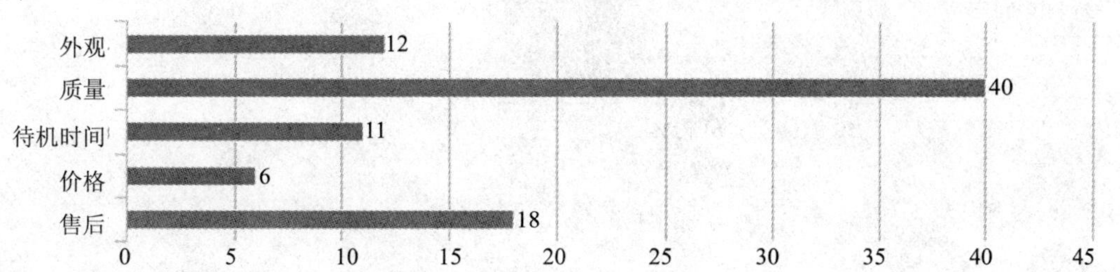

| 答案选项 | 回复情况 |
|---|---|
| 外观 | 12 |
| 质量 | 40 |
| 待机时间 | 11 |
| 价格 | 6 |
| 售后 | 18 |

受访人数 55 人

Q12：您认为国产手机存在哪些不足？

**12. 您认为国产手机存在哪些不足？**

**答题人数 55 人**

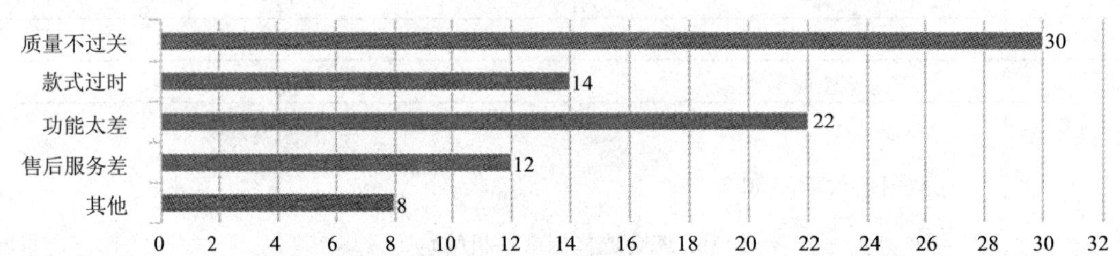


| 答案选项 | 回复情况 |
|---|---|
| 质量不过关 | 30 |
| 款式过时 | 14 |
| 功能太差 | 22 |
| 售后服务差 | 12 |
| 其他 | 8 |

受访人数 55 人

Q13：目前，您每个月的话费大约是多少？

**13. 目前，您每个月的话费大约是多少？**

**答题人数 55 人**

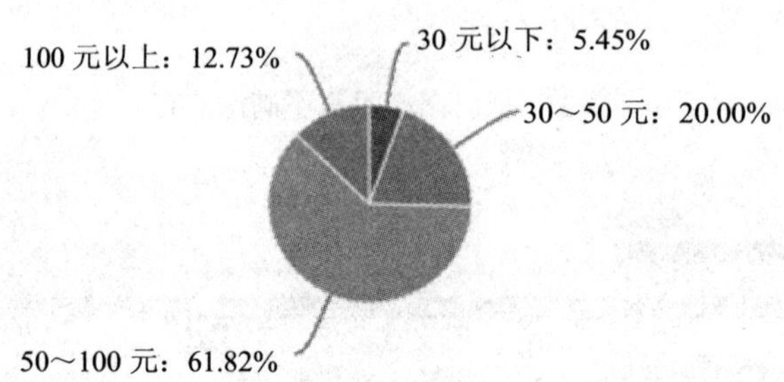

| 答案选项 | 回复情况 |
| --- | --- |
| 30 元以下 | 3 |
| 30～50 元 | 11 |
| 50～100 元 | 34 |
| 100 元以上 | 7 |

受访人数 55

Q14：您的手机是什么牌子的？

**14. 您的手机是什么牌子的？**

**答题人数 55 人**

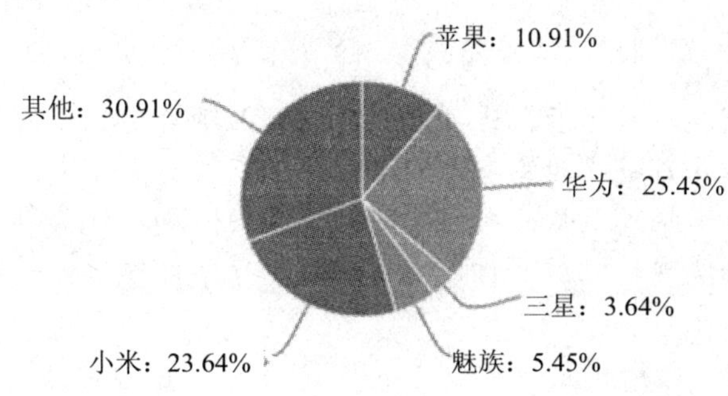


| 答案选项 | 回复情况 |
| --- | --- |
| 苹果 | 6 |
| 华为 | 14 |
| 三星 | 2 |
| 魅族 | 3 |
| 小米 | 13 |
| 其他 | 17 |

受访人数 55 人

**【点评】**该市场调查报告指出了调查目的、方法、范围、结果和解决问题的措施，比较全面。

# 项目二

# 可行性分析报告

## 项目描述

创业项目需要消耗多种资源，但并非所有的创业项目都能获得最终成功，一旦项目终止，前期的所有投入都将化为乌有。因此，我们需要防患于未然，以避免不必要的损失。本项目要求学生掌握可行性分析报告的结构、内容和写作要领，在前期项目市场调查报告的基础上对创业项目进行可行性分析，并完成可行性分析报告。

## 任务描述

要求学生在前期市场调研报告的基础上对项目进行可行性分析，并根据可行性分析结果完成可行性分析报告。

## 学习目标

能掌握可行性分析报告的结构、内容和写作要领，并能根据分析结果完成可行性分析报告。

## 任务导入

经过前期的调查，关统证明了自己的眼光还是不错的，他看中的项目有着很不错的市场需求，未来的发展空间也不错。可是自己和合作伙伴的资源非常有限，一旦失败，可能再也爬不起来了，而且伙伴们也心存一定疑虑。为了更加稳妥一些，于是他进行了多方位的分析。他发现项目确实是可行的，可是光自己知道还不够，还需要让伙伴们也了解情况，坚定大家的信心。于是他写了一份可行性分析报告给大家。你认为他应该如何组合材料，完成自己的可行性分析报告？

## 一、可行性分析报告的概念和特点

### （一）可行性分析报告的概念

可行性分析报告是指国家、企事业单位组织专家对建设项目、投资项目、产品生产项目、合资经营项目和科研项目等的经济有效性、技术合理性、实施可行性，进行分析、论证之后形成的书面报告。

可行性分析报告是现代自然科学、经济科学和管理科学发展的产物，已成为世界先进国家的一种决策手段。可行性分析最初只用于工程建设方面，是从美国开始实行的，第二次世界大战后，世界发达国家普遍推广实行。联合国工业发展组织于1979年、1989年编印了《工业可行性分析手册》和《工业项目评价手册》，总结和发展了20世纪30年代以来可行性分析这一系统的科学分析方法，从而促进了发展中国家对可行性分析的开展和推广。我国在改革开放后开始从国外引进这一科学办法。1981年原国家计划委员会明文规定："把可行性分析作为建设前期工作中的一个重要经济技术论证阶段，纳入基本建设程序。"1983年，我国还颁布了《关于建设项目进行可行性分析的试行管理办法》。1985年国务院技术分析中心出版了《工业项目可行性分析经济评价方法——企业经济评价》。1987年原国家计委又颁发了《建设项目的经济评价方法和参数》《关于建设项目评价工作的暂行规定》，为我国可行性分析的标准化打下了良好的基础。近年来，随着市场经济体制的建立，可行性分析报告应用的范围越来越广。比如在新设立一家股份有限公司，组织一次大型产品销售活动，推广一项新科学技术之前，需要运用各种资料、数据、信息等进行分析、对比、分析、核算，对其进行技术论证和经济评价，以确定一个"技术上合理，经济上合算"的最佳方案，写出论证性强的可行性报告。此外，按照有关规定，有的建设项目对环境有影响时，还需要向环保部门提交可行性报告，请其审查。

### （二）可行性分析报告的特点

#### 1. 前瞻性

可行性分析是对将要开展的投资项目及其效果进行预测，分析的是未来的行动、预期的效果，因此必须根据党和国家的有关方针政策、国民经济的发展规划和地区规划、本行业规划等，对事物发展的过程状况、可能遇到的问题和结果进行前瞻性分析。要在充分调查投资环境、条件、方向，掌握相关资料、数据、信息的基础上运用各种预测方法，对其合理性、效益性、可行性做出科学的估计，提出合理的对策。

#### 2. 综合性

可行性分析是一门综合性学科，分析报告的内容涉及诸多的学科领域，如自然科学、社会科学、经济科学、管理科学等，具体地说，包括地质、地貌、建设设计、自然环境、水文交通、文化教育、政策法规、财务经费、管理手段等。它是以市场为出发点，以人财物投入为基础，以经济效益评价为结果。它要针对影响项目和方案的众多因素进行全面、系统的综合分析。

#### 3. 论证性

论证性是可行性分析报告的关键，是对投资项目的可行性进行全过程的分析论证。论证性一般分为四个阶段：一是机会分析论证，对投资的环境条件、方向进行调查分析、分析论证；二是初步分析论证，在投资方向有可能之后，再组织各学科门类的专业机构人员作进一步调研，对项目的相关问题作初步论证；三是详细分析论证，在此基础上进一步深入调查分析，设计若干方案，从技术上、经济上分析不同方案中各种问题的优劣利弊，选择最佳方案；四是形成报告，对投资项目的可行性进行整体评估、论证、决策，撰写报告。

## 二、可行性分析报告的作用和种类

### (一) 可行性分析报告的作用

可行性分析是遵循客观经济规律进行分析的，是宏观调控固定资产投资的重要机制。可行性分析报告是对投资项目可行性分析的系统化、理论化、条理化的语言表达形式，有如下作用。

1. 作为投资者决策的依据

时下，可行性分析报告越来越受到人们的重视。在遵循客观经济规律的基础上，追求最大经济效益，已成为投资者们的共识。可行性分析报告的任务就在于分析论证准备实施项目的必要性与可行性，分析和论证技术上是否合理、经济上是否合算。对该项目实施的必要与可能，实施后的经济效益与社会效益，实施条件和措施，实施中意外情况处理等问题，做出科学、具体的回答，从而为决策者提供决策依据。这就是可行性分析报告最主要的作用。该项投资项目的规模越大，投资越多，周期越长，可行性分析报告的决策参考作用就越显得重要。

2. 作为重要的融资依据

可行性分析报告是申请建设资金、吸引外来投资的依据。向金融机构申请贷款，要以提交该项目的可行性分析报告为先决条件、贷款银行或投资者组织有关专家对可行性分析报告进行评审，写出项目评估报告，依据这个报告来决定是否贷款或投资以及投资多少。

3. 作为主管部门审批和与项目有关的部门签订协议的依据

可行性分析报告是投资、建设项目立项、申请主管部门审批和与项目有关的部门签订协议的必需文书。只有提交了可行性分析报告，主管部门才予以审批，才发给审批设计任务书；对申报引进技术、引进设备的请求才给予批准；项目实施的有关部门或合作者才会同意签订有关协议。

### (二) 可行性分析报告的种类

可行性分析报告适应于各行各业，划分种类的方法也多种多样，一般有以下三种分类方法。

1. 按内容分类

按其内容，可以分为工业可行性分析报告、农业可行性分析报告、高等教育可行性分析报告、中外合资企业可行性分析报告，以及开辟和拓展新市场、开发新产品和新技术、采用新工艺和新管理方法的可行性分析报告等。

2. 按范围分类

(1) 一般可行性分析报告

一般可行性分析报告主要是指规模小、投资少的小项目的可行性分析报告，包括新建和扩建项目，牵涉面不大的常规性技术改造项目，某一方面的经营管理改革、单项科学实验等。一般可行性分析报告项目内容比较单一，涉及面不大，引用数据不多，技术经济分析较为简单明了。

(2) 大中型项目可行性分析报告

大中型项目可行性分析报告主要是指规模大、投资多、涉及面广的可行性分析报告，包括新建和扩建工程浩大的复杂的技术改造项目，全局性的经营管理改革和重大科学实验等。这种可行性分析报告项目内容多，涉及多种专业，技术经济论证分析复杂，要求很高。因此，参加大中型项目可行性分析的人员，必须包括各方面的专业人员，有的还应该是有一定权威性的、有一定影响力的专家、学者。大中型项目可行性分析，不是短期就能完成的，往往需要分三个阶段进行。首先是机会可行性分析，主要是通过对项目的环境条件、发展方向、机会潜力以及社会效益、经济效益等，在调查的基础上作出初步的评价，为提出项目建议书提供依据，着重解决是否有必要的问题。其次是初步可行性分析报告，是在机会可行性报告批准后，进一步对经济规模、项目经费、投入产出、经济价值作分析预测，探讨技术途径、设备造型，论证经济效益，为编制设计任务书或建设规划提供依据。初步可行性分析着重解决是否可行的问题。最后是可行性分析报告，在前两个阶段取得成果的基础上对该项目的客观依据、外部环境、技术方案、工程规模、经营管理等主要方面，在取得大量数据的基础上全面深入地进行技术经济论证，为编制设计或建设规划提供依据。可行性分析报告在最终解决项目是否可行的前提下，得出肯定性结论。

3. 按性质分类

(1) 肯定性的可行性分析报告，即肯定项目实施的必要性和可行性。

(2) 否定性的可行性分析报告，即否定项目实施的必要性和可行性。

(3) 选择性的可行性分析报告，即一般写出两个以上的可行性分析报告，供决策者挑选。

## 三、可行性分析报告的格式及写法

### (一) 可行性分析报告的一般格式

可行性分析报告的格式一般由标题、正文、附件、日期四部分构成。

1. 标题

可行性分析报告的标题通常有两种形式：完整式和简略式。

完整式标题由编写单位、项目名称和文种构成，如《××市关于扩建××高科技开发区的可行性分析报告》；简略式标题则省略编写单位，简化文种名称，只突出项目名称，如《合资经营×××有限公司可行性报告》。

2. 正文

可行性分析报告的正文一般分为三个部分：概述部分、主体部分、结论和建议部分。

(1) 概述部分

概述部分：也可称为前言、总论或总说明，要求写明的内容具体如下。

① 项目基本情况：项目名称、项目主办单位及负责人、可行性分析工作单位、可行性分析项目的技术负责人、经济负责人和参加人员。

② 项目提出的依据：又可分为文件的依据，即国家有关经济方针、政策；会议的依据，即上级主管部门会议决定；现实、市场需求情况；投资预算、经济效益等。

③ 项目分析的意义：政治上、技术上、经济上、国际国内、本地区、本行业等方面。

④ 可行性分析的范围：提纲挈领地概括说明论证和结论的主要内容或分析中存在的问题和建议。

概述部分怎么写、写多少，往往取决于项目的大小和问题的难易程度，因写作对象的不同而写法不同。

(2) 主体部分

主体部分即分析论证部分，一般包括项目方案论证选择、综合性分析论证、技术经济效益分析评价、不确定分析论证等。如果是大中型项目，可行性分析报告的主体部分还可以采用分条列项进行专题论证。分析项目不同，主体分析论证的内容也不尽相同。一般大中型建设项目可行性分析报告的正文大都需要从市场预测分析(论证必要性)、客观条件分析(论证可能性)、工艺技术环境保护分析(论证合理性)、财务经济评价(论证效益性)等多个方面进行技术、经济论证。

① 市场需求和建设规模方面，对未来产品的市场竞争力在国内外市场的销售预测，对拟建项目的建设规模和产品生产方案从技术上、经济上进行论证。

② 内外客观条件方面，在资源、原材料、能源、运输以及公共设施等方面，对各种客观条件加以技术、经济论证。

③ 项目技术方面，主要是对项目自身各方面，如项目主体工程、全厂总图设置、技术设备的选择、土建工程、生产方法等加以技术、经济论证。

④ 建设计划方面，对项目的总体计划和日程安排以及管理体制、管理人员、生产人员的配备加以技术、经济论证。

⑤ 资金筹措方面，对总投资费用、资金来源筹措贷款利率以及贷款偿付方式、资金数额、使用时间的安排等论证其合理性、可靠性。

⑥ 经济评价方面，对生产成本与销售收益估算等作评价，对项目在整个国民经济中的综合经济效益进行评价。

⑦ 环境保护方面，主要是投产后对生态环境的影响进行预测、评价，对环境保护方案加以技术、经济论证。

由于可行性报告的内容较多、涉及面广，其论证的内容及方法难以局限于某种固定模式，可根据项目的需要加以选择或增加新的内容。

(3) 结论和建议部分

在充分论证可行性的基础上，对项目建设的整体必要性和可行性做出经济评价，也可以指出存在的问题或提出有关建议。如果在概述部分已做出清楚明确的结论，结尾处不再陈述；或在前言部分作简要概述，在结尾处再作归纳性或强调性陈述。

### 3. 附件

一般不放在正文中。对于有参考价值、可增强说服力的材料，可作为可行性报告的附件，如试验数据、设计图纸、论证材料、图表等；如果没有这样的材料，可不设“附件”。

### 4. 日期

在正文的右下方写上完成可行性报告的年月日。

### (二) 可行性分析报告的写法

#### 1. 表达方式

可行性分析报告是一种论证性文件。说明、议论和分析论证为其主要表达方式。常采用的有介绍、分类、比较、图表、数字等说明方法。可行性分析报告的写作过程就是论证的过程，在分析论证过程中常运用动态与静态、定性与定量、一分为二、列举归纳、逐层推进、对比分析等多种论证方法。

#### 2. 语言要求

(1) 严密、准确、鲜明

可行性分析报告的语言要求严密、准确、鲜明。首先要把分析对象作为系统来分析，把分析对象分解为若干部分，有步骤地、严密地进行剖析，然后把各个部分的情况综合起来，构成一个完整、准确、有说服力的逻辑整体。文中所用的论证要准确、翔实，提出的见解和对策必须准确无误，做出的结论要观点鲜明。

(2) 图表、数字、说明

运用表格、图形、数字来说明问题、阐述观点是可行性分析报告语言的另一个特色。常用的有统计表、非统计表、测量数据、贷款金额、费用估计、曲线图、平面图、统计图等。文字与图表、数据在报告中是相辅相成、相得益彰的，在表述时它们交融一体，可增强说服力。

## 四、写可行性分析报告应注意的事项

### (一) 背景分析的广阔性

当今是信息网络社会，是市场经济稳步发展时期，信息之多，信息之快，使任何一个可行性分析报告不再是孤立的报告立项问题，而是与经济密切相关，与社会环境有着广泛的外部联系。因而，进行可行性分析要善于把局部的问题放在广阔的社会背景、经济背景上去分析。在分析拟建项目时不但要着眼于现实，追究其历史，更要放眼于未来，尤其是建设周期长、投资多的项目。

### (二) 内容分析的真实性

为了得出正确的结论，进行可行性分析一定要实事求是，从客观实际出发，排除一切外来干扰，不带主观偏见，尊重客观事实和各种资料数据，进行多方案的比较，公正地分析得失，不夸大事实、不片面追求经济效益，否则凭主观臆断，盲目上马所造成的损失将是巨大的。国务院《关于加强基本建设计划管理，控制基本建设规模的若干规定》中明确指出："项目可行性报告中的各项条件及计算，如有错误和不实之处，应由主管部门及承担协作部门负责，凡由此造成重大损失的，要追究主管部门的责任，直至追究法律责任。"

### (三) 结构写法的多样性

可行性报告结构、内容的繁简、篇幅的长短，往往取决于项目的大小或问题的难易。

规模大、投资多、周期长的项目，其结构、内容比较复杂，篇幅比较长，有的可长达十几万字；反之，内容简单的只有几千字。

从结构形态来看，复杂的可行性报告是单独编制成的，格式包括：封面，摘要，目录，图表目录，标题，主体(总论、正文、结论和建议参考文献)，附件，日期。而内容简单的可行性报告一般格式为：标题，正文(总论、正文、结论或建议)，日期。

从具体内容上看，由于可行性报告的种类不同，其内容也有所差异。比如工业建设项目可行性分析报告的概述部分包括：项目提出的依据，分析的依据和范围，分析结论的概括意见等。中外合资项目可行性报告的概述部分除上述基本情况外，还须注明注册国家(地区)和法人代表姓名、职务、国籍；拟建项目总注册资本，合资各方出资比例，出资方式，资金来源构成；合作期限，利润分配和亏损应承担的责任等。可见可行性分析报告在结构写法上具有多样性、灵活性的特点。

**【例文】**

### 旧具新饰(旧家具新面貌)

我们是一群充满想象力的年轻人，我们为生活而狂热地追求梦想，追求我们每一个年轻人内心深处的安乐巢。

**创业项目背景**

随着生活水平的不断提高，人们对家居的品位也在逐层上升，更换新家具的频率更是快速增长，温室效应、全球变暖这些问题接踵而至。我国的森林覆盖率约20%，而每年森林的砍伐量却在增长，其中80%都用于新家具制作。在当前大环境下，能源问题成为全世界特别是发展中国家面临的严峻问题。因此，促进环保体制才是治本之策。因此，家居消费模式的转变迫在眉睫。环保的“旧家具新面貌”在这种大背景下应运而生，其突破传统的家具消费模式及观念，运用DIY，灌入全新消费理念，倡导循环利用、低碳节能，回收废旧家具后进行个性化改造，建设资源节约型、环境友好型社会。

**创业项目核心**

做法是对旧家具的外观做整容美化、翻新，改造新家具以及将旧家具回收翻新后二次进入市场流通等，以响应政府低碳、节能、环保的号召，节约大量自然资源并给普通消费者带来经济上的节约。这个项目的产品针对性强，便于消费心理研究和设计、服务的创新及完善，并且低碳、节能、环保，会得到政府的支持和社会的认可。

**创业项目业务**

为顾客的老旧家具提供改造的一系列服务，以DIY的方法，对破旧家具进行改造，使资源得到循环利用，节约木材，达到经济与环保双赢的目的。创意生活，环保健康，让大家“低碳乐享生活”。

**创业项目目标**

做将家居、环保、创意融为一体的领先者。

**创业项目理念**

1. 采用纯手工技术，打造最独特、经济的产品，将每个产品的价值最大化。

2. 采用废旧家居改造，将原材料循环利用，并且坚持采用最环保的材料进行改造，最大化地减少碳排放。

3. 生产链和管理团队的最优化，节约一切不必要的开支，达到利润最大化。

4. 以顾客的要求为一切后续工作的前提，最大化地满足顾客的需求，提供优质的后续服务。

**创业项目服务**

此次创业项目进行改造的旧家具，我们将尽可能地满足顾客的需求。完工后，如果有任何瑕疵问题，在一定时间内顾客均可以退还给我们重新完善。使用材料方面，在现代科技的支持下，我们一定会使用经济的低碳环保材料，比如多使用布艺材料和环保漆，将生物材料与高科技结合的有机材料等。

**创业项目产品优势**

1. 为客户省下购置新家具的昂贵支出

现在的家具价格越来越高。许多被遗弃的家具其实从材质、用途来看还是有很大的可用性的，只是外观稍逊。对于这类家具，经过外观上的刷新喷漆、手绘、结构改造后，便可以使它们焕然一新，让客户爱不释手。而这些收费只有购买新家具的十分之一不到。这同样适用于一些蜗居群体，比如刚毕业的大学生，面对购房压力会选择租房，而出租房多为小户型。通过我们的创意设计及精心改造，在花费最少的情况下，同样可以享受到最有风格、最有品质的生活。

2. 客户选择自主性

品质生活的家居品要做到百分百满意，而许多客户不满意市场上提供的样式单调、价格昂贵的成品。告诉我们您的细节需求，心目中理想的外观、尺寸、结构……我们一一为您实现。

3. 解决废物遗弃问题

我们通过对旧家具的循环利用将大大减少对森林的破坏。很多人对这些使用了这么多年的与自己息息相关的舒适家居品产生了感情，不忍丢弃。这时，通过我们精心的改观，既为客户免去如何处理它们的烦恼，省下巨大费用，同时又做到将木材循环利用。既然如此，为什么不做个将生活的每个细节都做到环保的聪明人呢？

4. 节能

我们所提供的产品服务不局限在家具范围内。在为客户设计房间装修时，也尽量遵循低碳节能的思想，在房间多摆放植物，多使用节能灯，同时可以通过玻璃的反射来增加光亮，减少用电量。

**创业项目出众之处**

1. 资源循环利用，环保低碳

现在很多人的旧家具很好，只是样式或颜色不适宜，或是有一点轻微损坏但又无法修补，不能继续用，但是扔了又浪费。在这种情况下，就可以找我们公司为你改造。这样减少了碳排放，既经济又环保。即使是用旧家具进行改造，也要做到质量上严格把关，同时样式新颖适用。

2. 旧家具DIY，创意独特

很多人追求的都是独一无二，而我们的每一件产品都是在原来的旧家具上进行改造，团队技术人员一起商讨，讨论出最优的方案，尽量发挥我们平时在生活中的积累，发挥我们的创意，让顾客的旧家具焕然一新，既实用又不随波逐流，跟上流行的脚步。顾客的满意是我们最大的宗旨。

**创业项目发展环境**

1. 行业市场环境

中国消费者消费行为越加成熟，对家具产品的需求进行了全方位衡量。未来家具市场的竞争不仅是卖产品,更是卖设计、卖概念、卖品牌，而品牌体现的生活品位将成为消费者考量的一个重要标准。因此，我们必须从设计理念、企业管理、售后服务上花大工夫，才能在这个行业站稳脚跟。我们公司的理念是“低碳享受生活”，符合现代顾客环保健康的需求，也符合家具行业发展趋势的大方向；而我们坚持 DIY 创新，也符合大众买设计、买概念的思想，均有助于我们向品牌而不是简单的厂商迈进。

2. 人文发展环境

家具建材企业掀起绿色品牌风、提倡绿色经营之道，甚至地方政府也在助力绿色照明，规划将其提上日程，消费者更关注绿色上榜品牌，注重环保消费。在全球变暖、哥本哈根会议引发全球目光的情况下，低碳成为最为时尚的热点关键词之一。在绿色低碳成为众望所归时，企业再也不能把污染、甲醛等和家装联系在一起，真真正正地给消费者一个安全、低碳、环保的家，这是企业发展的根本和命脉。

**创业项目行业与市场**

1. 行业界定与发展规模

在中国，DIY 的思想虽然也已引入相当长一段时间，但 DIY 家具还是没有被推广开的新鲜事物。若自己提供旧的家具，由别人动手来帮你翻新美观，价格上将会低廉，吸引更多的客户，因此是有发展空间的。在我们的服务领域做得广泛的情况下，消费者可以将自己不要的家具、装饰放在交换区。对这些产品有交换意向的客户可以用自己的废旧家具来换取。当你对一件样式新颖的家具心仪，但它和你家中现有的旧家具在体积、结构上相差很大时，便可以在这个平台上换取需要的、结构体积合适的旧家具。这便会吸引更大的群体。

2. 市场规模

现在的二手家具市场已然自成一派，而许多七八成新的二手家具质量好，款式新，保养也不错。不过，对于这些二手家具，入户之前的 DIY 工作必不可少。对于这些家具千万不能忽略安全问题。有些家具看上去没问题，由于使用年限过长，很可能导致安全隐患。因此，质量应是最先考虑的问题。其次，由于二手家具场的规模、档次及服务水平参差不齐。大多部分纯粹以倒卖旧家具为主，无形、无款，不太适合普通消费者购买。

针对上述服务档次、安全弊端的缺陷，解决这两大难题，势必对旧家具 DIY 产业有很大的促进推动作用。在较大的旧家具市场需求情形下，针对旧家具 DIY 深入贯彻环保理念，DIY 家具规模还是比较乐观的。

**创业项目消费群体**

1. 蜗居人群

房价现在是中国人民最忧心忡忡的问题。越来越高的房价，让很多人在支付了高额的房费后，没有多余的钱进行装修了。想让自己的装修简单有风格，但是以前的家具太旧，手里又没有多余的钱来买新的成套家具。我们可以用简单又省钱的方法把家居旧物翻新成款式及风格与新房装修风格般配的超值物品。

2. 大学生及年轻人

现在的大学生及年轻人多数暂居在某个城市，他们年轻奔放的性格又敢于追求时尚与创意。我们通过低价收购一些家居旧物，对它们进行改造，低廉的收购价格和加工费用，可以使这些家居用品卖到很低的价格，但是仍然有令人赏心悦目的外观。

3. 环保人士

4 月 22 日是世界地球日。环保问题是当今世界发展的主题，材料的循环利用等都是国家极力倡导的。环保人士总是将自己生活中的点点滴滴与环保联系起来，对于一件样式有些过时但材质完全没有问题的旧家具用品，他们更乐于对它们进行 DIY，而不是丢弃，这样可以尽量减少碳排放。

4. 追求时尚的群体

他们永远有新奇的构想，对流行有敏锐的洞察力，因此他们不喜欢生活是一成不变的。也许是因为在杂志上看到一个新奇的家具用品，也许是因为现在的家居用品不符合当季的流行色彩，他们想要进行一些改造，让家居焕然一新。

5. 有特殊人群的家庭

家里有小孩或老人的家庭，为了让他们行动更加方便和安全，可能需要将一些尖锐的棱角加上厚厚的保护层，或者增加防滑措施，或者需要用收纳箱放置零碎小物件等，这些都在我们设计的思考范围之内。我们的潜在客户是很多的，我们的设计与服务理念均是与人们追求高品质的生活联系在一起的，与环保低碳的社会发展方向是一致的，因此具有广阔的市场前景。

# 项目三

# 创业计划书

## 项目描述

创业项目经过前期的市场调查报告和可行性报告已体现出其未来的价值，但是资金却是创业项目开展的最大障碍。或许我们已经通过创业贷获得了一部分启动资金，但是国家创业贷款的额度一般都很小，项目资金的缺口很难完全满足。另外项目的启动需要的不仅仅是资金，还有其他方面的资源，比如人脉、技术等。如何才能更好地从外部获取所需资源？创业计划书是向外部环境中的资源拥有者传递信息，让他们看到项目未来的发展潜力，并促使其将手中资源注入创业项目的一件利器。本项目要求学生掌握创业计划书的结构、内容和写作要领，并完成一份能够充分展示项目未来发展可能的创业计划书。

## 任务描述

学生须在前期市场调查报告和可行性分析报告的基础上完成一份创业计划书。

## 学习目标

能对市场调研报告和可行性研究报告的内容加以归纳总结，能掌握创业计划书的结构及写作要点，能独立完成一份有价值的创业计划书。

## 任务导入

关统和小伙伴们对自己的项目已经很有把握，并且开始筹备，可是大家都是社会新人，手头资源非常有限，即便大家倾尽所能也很难将项目做起来，更别说做好了。面对这样的问题，伙伴们一致认定需要寻求外援了。种子轮的风险投资最适合他们这样的项目，可是如何才能让风投机构看到他们，如何才能让风投机构看到他们项目未来发展的巨大空间，一份精彩的创业计划书是所有的开端。可是什么样的创业计划书才能获得风投机构的青睐呢？

**【拓展知识】**

风险投资、种子轮、天使轮、ABCD 轮

风险投资：简称 VC(Venture Capital)，是指由职业金融家投入到新兴的、迅速发展的、有巨大竞争潜力的企业中的一种权益资本。风险投资机构是风险投资体系(由投资者、风险投资机构、中介服务机构和风险企业构成)中最核心的机构，是连接资金来源与资金运用的金融中介，是风险投资最直接的参与者和实际操作者，同时也最直接地承担风险、分享收益。

种子轮：项目可能只是一个想法，没有具体的产品或服务，创业者可能只拥有一项技术上的新发明、新设想以及对未来企业的蓝图，缺乏初始资金注入。在此阶段所进行的融资行为就是种子轮融资。种子轮的投资额度一般为 10 万～100 万人民币。

天使轮：项目可能有了雏形，有了初步的商业模式，积累了一些用户资源。此阶段的融资来源于天使投资人和天使投资机构，投资额度一般为 100 万～1000 万人民币。

A 轮：项目基本步入正轨，并有完整的商业和盈利模式，在行业内有一定的地位及口碑，可能依旧处于亏损状态。融资来源于专业的风险投资机构(VC)，投资额一般为 1000 万～1 亿人民币。

B 轮：项目获得较大发展，或者已开始盈利。可能需要推出新业务、拓展新领域，此阶段的资金大多来源于上一轮的风险投资机构跟投或者新的风投机构加入、私募股权投资机构(PE)加入，额度一般在 2 亿人民币以上。

C 轮：公司已开始盈利，即将上市，在行业内有很大的影响力。可能需要拓展新业务、补全商业闭环、准备上市，此阶段的资金主要来源于 PE 或者之前的 VC 跟投，投资额度一般在 10 亿人民币以上。

D 轮：公司一般已经成功上市，选择 D 轮融资的公司不多。

## 一、创业计划书的含义及作用

创业计划书是指策划者(即创业者、企业家、项目经理人、经营管理者或其他人的总称)为实现一定的目标而进行科学的预测并确定未来行动的方案。创业计划书的策划者为抓住商机，力求整合资源，系统考虑并确定目标、策略、实施过程和未来计划而制订的行动方案。从项目动作的角度来描述，创业计划书是为了项目立项而系统、全面地考虑自身的优势与实力，研究并认定项目优势与前景，整合资源，谋求取得各方支持的行动方案。

对于创业者来说，首先要撰写的创业计划书就是创业经营计划书。创业经营计划书是描述创办一家新企业时所有相关的外部要素及内部要素的书面材料，是创办企业的目的、方向及各项职能的计划，包括研发、生产、市场营销、人力资源、财务、行政管理等多方面内容的集成，是描述企业近期、中期和远期目标及战略的文字载体。创业计划书是一种和国际接轨的商业文件，具有明显的商业价值，这些商业价值是从多个方面表现出来的。

### (一) 创业计划书具有指导作用

创业计划书是创业全过程的纲领性文件，是创业实践的战略设计和现实指导。对初创的风险企业来说，创业计划书的价值尤为重要，酝酿中的项目往往很模糊。通过制定创业计划书，把正反理由都书写下来。之后再逐条推敲，创业者就能对这一项目有更清晰的认识。可以这样说，创业计划书首先是把计划中要创立的企业推销给了创业者自己。因此创业计划书对创业实践具有非常重要的指导作用。

### (二) 创业计划书具有人才凝聚作用

创业计划书对于人才的凝聚作用主要表现为：吸引创业人才进入、吸引股东加盟、吸引有志之士参加创业团队、吸引对创业计划感兴趣的单位赞助和支持。

### (三) 创业计划书具有整合作用

创业计划书的整合作用是最根本、最重要的作用。在创业的过程中，各种生产要素是分散的，各种信息是凌乱的，各种工作是互不衔接的。通过编写创业计划书的过程可以梳理思路，进行调研，完善信息，找到各种程序之间的衔接点，最终把各种资源有序地整合起来、调动起来，围绕着创造和形成商业利润进行最佳要素的组合。

通过这种整合，才能把各种分散的资源聚拢起来，形成一种增量资源，才能得到明显的经济效益。

### (四) 创业计划书具有争取创业资金支持的作用

资金是企业的血液，是创业的要素，是创业企业能够获得快速发展和崛起的前提。

创业企业要获得风险投资的支持，一条重要的途径就是从审验创业者的创业计划书开始。因此，写好创业计划书具有获得风险投资支持的不可替代的作用。

对于已建立的风险企业来说，创业计划书可以为企业的发展定下比较具体的方向和重点，从而使员工了解企业的经营目标，并激励他们为共同的目标而努力。更重要的是，它可以使企业的出资者以及供应商、销售商等了解企业的经营状况和经营目标，说服(原有的或新来的)出资者为企业的进一步发展提供资金。

## 二、创业计划书的内容

创业计划书一般有两份：一份给自己，另一份给投资人。给自己的创业计划书应包括以下主要内容：简介、企业目标陈述、企业设想描述、市场分析、生产计划、市场营销计划、组织计划、财务计划、风险评估、附录。给投资人的创业计划书还应包括组织定位、计划摘要的内容。

### (一) 组织定位

组织定位反映组织的经营策略，在产业价值系统里，创业者要用自己的产品和服务明确界定自己的角色。进一步说，就是创业者得有与众不同的定位。

### (二) 计划摘要

计划摘要涵盖计划的要点，一目了然，以便读者能在最短的时间内评审计划并做出判断。计划摘要一般包括以下内容：公司介绍、主要产品和业务范围、市场概况、营销策略、销售计划、生产管理计划、管理者及其组织、财务计划和资金需求状况等。

在介绍企业时，首先要说明创办新企业的思路、新思想的形成过程以及企业的目标和发展战略。其次，要交代企业现状、过去的背景和企业的经营范围。在这一部分，要对企业以往的情况作客观评述，不回避失误。中肯的分析往往更能赢得信任，从而使人容易认同企业的创业计划书。最后，还要介绍一下创业者自己的背景、经历、经验和特长等。企业家的素质对企业的成绩往往起关键性的作用。在这里，企业家应尽量突出自己的优点并表示自己有强烈的进取精神，给投资者留下一个好印象。在计划摘要中，还必须说明下列问题：

(1) 企业所处的行业，企业经营的性质和范围；

(2) 企业主要产品的内容；

(3) 企业的市场在哪里，谁是企业的顾客，他们有哪些需求；

(4) 企业的合伙人、投资人是谁；

(5) 企业的竞争对手是谁，竞争对手对企业的发展有何影响。

### (三) 组织愿景与经营模式说明

创业者应当让自己的组织有一个标注得非常清楚的愿景，未来几年创业者的组织会变成什么样的格局，让投资人能有一个期待。

### (四) 产品与服务基本介绍

在进行投资项目评估时，投资人最关心的问题之一，就是风险企业的产品、技术或服务能否以及能在多大程度上解决现实生活中的问题。因此，产品介绍是创业计划书中必不可少的一项内容。通常，产品介绍应包括以下内容：产品的概念、性能及特性；主要产品介绍；产品的市场竞争力；产品的研究和开发过程；发展新产品的计划和成本分析；产品的市场前景预测；产品的品牌和专利。

在产品(服务)介绍部分，企业家要对产品(服务)做出详细的说明，说明要准确，通俗易懂，必须能使作为非专业人员的投资者也能明白。一般的产品介绍都要附上产品原型、照片或其他介绍。产品介绍一般需要回答以下问题：

(1) 顾客希望企业的产品能解决什么问题？顾客能从企业的产品中获得什么好处？

(2) 企业的产品与竞争对手的产品相比有哪些优缺点？顾客为什么会选择本企业的产品？

(3) 企业为自己的产品采取了何种保护措施？企业拥有哪些专利、许可证，或与已申请专利的厂家达成了哪些协议？

(4) 为什么企业的产品定价可以使企业获得足够的利润？为什么用户会大批量购买企业的产品？

(5) 企业采用何种方式去改进产品的质量、性能？企业对发展新产品有哪些计划？

产品(服务)介绍的内容越具体，写起来就越容易。虽然夸赞自己的产品是推销所必需的，但需要注意，企业所做的每一项承诺都是“一笔债”，都是要努力去兑现的。要牢记，企业家和投资家所建立的是一种长期合作的伙伴关系，一定要注重诚信。在创业计划书中要做到既能说明创意，又能保护自己的权益，创业者并不需要在创业计划书中将核心技术问题全面透露，让投资者感到有点意思即可。

### (五) 人员及组织结构

有了产品之后，创业者第二步要做的就是组织一支有战斗力的管理队伍。企业管理的好坏，直接决定了企业经营风险的大小。而高素质的管理人员和良好的组织结构则是管理好企业的重要保证。因此，风险投资家会特别注重对管理队伍的评估。

企业的管理人员应该是互补型的，而且要具有团队精神。一个企业必须具备负责产品设计与开发、市场营销、生产作业管理、企业理财等方面的专门人才。在创业计划书中，必须对主要的管理人员加以介绍，介绍他们所具有的能力，他们在本企业中的职务和责任，他们过去的详细经历及背景。此外，在这部分创业计划书中对公司结构作一简要介绍，包括公司的组织结构图；各部门的功能与责任；各部门的主要负责人及主要成员；公司的薪酬体系；公司的股东名单，包括认股权、比例和特权；公司的董事会成员；各位董事的背景资料等。

#### （六）市场预测

当企业要开发一种新产品或向新的市场扩展时，首先需要进行市场预测。如果预测的结果并不乐观，或者预测的可信度让人怀疑，那么投资者就要承担很大的风险，这对多数风险投资家来说都是不可接受的。市场预测首先要对需求进行预测：市场是否存在这种产品的需求？需求程度是否可以给企业带来所期望的利益？新的市场规模有多大？需求发展的未来发展及其状态如何？影响需求的都有哪些因素？其次，市场预测还要对企业所面对的竞争格局进行分析：市场中主要的竞争者有哪些？是否存在有利于本企业产品的市场空当？本企业预计的市场占有率是多少？本企业进入市场会引起竞争者怎样的反应？这些反应对企业有什么影响？等等。

#### （七）营销计划

营销是企业经营中最富挑战性的环节，影响营销策略的主要因素有：

(1) 消费者的特点；

(2) 产品的特性；

(3) 企业自身的状况；

(4) 市场环境方面的因素。

最终影响营销策略的则是营销成本和营销效益因素。在创业计划书中，营销策略应包括以下内容：

(1) 市场机构和营销渠道的选择；

(2) 营销队伍和管理；

(3) 促销计划和广告策略；

(4) 价格决策。

对创业企业来说，由于产品和企业的知名度低，很难进入其他企业已经稳定的销售渠道中。因此，企业不得不暂时采取高成本、低效益的营销策略，如上门推销，大打商品广告，向批发商和零售商让利，或交给任何愿意经销的企业销售。对企业发展来说，它一方面可以利用原有的销售渠道，另一方面也可以开发新的销售渠道以适应企业的发展。

#### （八）财务规划

财务规划需要花费较多的精力来做具体分析，其中包括现金流量表、资产负债表以及损益表的制备。流动资金是企业的生命线，因此企业在初创或扩张时，对流动资金需要有周详的计划和进行过程中的严格控制；损益表反映企业的盈利状况，是企业在一段时间运作后的经营结果；资产负债表则反映某一时刻的企业状况，投资者可以用资产负债表中的数据得到的比值指标来衡量企业的经营状况。

财务规划一般要包括以下内容：(1)创业计划书的条件假设；(2)预计的资产负债表；(3)预计的损益表；(4)现金收支分析；(5)资金的来源和使用。可以这样说，一份创业计划书概括地提出了在筹资过程中创业者需做的事情，而财务规划则是对创业计划书的支持和说明。因此，一份好的财务规划对评估风险企业所需的资金数量，提高风险企业取得资金的可能性是十分关键的。如果财务规划准备得不好，会给投资者造成企业管理人员缺乏经验的印象，降低风险企业的评估价值，同时也会增加企业的经营风险。

企业的财务规划应保证和创业计划书的假设相一致。事实上，财务规划和企业的生产计划、人力资源计划、营销计划等都是密不可分的。要完成财务规划，必须明确下列问题：(1)产品在每一个期间的发出量有多大？(2)什么时候开始扩张产品线？(3)每件产品的生产费用是多少？(4)每件产品的定价是多少？(5)使用什么分销渠道？预期成本和利润是多少？(6)需要雇用哪些类型的人？(7)雇用何时开始？工资预算是多少？等等。

#### (九) 风险预见

企业的风险来自各个方面，有市场风险，有执行计划中的风险。在创业计划书中不仅要一一列出这些风险，还要告诉投资者如何规避这些风险，要根据不同风险制订出不同方案。

## 三、创业计划书的检查

在创业计划书写完之后，创业者最好对创业计划书检查一遍，看一下创业计划书是否能准确回答投资者的种种疑问，争取投资者对本企业的信心。通常，可以从以下几个方面对创业计划书进行检查：

#### (一) 经验呈现

创业计划书是否显示出你具有管理公司的经验。如果你缺乏能力去管理公司，那么一定要明确地说明你已经雇了一位经营大师来管理公司。

#### (二) 盈利能力

你的创业计划书是否显示你有能力偿还借款。要保证给预期的投资者提供一份完整的比值分析。

#### (三) 市场分析

你的创业计划书是否显示你已进行过完整的市场分析。要让投资者坚信你在创业计划书中阐明的产品需求量属实。

#### (四) 逻辑思路

你的创业计划书是否容易被投资者所领会。创业计划书应该备有索引和目录，以便投资者可以较容易地查阅各个章节。此外，还应保证目录中的信息流是有逻辑的和具有现实意义的。

**（五）计划摘要**

你的创业计划书中是否有计划摘要并放在了最前面，计划摘要相当于公司创业计划书的封面，投资者首先会看它。为了保持投资者的兴趣，计划摘要应写得引人入胜。

**（六）书写文法**

你的创业计划书是否在文法上全部正确。如果不能保证，最好请专业人士检查一下。

**（七）产品模型**

你的创业计划书能否打消投资者对产品(服务)的疑虑。如果需要，可以准备一件产品模型。

**【例文】**

## 悠闲居有限责任公司创业计划书

**一、执行总结**

**1.1　公司宗旨**

在悠闲中放松心情，忘却烦恼，享受快乐人生；

在悠闲中调适心态，感怀真情，感悟人生真谛。

**1.2　公司简介**

悠闲居有限责任公司是一家拟议中的集餐饮、休闲、娱乐为一体的综合性服务公司。公司将提供一系列健康时尚的饮料和食品，同时举办各类趣味性活动，帮助顾客排解压力，休憩身心，同时开展面对面的交流，弥补当代青年人过分依赖网络社交方式所造成的远离现实社会的不足，增强人们的语言表达能力和人际沟通水平。不论顾客是“乐天派”还是“严肃派”，不管他们是喜欢融身于热闹的人群中，还是喜欢坐在安静的角落里，都可以找到属于自己的那份快乐！我们希望悠闲居成为青年人在工作学习之余驱赶疲惫、放松心情的聚集地。

**1.3　场地与设施**

公司非常重视店面的选择，选择店址时我们重点考虑的问题有：(1)交通问题：交通一定不能太偏远且一定要便利，店面附近要有方便停车的地方；(2)环境问题：周边环境不能太嘈杂，街道干净卫生，环境优美；(3)根据自身对于目标客户群体的定位，以就近原则进行选择。

公司总部设在淮河路步行街附近，同时在磨店乡职教基地、大学城区开设分店。

**1.4　产品与服务**

1.4.1　多样化的餐饮

提供各种具有特色的、时尚的食品及饮品。其中包括合肥本地和国内、国外具有代表性的各种特色食品、饮品。同时，为会员提供预订服务。

1.4.2　DIY服务

提供DIY服务，顾客可自己选择材料，自己动手做各种饮品和食品，如水果、沙拉、蛋糕、巧克力等，也可自己动手做小饰品，同时顾客做的小饰品可放在本店进行销售。会员可预订制作食品、饮品、小饰品的原材料。

1.4.3　倾诉服务

聘请专业的心理咨询师，开展各类倾诉活动，让顾客的真情实感在优雅宁静的氛围中得到充分地倾诉，缓解心理压力，调适心理状态，让顾客轻松地面对工作和学习。

1.4.4　音乐空间

提供各种音乐器材，设置表演舞台，给顾客一个展示才艺的机会。如顾客愿意组建自己的乐队，本公司将无偿提供器材，但仅限在本公司经营场所范围内使用。

1.4.5　迷你书屋

在享受休闲时光的同时，为顾客提供一些休闲类书籍，让顾客听着优美舒适的音乐，喝着可口的饮品，让自己的身心完全放松。同时，为顾客提供把自己的作品展示给大家的一个平台。优秀的作品，经投票认可，公司将给予一定的物质奖励。

1.4.6　桌面游戏

公司通过为顾客提供桌面游戏，一方面，可以游戏娱乐，训练人的思考力、记忆力、联想力、判断力；另一方面，也可以依据游戏的成绩，对顾客进行一定的物质奖励。

1.4.7　发泄小屋

设置专门的小屋，提供盘子、橡皮人等道具，供客户摔打，以舒缓情绪，疏解心情。

**1.5　公司组织结构**

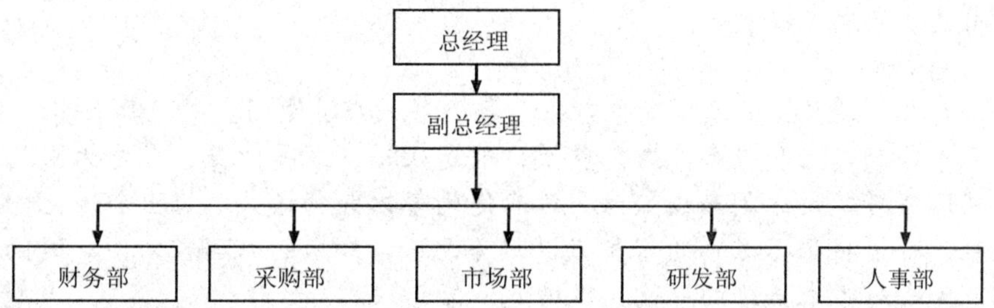


**总经理**：主要负责制定公司的经营战略和实施策略，协调各方面的管理工作，推行公司的经营理念，使本公司全体员工对此有一致而且是认同的目标。

**副总经理**：主要负责配合总经理制定本公司发展战略以及配合各部门策划工作、广告宣传等。

**研发部**：负责新活动和服务的开发。为公司增加无形资产，全面把握设计趋势及潮流，对设计人员开展常规培训。

**市场部**：负责公司的市场推广以及市场信息的收集反馈工作。

**人事部**：负责公司人事管理工作，制定有效的考评和激励机制，负责对人员的招聘、培训并负责后勤工作。

**采购部**：负责采购食品、设备以及装饰品等。

**财务部**：对本公司的财务进行管理。

**二、市场分析**

**2.1　行业背景**

近几年来，中国餐饮业快速发展。2010 年，国家餐饮业的总收入 17 636 亿元，同比增长 18.0%，占社会消费品零售总额 11.4%；2011 年，餐饮业总收入 20 543 亿元，同比增长 16.9%。商务部发布数据表明，“十二五”期间中国餐饮业将保持 16%的增长速度。

目前，合肥市各种类型的餐饮企业约有 5000 家，但大都局限于纯餐饮经营，集餐饮、休闲与放松为一体的休闲餐饮经营，在合肥地区几乎没有。

随着人们生活水平的提高，广大市民休闲意识逐步增强，消费需求旺盛，从而形成了休闲与餐饮业相结合的休闲餐饮业。本公司在这样的大背景下，力求打造一个舒适、优美、宽松的环境，让在喧闹的城市中奔波而疲倦的人们得到一个充满音乐、书香、宁静的场所，从而使其身体和精神获得休憩。

**2.2　目标市场**

我们第一期的连锁店选址为合肥淮河路步行街、磨店乡职教城和大学城区。

市场一：位于合肥淮河路步行街附近。我们的选址区附近人流量大，经过该地点的公交路线多达近30条。该店的目标客户主要为都市白领和青年大学生。他们或是工作压力大或是学习压力大，需要在工作学习之余放松身心，参与休闲活动。另外我们店内的消费定位为中等消费水平，这对于白领来说自然没有顾虑，而对学生而言可凭学生证享受一定的折扣，这对暂时没有固定收入的学生也具有较大的吸引力。

市场二：位于磨店乡职教基地。该地区较封闭，还处在开发阶段。各校区周围基础设施尚未齐全，更不用说娱乐休闲场所。鉴于该地区在将来会有多所大学进驻，学生总数大约有15万。大学附近的娱乐休闲场所本来就比较吃香，再加上这里租金便宜，目标客户集中，方便宣传，竞争对手较少，可以大大降低管理费用和营销费用。

市场三：位于大学城区。该分店较磨店乡各方面费用会高一点，但可观的消费者数对我们公司的发展也是有利的。

**2.3　竞争分析**

经过调查分析，本公司主要竞争对手是各类餐饮店、休闲会所、俱乐部、健身房等，它们大都为单一的产品和服务，或是餐饮、或是娱乐、或是健身、或是休闲。基于此，本公司将采取集餐饮、休闲与放松为一体的休闲餐饮经营模式，推出个性化、多样化的服务。而且，公司将根据客户的需要提供服务，聘请知名的心理咨询师，用优质的服务吸引顾客，为公司带来良好的口碑，促使创业能够成功。

经过市场调研我们了解到，公司三个门店所在位置的休闲娱乐场所总共没有几间，而且环境卫生较差，服务比较单调，没有特点。而我们的公司正是克服了这些缺点，再加上新兴的娱乐项目，经营模式及独特的室内布置，还有针对学生的合理价格，我们相信公司具有较强的市场竞争力。

**三、风险分析及对策**

**3.1　市场风险及对策**

3.1.1　市场风险

市场风险主要是，顾客认可并适应我们公司推出的服务和活动需要有一个过程。另外，随着潜在进入者与行业内现有竞争对手的增加，这两种竞争力量将逐步加剧。各公司肯定都会采取更好的服务和价格策略打击对手，因而引起公司产品和服务价格波动，进而影响公司收益。

3.1.2　对策

进一步做大本公司的宣传并提高服务质量，降低成本，提高综合服务竞争力，增强服务适应市场变化的能力；增强市场应变能力，丰富和深化服务的种类；建立一套完善的市场信息网络体系，制定合理的销售价格，增强公司盈利能力；寻求相关产业链同盟的支持；实施品牌战略。

**3.2　财务风险及对策**

3.2.1　财务风险

公司在发展初期，财务风险主要体现为资金短缺风险，即资金不能满足公司快速发展的需要。公司前期投入主要来自场地租金、装修费用、购买设施和设备的费用以及宣传费用等。

3.2.2　对策

加强对公司资金运行情况的监控力度，最大限度地提高资金使用率；实施财务监管和预算制度；聘请高素质人才进行有效的管理。

**3.3　管理风险及对策**

3.3.1　管理风险

随着公司规模的扩大，公司的组织结构、管理方法和思想可能不适应不断变化的内外环境。公司的自主研发团队所开发的产品和服务不能跟上消费者需求变化的脚步。

3.3.2　对策

推行目标成本管理，加强成本控制；采取内部培训、外部培训等多种措施，提高管理团队的整体素质；倡导组织创新、思维创新，以适应不断变化的外部环境。

**3.4　盈利模式风险及对策**

3.4.1　盈利模式风险

悠闲居主要是在节假日以及周末有比较可观的收入，在其余的大部分时间，如何吸引更多的客户来增加收入，也是考虑的重点。

3.4.2　对策

用优质的服务吸引客户，培养公司的忠诚客户群，同时吸引潜在的消费者，以此获得更大的经济效益。另外还要加强新型产品和服务的延伸，以扩大市场。

**四、市场与销售**

**4.1　市场开拓**

本店将采取会员制、VIP 服务、市场营销、网络推广等方式来促进店面运营。与此同时，我们将通过杂志、报纸、海报、网络、自印宣传单、与社团联谊等方式，开拓市场业务。

**4.2　营销策略**

1. 开业首日开展各种优惠折扣活动。
2. 在节日开展系列主题活动。
3. 通过网络进行宣传，如投递电子版宣传册或在各种热门网站刊登广告等。
4. 对于桌面游戏，提供新手入门指导的服务。
5. 自主开发新食品、饮品、服务、活动。
6. 设置消费者反馈系统，提高公司服务水平，切实做到顾客是上帝。
7. 针对老顾客定期给予馈赠。表达我们对其支持的感谢，同时推进顾客由新变老的转变。
8. 针对学生开展夏令营活动，针对白领开展系列沙龙活动。

**4.3　定价策略**

我店所采用的定价原则是根据类似餐饮、休闲、娱乐服务的市场价格、客户价值、成本和毛利目标来确定的。

基本价格

**A.** 餐饮和 DIY 人均消费 45 元左右

**B.** 各项服务

| | 周一到周五 | | | | 周六到周日 | | | |
|---|---|---|---|---|---|---|---|---|
| | 普通价 | | 会员价 | | 普通价 | | 会员价 | |
| 心理辅导服务 | 180 元/小时 | | 160 元/小时 | | 200 元/小时 | | 180 元/小时 | |
| | 周一到周四 | | 周五 | | 周六 | | 周日 | |
| 桌面游戏 | 普通价 | 会员价 | 普通价 | 会员价 | 普通价 | 会员价 | 普通价 | 会员价 |
| 12:00～18:00 | 8 | 5 | 10 | 8 | 10 | 8 | 10 | 8 |
| 18:00～23:00 | 10 | 8 | 12 | 10 | 15 | 12 | 15 | 12 |
| 8:00～12:00 时段 | 24 | 15 | 30 | 24 | 30 | 24 | 30 | 24 |
| 13:00～18:00 时段 | 32 | 20 | 40 | 32 | 40 | 32 | 40 | 32 |
| 发泄小屋 | 普通价 | 会员价 | 普通价 | 会员价 | 普通价 | 会员价 | 普通价 | 会员价 |
| 8:00～12:00 时段 | 35 | 30 | 40 | 35 | 40 | 35 | 40 | 35 |
| 13:00～00:00 时段 | 40 | 35 | 45 | 40 | 50 | 40 | 50 | 40 |

注：1. 桌面游戏按小时收费，发泄小屋按 15 分钟收费。

2. 生日当天持本人身份证打五折并赠送精美小礼品一份，其他人 8.5 折。

3. 付款方式：个人付款可直接到吧台缴纳，会员持充值会员卡消费，只需每次到吧台刷卡一次。

C. 夏令营：平均 1500 元／人左右，时间为一周左右，一月 2 期

### 4.4 市场联络

为了让顾客了解本公司的服务和活动，根据不同的群体信息来源，我们决定采取以下方式：

| 对象 | 方式 | 媒介 | 具体措施 |
|---|---|---|---|
| 学生 | 网络 | 各学校百度贴吧、校内网、腾讯 QQ、飞信等 | 发帖介绍本公司各项服务和活动。创建公司讨论组、QQ 群。创建本公司主页 |
| | 宣传单 | 各校内外及周边地区等 | 分发宣传单、小册子以及优惠券等 |
| | 海报 | 学校宣传栏等可贴地带 | 制作精美个性、有特色的海报并张贴 |
| | 赞助学生活动 | 校级院级主办的比赛和活动以及社团活动 | 为比赛活动提供经费以店名冠名。为比赛提供优惠券、会员卡等作为奖品 |
| 白领 | 电视广播 | 合肥电视台、公交车视频等 | 制作小段视频展示公司服务活动 |
| | 报纸 | 合肥晚报、日报 | 登广告做店面介绍 |
| | 网络 | 各热门网站 | 登广告、发帖介绍本公司 |
| | 宣传单 | 白领聚居区、大型商场、酒吧、KTV、高级休闲场所等 | 分发宣传单、小册子以及优惠券等 |

## 五、财务分析

### 5.1 投资结构表

公司投资结构表如下：

投资结构表

| 序号 | 项目名称 | 投资金额(元) | | |
|---|---|---|---|---|
| 1.1 | 固定资产 | 数量 | 单价 | 合计 |
| (1) | 餐桌 | 400 | 100 | 40 000 |
| (2) | 餐椅 | 1000 | 60 | 60 000 |

(续表)

| 序号 | 项目名称 | 投资金额(元) |
|---|---|---|
| (3) | 其他设备 | 100 000 |
| (4) | 初始装修费 | 240 000 |
| 1.2 | 无形资产 | 410 000 |
|  | 小计 | 850 000 |
| 1.3 | 流动资产 | 2 591 400 |
| 1.4 | 初始投资 | 3 441 400 |

### 5.2　成本计算

设计年运营收入约为 5 131 680 元，固定资产金额 440 000 元、房屋租金(年付)1 104 000 元。预计固定资产使用 5 年，固定资产折旧采用平均年限法计算(7、8 月除外)。每月运营成本构成表如下：

每月运营成本构成表

| 成本项目 | 金额(元) | 合计金额(元) |
|---|---|---|
| 设备折旧 | 7333.33 | 7333.33 |
| 库存商品 | 16 500 | 16 500 |
| 摊销费用 | 6833.33 | 6 833.33 |
| 水电费 | 9000 | 9 000 |
| 人员工资 | 79 200 | 79 200 |
| 房屋租金 | 92 000 | 92 000 |
| 营业费 | 16 666.67 | 16 666.67 |
| 合计 | 227 533.33 | 227 533.33 |

### 5.3　销售额

公司销售额见下表：

销售额预测表

| 项目 | 地区 |  |
|---|---|---|
|  | 逍遥津 | 磨店、大学城 |
|  | 销售额 |  |
| 餐饮、DIY、小饰品 | 周六和周末顾客达 300 人次/日，周一到周五为 150 人次/日，则周销售额为(300×2+150×5)×45 =60 750，则月销售额为 243 000 元 | 周六周日顾客达 250 人次/日，周一到周五为 100 人次/日，则周销售额为(250×2+100×5)×20= 20 000，则月销售额为 80 000 元 |
| 心理咨询 | 每周 8 人，每人 1.5 小时，人均 180 元/时，则周销售额为 2160 元，则月销售额为 8640 元 | 每周 15 人，每人 1.5 小时，人均 20 元/时，则周销售额为 450 元，则月销售额为 1800 元 |
| 桌面游戏 | 周六周日顾客达 100 人次/日，周一到周五为 50 人次/日，则周销售额为 10 800 元，则月销售额为 43 200 元 | 周六周日顾客达 100 人次/日，周一到周五为 20 人/日，则周销售额为 9000 元，则月销售额为 36 000 元 |
| 发泄小屋 | 周六周日顾客达 30 人次/日,周一到周五为 15 人次/日，则周销售额为 5400 元，则月销售额为 21 600 元 | 周六周日顾客达 40 人次/日,周一到周五为 25 人次/日，则周销售额为 8 200 元，则月销售额为 32 800 元 |

(续表)

| 项目 | 地区 | |
|---|---|---|
| | 逍遥津 | 磨店、大学城 |
| | 销售额 | |
| 月总营业额 | 316 440 | 150 600 |
| 营业额年增长率 | 4% | 4% |

A. 初始装修费用中40%为固定资产，60%作为待摊费用，末期无残值，因此初始装修费的年折扣旧额为：装修费用×40%/5。每年的摊销额为：待摊费用×60%/5。

B. 根据国家优惠政策公司前三年的借款不收取利息。

### 5.4 利润表

公司利润表如下：

利润表

编制单位：悠闲居有限责任公司　　年度：2012年　　单位：(元)

| 项目 | 本年累计数 |
|---|---|
| 一、营业收入 | 5 131 680 |
| 减：营业成本 | 1 352 000 |
| 营业税金及附加 | 157 550 |
| 销售费用 | 200 000 |
| 管理费用 | 1 058 400 |
| 二、营业利润 | 2 363 730 |
| 三、利润总额 | 2 363 730 |
| 减：所得税费用 | 590 933 |
| 四、净利润 | 1 772 797 |

### 5.5 资产负债表

资产负债表各个项目预测方法：

1. 由于不需要建厂，且店面通过经营租赁的方法取得，所以固定资产仅为初始装修时置办的家具、装饰品及厨房用品及每年末购置的各个设备、设施折旧期限为5年。

2. 公司与出租房签订合约，取得房屋的租赁权，这里假设公司在每年年初先递交租金，租赁权的价值为每年的租金，租赁权确认为无形资产。

3. 存货为经营过程中所购进的原材料、库存商品、周转材料和生产成本等。在经营过程中费用化为主营业务成本。

4. 应收账款。经营过程中全部为现金交易，不允许赊账，所以此项为零。

5. 现金费用。经营过程中需要有足够的现金为每天预期消费找零，假设第一年逍遥津区现金余额为5000元，磨店、大学城现金余额为4000元。随着业务的增长和营业额的增长，现金余额同比增长。

6. 应付账款。应付账款=付现成本×应付账款回收期/360。其中应付账款回收期为15天。

资产负债表

编制单位：悠闲居有限责任公司　　2012 年 12 月 31 日　　单位：(元)

| 资产 | 期初数 | 期末数 | 负债 | 期初数 | 期末数 |
|---|---|---|---|---|---|
| 流动资产 | | | | | |
| 现金 | 9000 | 9000 | | 500 000 | 500 000 |
| 银行存款 | 2 421 000 | 4 563 797 | | 500 000 | 500 000 |
| 存货 | 220 000 | 22 000 | | | |
| 流动资产合计 | 2 650 000 | 4 594 797 | | 1 000 000 | 1 000 000 |
| 非流动资产 | | | | 1 000 000 | 1 000 000 |
| 固定资产 | 440 000 | 440 000 | | 1 500 000 | 1 500 000 |
| 减：累计折旧 | | 88 000 | | | |
| 无形资产 | 410 000 | 410 000 | | 2 000 000 | 2 000 000 |
| 减：累计摊销 | | 84 000 | | | 1 772 797 |
| 非流动资产合计 | 850 000 | 678 000 | | 20 000 000 | 3 772 797 |
| 资产合计 | 3 500 000 | 5 272 797 | | 3 500 000 | 5 272 797 |

## 5.6　现金流量表预测

现金流量表

编制单位：悠闲居有限责任公司　　年度：2012 年　　单位：(元)

| 项目 | 月份<br>金额 | 一月 | 二月 | 三月 | 四月 | 五月 | 六月 | 七月 | 八月 | 九月 | 十月 | 十一月 | 十二月 | 合计 |
|---|---|---|---|---|---|---|---|---|---|---|---|---|---|---|
| 现金流入 | 月初现金 | 9000 | -821606 | -548212 | -274818 | -1424 | 271970 | 551650 | 861330 | 1351934 | 1171010 | 1450690 | 1730370 | |
| | 现金销售收入 | 412640 | 412640 | 412640 | 412640 | 412640 | 412640 | 412640 | 412640 | 412640 | 412640 | 412640 | 412640 | 4951680 |
| | 举办夏令营收入 | | | | | | | 90000 | 90000 | | | | | 180000 |
| | 可支配现金(A) | 421640 | -408966 | -135572 | 137822 | 411216 | 684610 | 1054290 | 1363970 | 1764574 | 1583650 | 1863330 | 2143010 | |
| 现金流出 | 员工工资 | 79200 | 79200 | 79200 | 79200 | 79200 | 79200 | 79200 | 79200 | 79200 | 79200 | 79200 | 79200 | 950400 |
| | 租金 | 1104000 | | | | | | | | | | | | 1104000 |
| | 现金采购支出 | 22000 | 22000 | 22000 | 22000 | 22000 | 15714 | 15714 | 15714 | 15714 | 15714 | 15714 | 15716 | 220000 |
| | 举办夏令营支出 | | | | | | | 60000 | 60000 | | | | | 120000 |

(续表) 单位：(元)

| 项目 \ 金额 \ 月份 | | 一月 | 二月 | 三月 | 四月 | 五月 | 六月 | 七月 | 八月 | 九月 | 十月 | 十一月 | 十二月 | 合计 |
|---|---|---|---|---|---|---|---|---|---|---|---|---|---|---|
| 现金流出 | 营业费 | 16667 | 16667 | 16667 | 16667 | 16667 | 16667 | 16667 | 16667 | 16667 | 16667 | 16667 | 16663 | 200000 |
| | 水电费 | 9000 | 9000 | 9000 | 9000 | 9000 | 9000 | 9000 | 9000 | 9000 | 9000 | 9000 | 9000 | 108000 |
| | 税金 | 12379 | 12379 | 12379 | 12379 | 12379 | 12379 | 12379 | 12379 | 12379 | 12379 | 12379 | 12381 | 148550 |
| | 现金总支出(B) | 1243246 | 139246 | 139246 | 139246 | 139246 | 132960 | 192960 | 192960 | 132960 | 132960 | 132960 | 147134 | |
| 月底现金(A—B) | | -821606 | -548212 | -274818 | -1424 | 271970 | 551650 | 861330 | 1351934 | 1171010 | 1450690 | 1730370 | 1995876 | |

### 5.7 收益预测表

随着经济的发展和人们生活水平的提高，更多的人尤其是青年人注重追求休闲娱乐。在这个大背景下，相信悠闲居很快就能在市场上站住脚，再加上悠闲居自身的成长和发展，以及市场对“悠闲居”品牌的认知，市场会在稳步中得到发展。

公司的收益预测年表如下：

收益预测表(年表)

| 年份 | 2012 | 2013 | 2014 | 2015 | 2016 |
|---|---|---|---|---|---|
| 净利润(元) | 1 772 797 | 2 636 398 | 3 954 597 | 5 931 896 | 8 897 844 |

### 5.8 筹资来源

| 日期金额(元)权益比值资金来源 | | | | |
|---|---|---|---|---|
| 自由储备金第一期 | 2012 年 1 月 | 2 000 000 | 57% | 创办人 |
| | 2012 年 1 月 | 1 000 000 | 29% | 风险投资 |
| | 2012 年 1 月 | 500 000 | 14% | 银行贷款 |

## 六、公司发展战略

### 6.1 公司战略

餐饮绿色健康多样化战略：严格保证食品卫生，把好质量关，让顾客吃得放心，吃得舒心；提供国外食品订购服务，DIY 服务。

更新与服务多样性战略：不断开发和引进新的活动和服务，始终保持公司的竞争力。

文化普及战略：在发展初期广泛宣传我们公司的文化，提升公司的知名度，以及在消费者心中树立我们公司的地位。

资本运营战略：最有效地利用资本，使之产生最大的效益。

### 6.2 未来规划

第一期：2012 年—2017 年，本公司的文化广泛传播，发展入门级客户，培养忠实消费者。

第二期：从 2017 年起实施扩张政策，在全省各地开设分店，力争使公司成为安徽地区休闲娱乐综合性场所的主要市场领导者。

**【点评】**该创业计划书内容完整，较好地体现了项目未来可能的情况及创业者未来的设想，让投资者对创业者有较大的信心。

# 模块小结

本模块主要是对有了创业的想法和方向后，对创业机会进行开发和评估的过程中可能用到的最主要的 3 种文种加以介绍。内容主要包括市场调查报告、可行性分析报告和创业计划书 3 种文种的概念、作用和特点，市场调查报告、可行性分析报告、创业计划书的写作特点和注意事项，以及市场调查报告、可行性分析报告和创业计划书的格式、结构及写法。

# 模块四

# 创业实施篇

【模块目标】

| 学习目标 | 达成度 |
| --- | --- |
| 理论知识 | 掌握商业信息沟通文书、财经法律文书和企业日常事务文书的概念<br>了解商业信息沟通文书、财经法律文书和企业日常事务文书的写作特点和注意事项<br>掌握商业信息沟通文书、财经法律文书和企业日常事务文书的格式和写法 |
| 专业技能 | 具备策划能力与日常事务文书处理的能力<br>具备法律意识 |

【模块任务】

项目一　商业信息沟通文书
　任务一　营销策划书
　任务二　广告写作
　任务三　商务函
　任务四　产品说明书
　任务五　财经新闻
　任务六　招标书、投标书
项目二　财经法律文书
　任务一　条据
　任务二　合同
　任务三　经济纠纷诉状
项目三　企业日常事务文书
　任务一　计划与总结
　任务二　经济活动分析报告
　任务三　述职报告
　任务四　几种常用行政公文的写作

任务五　规章制度
任务六　公关礼仪文书

【写作故事】

飞利浦：让我们做得更好

飞利浦在家电领域取得的成绩有目共睹，而且成为500强中盈利较多的电器集团。然而，飞利浦在广告宣传中除了不断强调自己创新的技术外，还从不忘记谦虚地说一声"让我们做得更好"，这种温柔的叫卖似乎更容易赢得国人的认同。

# 项目一

# 商业信息沟通文书

## 项目描述

经过前期的努力，创业项目已启动，创业公司已成立并开始经营，现在创业公司所面对的最大的问题在于与外界的沟通。21 世纪是信息时代，能够充分把握信息，并有效传递信息的公司才能生存、发展。因此对于创业公司来说，如何加强与外部的信息沟通成为公司发展的一个重要关注点。本项目要求学生掌握创业过程中需要使用的营销策划书、广告、商务函、产品说明书、财经新闻、招投标书等几种信息沟通文书的结构、内容和写作要领，并能够撰写这几类文书。

## 任务一　营销策划书

### 任务描述

学生根据前期创业的准备工作，对模拟创业企业运营过程中需要展开的营销活动进行策划，并完成营销策划书。

### 学习目标

掌握营销策划书的结构、内容和写作要领，并能够完成一份有实施可能的营销策划书。

**【拓展知识】**

营销策划是根据企业的营销目标，通过企业设计和规划企业产品、服务、创意、价格、渠道、促销，从而实现个人和组织的交换过程的行为。以满足消费者需求和欲望为核心。

现代管理学将营销策划分为营销策划市场细分、产品创新、营销战略设计和营销组合 4P 战术(组合)四个方面的内容。4P 即产品(Product)、价格(Price)、渠道(Place)、宣传(Promotion)，由于这四个词的英文字头都是 P，再加上策略(Strategy)，所以简称为“4P's”。

## 一、营销策划书的含义

营销策划书是指企业对市场营销过程中的各个步骤与各种不同的活动进行策划，使企业本身、企业的产品或服务能很快被潜在消费者所认知、了解、接受并购买。它是企业市场营销活动的一项重要内容，也是企业经营计划的重要组成部分。

## 二、营销策划书的结构

### 1. 封面

营销策划书的封面信息包括：

(1) 策划书的名称；

(2) 被策划的客户；

(3) 策划机构或策划人的名称；

(4) 策划完成日期及本策划适用的时间段；

(5) 编号。

### 2. 前言

前言或序言是策划书正式内容前的情况说明部分，内容应简明扼要，最多不要超过500字，让人一目了然。其内容包括：

(1) 接受委托的情况，如×公司接受×公司的委托，就××××年度的广告宣传计划进行具体策划；

(2) 本次策划的重要性与必要性；

(3) 策划的概况，即策划的过程和要达到的目的。

### 3. 目录

目录的内容也是策划书的重要部分。封面引人注目，前言使人开始感兴趣，目录就务必让人读后了解策划的全貌。目录具有与标题相同的作用，同时也应使阅读者能方便地查阅策划书的内容。

### 4. 概要提示

阅读者应能够通过概要提示，大致理解策划内容的要点。概要提示的撰写同样要求简明扼要，篇幅不能过长，一般控制在一页纸内。另外，概要提示不是简单地把策划内容予以列举，而是要单独成一个系统，因此其遣词造句等都要仔细斟酌，要起到“一滴水见大海”的效果。

### 5. 正文

正文是营销策划书中最重要的部分，具体包括以下几方面内容。

(1) 营销策划的目的。营销策划的目的部分主要是对本次营销策划所要实现的目标进行全面描述，它是本次营销策划活动的原因和动力。

(2) 市场状况分析。

① 宏观环境分析。着重对与本次营销活动相关的宏观环境进行分析，包括政治、经济、文化、法律、科技等。

② 产品分析。主要分析本产品的优势、劣势，在同类产品中的竞争力，在消费者心目中的地位，在市场上的销售力等。

③ 竞争者分析。分析本企业主要竞争者的有关情况，包括竞争产品的优势、劣势、营销状况，竞争企业的整体情况等。

④ 消费者分析。对产品消费对象的年龄、性别、职业、消费习惯、文化层次等进行分析。以上市场状况的分析是在市场调研取得第一手资料的基础上进行的。

(3) 市场机会与问题分析。营销策划书是对市场机会的把握和策略的运用，因此分析市场机会就成了营销策划的关键。只要找准了市场机会，策划就成功了一半。

① 营销现状分析。对企业产品的现行营销状况进行具体分析，找出营销中存在的具体问题，并分析其原因。

② 市场机会分析。根据前面提出的问题，分析企业及产品在市场中的机会点，为营销策划书的出台做准备。

(4) 确定具体营销策划方案。针对营销中问题点和机会点的分析，提出达到营销目标的具体营销策划方案。

① 本产品的市场定位是什么？

② 本产品的 4P's 组合具体是怎样的？具体的产品方案、价格方案、分销方案和促销方案是怎样的？

(5) 预算。这部分描述的是整个营销方案推进过程中的费用投入，包括营销过程中的阶段费用、项目费用等，其原则是以较少投入获得最优效果。

(6) 进度表。把策划活动起止全部过程拟成时间表，具体到何日、何时要做什么，作为策划进行过程中的控制与检查。进度表应尽量简化，在一张纸上拟出。

(7) 人员分配及场地。此项内容应说明具体营销策划活动中各个人员负责的具体事项及所需物品和场地落实情况。

(8) 结束语。结束语在整个营销策划书中可有可无，它主要起与前言的呼应作用，使营销策划书的结尾不至于使人感到太突然。

(9) 附录。附录的作用在于提供策划客观性的证明。因此，凡是有助于阅读者对策划内容理解、信任的资料都可以考虑列入附录。但是，可列可不列的资料还是以不列为宜，这样可以更加突出重点。附录的另一种形式是提供原始资料，如消费者问卷的样本、座谈会原始照片等图像资料。附录也要标明顺序，以便阅读者查找。

**【温馨提示】**

*在进行营销策划书的写作时请注意：寻找一定的理论依据；适当举例；利用数据说明问题；运用图表帮助理解；合理利用版面；注意细节，消灭差错。*

**【要点总结】**

营销策划书是企业根据市场变化和企业自身实力，对企业的产品、资源及产品所指向的市场进行整体规划的计划性书面材料。

所谓“人要衣装，佛要金装”，一份条理清晰、版面活泼的营销策划书，对于提高说服力和接受度有极大的帮助。营销策划书没有固定的格式，但却有必备的项目或条件，以及构思、表现等方面的技巧。

【案例】

## 新产品营销策划书

企业名称：东莞市尼的净化科技有限公司

策划名称：尼的家用产品策划书

策划完成日期及策划适用时间：因为营销策划具有一定的时效性、地区差异化。不同的时间，不同的区域，营销执行的效果不同，鉴于家用产品刚上市，根据目前广东市场的实际情况做出适合广东地区的营销方案，为期半年。

策划投资金额：50 万

目录



正文

**一、新产品营销简介**

1. 企业名称：东莞市尼的净化科技有限公司。

2. 品牌名称：驱尘仕。

3. 广告语：给您一个无尘的家。

4. 产品介绍：尼的科技家用事业部旗下的驱尘仕粘尘器、家用粘尘垫。驱尘仕产品系列以家庭环保无尘为理念。把满足家庭无尘为最重要的企业使命，对市场格局发展、变化有高度的掌控和关注，从呵护使用者的健康入手，真正做到家庭无尘环保。

驱尘仕系列产品把高档社区、高收入家庭、有环保意识的白领作为产品的消费群体，家用粘尘垫使用范围为高档社区及各类商铺。因为这部分人群普遍都具备对生活环境保护的高要求，有健康意识，追求成就感和自我认同感。他们注重生活质量，懂得无尘的重要性，给自己一个空气清新、自由呼吸的环境。尼的驱尘仕产品系列本着讲求健康自然，无尘环保的健康理念。

驱尘仕推出的新一代除尘产品 T 型粘尘器、家用粘尘垫把最好的品质带给消费者，产品的每一个包装都经过严格的检查。

**二、计划提要**

本营销计划的主要目的是把本公司家用系列产品——驱尘仕粘尘器、家用粘尘垫品牌打入市场，第一阶段：在广东地区将产品投入市场做为期 1～2 个月的市场测试，在广大消费者中建立健康的企业文化。让大家感受到产品给他们带来家庭除尘的方便及环保的重要性。

**三、营销现状分析**

3M思高家庭系列产品主要针对城市的消费者进行营销。从目前的市场占有率来看，它已达到45%，占据了本行业的霸主地位，但就今年的市场竞争情况来看，3M思高若想保住霸主地位，它的市场规模则显得很有限。

根据我们的调查报告，3M思高在家用产品市场中，在消费者的心目中占了主导地位，而且占了45%以上的市场份额。所以，我们的竞争对手是3M思高。我们把城市高收入上班族作为自己的目标消费群，因为这类人群普遍都是具备活力与进取心的白领，有健康意识、追求成就感和自我认同感，他们注重生活质量，懂得环保无尘的重要性，给自己一个空气清新，自由呼吸的环境。

**四、问题分析**

产品优势：驱尘仕家用系列家用粘尘垫为我公司研发生产的新一代产品，目前市场上还未有此类产品出现。产品采用环保材料精制而成，本产品特点为任何经过胶面的鞋底将会最大限度地粘除尘埃。此为本产品推向市场的最大优势。粘尘器目前市场同样产品采用传统包装，而本公司的粘尘器采用独特的产品结构包装。以产品组合方式出售，将达到最佳效果。

市场优势：驱尘仕家用型产品系列在目前市场上没有第二家入市，在南方市场以家用粘尘垫为主导。面对人们生活水平的不断提高，对无尘环保的家庭环境尤为重视。城市人口增多，将高收入人群培养成我们的忠实顾客。

劣势：进入市场的产品单一，新产品刚进入市场在一段时期内不能得到消费者的认可，缺少品牌认识。在消费者与品牌之间还没有架构起一座品牌的桥梁，驱尘仕家用系列产品在消费者心里没有一个品牌概念。产品定位于高端消费者，但这部分人群占全国总人口的一小部分。

机会：在当前的市场背景下，新的环保除尘产品将进入一个崭新的时代。可以预见，一旦新一代家用环保除尘产品正式实施，该产品的身份与地位也将很快得到高端消费者的认可与接纳。品牌的形象将在市场得到较大的一个发展空间。新型产品技术革新将很快得到市场认可。

威胁：从目前市场环境分析，其他品牌的产品入市较早，无论是市场占有率、包装、价格都比我们占有先机。而且3M思高、丰华“净得利”不断推出新品进入市场，在中国北方市场已占居主导地位。在南方市场，除国外品牌外，还有许多如美丽雅等本土品牌也是我们的竞争对手。

**五、目标**

财务目标：尼的家用产品系列初期进入市场，第一阶段进入广东市场广告费用为3万～5万元。新产品的研发与生产费用为10万～20万元。剩下的资金用来作为资金的周转和促销产品时其他方面的用途。预计在投入市场三个月后，促销获得很好的效果，同时实现利润的回升，在消费者心目中建立好的品牌形象，获得一定的消费者群。

营销目标：让销售的相关机构及制度朝向合理化，并得以提高受理订货、交货及收款等事务的效率。销售人员在接受订货和收款工作时，必须和与此相关的附带性事务处理工作分开，这样销售人员才能专心做他的销售本务。因此，在销售方面应另订计划及设置专科处理该事务。制订处理手续(步骤)，设法增强与销售店之间的联系及内部的联络，提高业务的整体管理及相关事务的效率。尤其需巧妙地运用各种账表(传单、日报)来提高效率。

六、营销策略

1. 目标市场

把高收入、高级白领上班族群作为自己的目标消费群。因为这类人群普遍都对生活环境有高要求，有健康意识、追求成就感和自我认同感。

本公司驱尘仕产品系列理念：追求健康自然、无尘环保的健康理念。从我们对于市场做出的细分可以看出，后期研发生产的新品能够吸引消费者，利用产品优势和消费者忠诚度使产品继续保持其良好的发展势头。

2. 产品计划

采取产品品种和产品创新战略。

我们提供家庭无尘、环保理念，吸引消费者的目光，满足消费者家庭除尘的需要。

家用系列产品

粘尘器：采购T型握手柄设计，上下滚动方便，握感舒适，超强粘力，不留残胶。

粘尘垫：在采取产品品种和产品创新战略的同时，改进服务战略和密集广告战略。

新产品的推出阶段，我们以电视广告的方式吸引消费者的目光、以健康的宗旨引起消费者的注意。同时结合大型超市的促销活动，买一送一的活动，对于购买量大的客户，就会得到我们品牌的健康理念大礼包。

3. 定价计划

产品市场价格目标为：××××元。

4. 分销计划

优惠方针：对于交易的批发商、代理商和零售商，提供免费送货上门等服务。

进货尽可能集中在某季节，有计划性地做订货活动。交易契约的订立除了要设法使自己有利外，也要让对方有安全感。对于不同区域给予不同的产品比例分配方式。

为使进货业务能合理运作，本公司每月召集由各进货厂商、外包商及相关人员参加的会议，借此进行磋商、联络、协议。

5. 促销计划

品牌、渠道两手抓：一方面，在产品的包装物上为产品做广告，以极低的成本为产品做宣传，扩大渠道；另一方面，也可以在产品包装上搭载其他知名公司的广告，不仅可以获得广告费用，与强者为伍，也更凸显企业实力，打响知名度，建立品牌。

选取广东地区大型高档社区进行促销活动，引发更多潜在消费者的需求。

① 我们采取买一送一方式。

② 活动的产品：尼的除尘产品。

③ 活动的赠送率为100%。

七、行动方案

市场部在营销中占主要的引导地位，同时配合客服部、销售部等各个部门实现企业的目标。

事业部员工为10人，市场部员工为3人，客服部员工为5人，销售部员工为5人，预计费用为20万。本营销策划计划为期六个月。

在服务战略上，我们可以通过培训有经验并受过良好训练的营销和销售人员，提供优质的服务和高质量的产品，以满足客户的需求为我们的服务宗旨。产品的研究设备是现代化的，符合消费者的健康理念。

**八、营销预算**

本公司的家用系列产品在打入市场初期，投入的广告促销费用为 3 万～5 万元，新产品的研发及制造费用为 20 万元。剩下的资金用来作为资金周转和促销产品时其他方面的用途。

**九、控制**

制定该方案的预计损益表，收入方列出预计销售数量和平均实现价格，支出方列出设计、研究成本，实现分销成本和营销费用，收支差即为预计利润，报管理部门审核。批准后可作为制定计划和进行生产、营销等活动安排的基础。所有的计划和方案要切合市场的变动而进行必要的调整。

# 任务二　广告写作

## 任务描述

企业的经营已经开始，但“酒香不怕巷子深”已经不适合现在的社会，如何让我们的客户更好地了解我们的企业和产品，进而产生购买行为，已经成为诸多企业竞争的主要方式之一。本任务要求学生依据前期企业基本情况的设定，完成一篇广告文稿。

## 学习目标

掌握广告的类型、媒介、结构及撰写方法，并能够完成一份有效的广告文稿。

**【拓展知识】**

广告，即广而告知之意。广告是为了某种特定的需要，通过一定形式的媒体，公开而广泛地向公众传递信息的宣传手段。广告有广义和狭义之分，广义广告包括非经济广告和经济广告。非经济广告指不以盈利为目的的广告，又称效应广告，如政府行政部门、社会事业单位乃至个人的各种公告、启事、声明等，主要目的是推广；狭义广告仅指经济广告，又称商业广告，是指以盈利为目的的广告，通常是商品生产者、经营者和消费者之间沟通信息的重要手段，或企业占领市场、推销产品、提供劳务的重要形式，主要目的是扩大经济效益。

## 一、商业广告的概念

商业广告是指商品经营者或服务提供者承担费用通过一定的媒介和形式直接或间接地介绍所推销的商品或提供的服务的广告。商业广告是人们为了利益而制作的广告，是为了宣传某种产品，从而让人们去喜爱并购买它。

广告文是指用以展示广告宗旨的语言文字，不包括绘画、照片等。下面我们主要学习广告文的写作。我们在这里讲商业广告，是从广告文稿的角度来说明的，是指广告作品的语言文字部分。

## 二、商业广告的特点

商业广告具有功利性、真实性和创造性的特点。

商业广告既是一种经济现象，具有功利性；也是一种文化现象，具有思想性。因此，商业广告一方面具有促进销售，指导消费的商业功能；另一方面也应服务于社会，传播适合社会要求、符合人民群众利益的思想、道德、文化观念，即具有社会功能。

## 三、商业广告的作用

### （一）商业广告的文化功能

商业广告是商品促销的重要手段，具有鲜明的功利特征和强大的经济功能。商业广告也是一种社会文化现象，是社会文化的组成部分，因而也具有文化的特征和功能。我们在利用商业广告经济功能的同时，还应当把广告纳入社会文化的系统中加以考察，充分认识商业广告的文化功能及其所担负的文化责任，以便更好地利用它，使之在社会精神文明建设中也能发挥积极的作用。

广告向人们所传递的有关商品、服务、企业等经济、科技、文化诸多方面的信息，本来就是人类所创造的物质文化和精神文化的反映。而广告主体采取“文化攻心”策略，利用文化的力量号召受众，在广告中注入文化内容，又为广告增加了文化含量。所以现代商业广告不仅介绍各种商品和各类服务项目，说明广告商品的特点、功能、作用，向消费者做出利益的承诺，而且传播各种文化意识，展示纷纭的文化景观，介绍发达国家的时尚，说明广告商品与文化的关系。这些内容为广告商品增加了文化附加值，增添了文化吸引力，商业广告因此成为一种社会文化现象，呈现出商业功利和社会文化双重色彩，具有了经济和文化两方面的功能，不再是简单地卖什么就吆喝什么的促销工具。广告文化既代表一定的物质文化、行为文化，又属于观念文化、精神文化。在商品无差异、同质化造成市场竞争异常激烈的今天，广告文化的影响力往往影响广告商品自身的竞争力。如果受众认同了广告文化，那么也就可能会接受广告商品或服务，成为商品的消费者、服务的使用者。

广告中的文化内容，特别是其中的价值观念、生活方式，无论是传统的还是现代的，积极的还是消极的，经过传播都会渗透到生活中，对受众的思想、行为产生影响。而反复发布广告，借助科技和艺术手段强化广告视听冲击力以及“设置议题”制造轰动效应，又能使其渗透力、影响力更强。消费者的购买，常常是文化选择的实践行为。这些选择有的是理性的，有的则是盲目从众，但它们都能说明商业广告一边改善着人们的物质生活和行为方式，一边深入到人们的心灵，冲击人们的文化心理，影响人们的思想意识。

### （二）商业广告的经济功能

#### 1. 准确表达广告信息

准确表达广告信息是广告设计的首要任务。现代商业社会中，商品和服务信息绝大多数都是通过广告传递的，平面广告通过文字、色彩、图形将信息准确地表达出来，而二维广告则通过声音、动态效果表达信息，通过以上各种方式，商品和服务才能被消费者接受和认识。由于文化水平、个人经历、受教育程度、理解能力的不同，消费者对信息的感受和反应也会不一样，所以设计商业广告时需仔细把握。

**2. 树立品牌形象**

企业的形象和品牌决定了企业和产品在消费者心中的地位，这一地位通常靠企业的实力和广告战略在维护和塑造。在平面广告中，报纸广告和杂志广告由于受众广、发行量大，可信度高而具有很强的品牌塑造能力。而结合二维广告，则可以使品牌塑造力大大增强。

**3. 引导消费**

平面广告一般可以直接发到消费者手中，而且信息详细具体，如购物指南、房产广告、商品信息等都可以引导消费者去购买产品。二维广告则可以通过动态效果的影响，促使消费者消费。

**4. 满足消费者**

一幅色彩绚丽、形象生动的广告作品，能以其非同凡响的美感力量增强广告的感染力，使消费者沉浸在商品和服务形象给予的愉悦中，使其自觉接受广告的引导。因此广告设计是物质文化和生活方式的审美再创造，通过夸张、联想、象征、比喻、诙谐、幽默等手法对画面进行美化处理，使之符合人的审美需求，可以激发消费者的审美情趣，可有效地引导其在物质文化和生活方式上的消费观念。

## 四、商业广告的种类

商业广告从不同的角度，可以获得不同的划分结果。

### (一) 内容分类

**1. 商品广告(又称产品广告)**

它是以销售为导向，介绍商品的质量、功能、价格、品牌、生产厂家、销售地点以及该商品的独到之处，给人以何种特殊的利益和服务等有关商品本身的一切信息，追求近期效益和经济效益。

**2. 劳务广告**

又称服务广告，比如介绍银行、保险、旅游、饭店、车辆出租、家电维修、房屋搬迁等内容的广告。

**3. 声誉广告**

又称公关广告、形象广告，它是指通过一定的媒介，把企业有关的信息有计划地传播给公众的广告。这类广告的目的在于引起公众对企业的注意、好感和合作，从而提高知名度和美誉度，树立良好的企业形象。声誉广告传播的内容非常广泛，主要是介绍有关企业的一些整体性特点。既可以是发展历史、企业理念、经营方针、服务宗旨、人员素质、技术设备、社会地位、业务情况以及发展前景等；又可以是视觉标志、行为标志等CI内容。

(二) 媒介分类

从媒介上看，可以分为报刊广告、音响广告、电视广告、牌匾广告、灯光广告、交通广告、橱窗广告、展销广告、邮送广告、馈赠广告和包装广告等。

## 五、广告文的写作格式

商业广告的内容要素由标题、正文、结尾、广告口号几部分组成。四项都齐全的广告文多见于报刊广告。单纯用广告标语或标题、标语与正文合一的多见于灯箱、标牌、交通广告。用标语、标题与画面配合的多见于电视广告。

1. 标题

广告的标题，即广告的主旨，具有重要的宣传作用，突出诉求重点，起画龙点睛的作用，是先声夺人的重要一环。“题好一半文”，好的标题能使人“一目了然”“一见钟情”“一听难忘”，因此创意要新颖引人，文字要生动简洁。

如：保险公司：未雨绸缪

某汽车轮胎：只花几十元，再跑八万里

某打印复印公司：不“打”不相识

“渴而必思”饮料：初恋的味道

2. 正文

正文是广告文的中心部分，是广告的主旨和主要内容所在。包括广告主办单位和商品或劳务名称，商品的规格、花色、性能、功效，使用和保养方式、出售方式等。

正文应突出广告的主题，也就是广告的诉求重点。要简明扼要，浅显通俗，具体明白，生动有趣，有号召力。广告正文要有文艺性，富于人情味，使消费者感到亲切，乐于接受。在表现方式上，可用独白式、对话式以及诗歌、相声、故事等文艺形式。广告正文的号召力首先在于广告的真实性，其次是商品、劳务的高质量和企业优良的经营作风。但要使消费者知晓和信任，还要借助于令人信服的有号召力的广告文。可引用权威人士、社会名流、消费者等评价和推荐的话，或利用权威部门颁发的证书、奖状证明。

3. 随文

随文也称附告，是在正文之后的必要说明，即附带告诉人们的一些内容。包括广告单位的名称、地址、电话号码、邮政编码、银行账号、购买手续等，对消费者起购买指南的作用。

4. 广告标语

即广告口号，是广告者从长远销售利益出发，在一定时期内反复使用的特定宣传语句。作用在于使消费者加深对企业或商品、劳务的记忆，形成深刻的印象(无形中成为人们购买商品或选择劳务时的依据)。因此，广告标语是现代广告文常用的重要形式。

广告标语的撰写与标题基本相同，但它的鼓动性更强。写作时要突出重点，富于号召力；要押韵动听，简单易记。

例如：

全心全意小天鹅

厚道好酒厚道人——五粮液春夏秋冬酒

统一鲜橙多，多 C 多漂亮

在时速六十英里时，这辆新款劳斯莱斯汽车上的最大噪声来自它的电子钟。——劳斯莱斯汽车(奥格威)

## 六、撰写广告文的基本要求

总的要求：真实、健康、清晰、明白，不得以任何形式欺骗用户和消费者。

### 1. 要实事求是

广告文稿内容的真实性要求所介绍的商品和劳务项目，要向企业和消费者提供经得住检验的证据，从而真正起到指导消费、促进经济发展的作用，切忌吹牛和浮夸。

绝对不要制作不愿意让自己的太太、儿女看的广告，因为诸位大概不会有欺骗自己家人的念头，当然也不能欺骗别人的家人。——美《奥格威广告准则》

### 2. 要有明确的诉求重点(主题)

广告文由于受传播媒介等条件的限制，必须从众多的宣传信息中选取最能体现商品的功用、最能突出表现商品特殊个性的“核心点”来作为诉求重点。作者必须在对要宣传的产品有十足了解的基础上开展广告文写作，并且紧紧围绕该产品的本质特征。

### 3. 要在深入进行市场分析的基础上引用真实的数据

大卫·麦肯兹·奥格威(David MacKenzie Ogilvy，1911-1999)曾被称为“广告怪杰”。现在已经成为举世闻名的“广告教父”(又称广告教皇，“The Father of Advertising”)，其创办的奥美广告公司今天已成为世界上最大的广告公司之一。他当过见习厨师、推销员、农夫。20 世纪 60 年代的美国广告三大宗师中，奥格威的风格最朴实。有调查显示他通过广告卖出去的产品数量是比尔·伯恩巴克和李奥·贝纳加起来的 6 倍。其著作《奥格威谈广告》(Ogilvy on Advertising)，在全球被作为广告人的基本教材之一，颇受欢迎。1971 年，《财富》杂志在一篇报道奥格威的文章里，提及他在 25 岁时推销将军牌炉具成绩卓著，公司让他写了一篇计划书，称其为“有史以来写得最好的销售手册”。

全英国总共有 1200 万户居民，其中有 100 万户拥有汽车，但是只有 1 万户家庭拥有将军牌炊具。一个家庭如果买得起汽车，就买得起将军牌炊具。——这是销售手册《前言》中的第一句话，即使现在看来，也是一段精彩的广告用语。

### 4. 要有创意

如同文学作品一样，广告文稿永远是一次性的，不能和别人重复，也不能和自己重复。现在的广告铺天盖地，无奇不有，你的广告能否吸引人们，激发人们的兴趣，最主要的就是看你有没有不同凡响的独到之处。从这个角度看，创新性也是广告成功的关键。

“除非广告源自一个大创意，否则它将如同夜晚航行的船只无人知晓。”这是奥格威的一句名言。他拒绝单调、乏味、死板的广告作品。奥格威认为，广告的功效应是信息的媒介，而不是某种艺术的形式。他鄙夷那些竞争对手，将广告装扮得“拗口、花哨、哗众取宠”；并且喋喋不休地讲授所谓知识的益处。奥格威提倡对一切加以检验——“创意、标题、预算以及媒体宣传”。

“不要设计那些你甚至不愿你的家人看到的广告。”“广告业需要注入大量的天才。而天才极有可能在不循规蹈矩者、特立独行者与反叛不羁者中产生。”

**5. 语言要生动、简洁、有感染力**

第一，要使用规范的书面语言。做广告时，运用严谨、规范和逻辑性的书面语言可以使文案更具说服力。在运用书面语言时要注意以下几点：要严格按照书面语言的语法规范，避免出现病句或生造的词语；不能使用非规范化的简体字或繁体字，要保持现代汉语的纯洁性；不能盲目地、无节制地运用方言和外来语。

第二，语言要准确到位。准确是广告语言的第一要求。准确意味着真实，不准确则会削弱事实的力量，可能会造成损失。广告在描述事实时，语言实在、准确是赢得消费者信任的前提，如果含糊其词就达不到说服的效果。

第三，语言简洁明了。广告语言力求简洁，这是广告版面或时间的要求。广告的版面或时间有限，而且都是以金钱计算的，要以最少的词汇传递最多的信息，突出每个广告宣传的主题，在消费者心中留下深刻的印象。

第四，语言形象生动。形象生动是广告语言是否具有艺术性语言的标志。内容干瘪呆板、枯燥无味的广告语言令人生厌，即使是好的商品也会因为语言缺乏吸引力而失去竞争力。生动形象的语言能使消费者产生浓厚的兴趣，激发他们的联想，给人们强烈的鼓动性，留下无限美好的回忆。

第五，巧用修辞。修辞是对广告语言进行修饰的良好手段，是使广告语言准确、鲜明、形象生动地表达情意的手段，常用的修辞手法有比喻、比拟、夸张、反复、对偶、排比、双关、顶针、借代等。巧妙使用这些手法可以使广告文案绘声绘色，熠熠生辉。

**【例文】**

**现代化的学习工具、高考竞争者的得力助手**

**——全国第一家研制生产 GZ-A 型多功能记忆学习器**

河北省献县冀中电子仪器厂研制生产的“多功能记忆学习器”，经中华人民共和国电子工业部产品质量监督检验中心鉴定，产品质量合格，该机性能技术指标符合国家标准，定为国内首创新产品。

该厂生产的“多功能记忆学习器”，是将电学与大脑生理学原理相结合，通过视觉——读者——刺激大脑的知觉神经——记忆中枢这个原理研制而成的，与其他类似产品的原理截然不同。

该产品投放市场后，得到了全国各地广大用户的一致好评。调查反馈表明，该产品适合在学习各种科目时使用，尤其是适用于学习外语、记忆数学公式和物理化学原理。该产品能够有效增强记忆，提高使用者的学习成绩。

该厂备有现货，欢迎个人或经销单位购买，欲购者可到当地邮局汇款购买，批量购货也可银行汇款，按收款先后次序发货，每套售价 87.50 元，购买 50 套以上按出厂价，每套售价 78 元。

该厂免费包装邮寄，不另收费，并附有使用说明书。

汇款及联系地址：河北省献县冀中电子仪器厂供销科

开户银行：献县支行城关营业所

账号：650054048
电报挂号：1438

**【点评】**这是一篇说明式的广告。其标题“现代化的学习工具、高考竞争者的得力助手”抓住家长望子成龙的心理进行促销；“全国第一家研制生产”，告知社会在生产该类产品方面，自己有权威，暗示质量高、效果好。全文以第三人称叙述，目的是增强可信度。第一段告知社会该产品经权威部门鉴定，质量有保证。第二段用原理和事实说明其功效。第三段介绍购买方式和价格。

### “舒味思”的人来到此地

特别引见从英国伦敦“舒味思”厂派来的特使，制造师爱德华·惠特海先生。“舒味思”厂自1874年起即为伦敦的一家大企业。惠特海先生这次来到美国各州，是要确认在这里生产的每一滴“舒味思”奎宁柠檬水是否都具有原产地厂家同样的口味。“舒味思”是一种与杜松子酒及其滋补品掺和饮用的柠檬水。长久以来，舒味思的独特口味，只有舒味思才有，可谓世界唯一。

他带来了“舒味思”所独创的虔修醇剂，而“舒味思”碳化的秘方就锁在他的小手提箱里。这位制造师说：“彻头彻尾、地地道道、丝毫不差的‘舒味思’制法。”把这种奎宁柠檬水制成现在的半苦半甜的完美口味，“舒味思”历经了百余年之经验。然而，把“舒味思”和杜松子酒及冰块掺和在高脚杯中，你只需要30秒钟便可进入到这个完美的境界。随后，亲爱的读者，你一定会倍加赞赏你读过这则广告的这一天。附言：你如果喜爱这篇文字而没有喝过“舒味思”，请以明信片通知，我们即作适当安排。

函寄：纽约市·东6街30号·舒味思收。

**【点评】**这个文稿粗看起来没有信誓旦旦的承诺，没有交代、介绍，但仍给人一种实在感、可信感。如果企业没有完全实现原先的承诺，就应该向顾客解释甚至道歉，这种做法不但不会损伤企业的形象，反而因你的诚恳待人而打开销路。

**【补充资料】**

### 奥格威的广告准则

**一、广告信条**

1. 绝对不要制作不愿意让自己的太太、儿女看的广告。因为诸位大概不会有欺骗自己家人的念头，当然也不能欺骗别人的家人，己所不欲，勿施于人。

2. 在美国一般家庭，每天接触1518件广告，要引起消费者注意，竞争越来越激烈。如果大众倾听广告者的心声，则其心声必须别具一格。

3. 广告是推销技术，不是抚慰，不是纯粹美术，不是文学，不要自我陶醉，不要热衷于奖赏，推销是真刀真枪的工作。

4. 绝不能忘记——你是在花广告主的钞票，不要埋怨广告创作的艰难。

5. 不要打“短打”，你必须努力，每次都要全垒打。

6. 时时掌握主动，不要让广告主支使才去做，要用出其不意妥协的神技，让他们惊讶。

7. 一旦决定广告活动的实施，不要徘徊，不要妥协，不要混乱，要单刀直入地进行，彻底地猛干。

8. 不要随便地攻击其他的广告活动，不要打落鸟巢，不要让船触礁，不要杀鸡取卵。

9. 每一个广告，都是商品印象(brand image)的长期投资，丝毫不允许有冒渎印象的行为。

10. 展开新的广告活动以前，必须研究商品，调查以前的广告，研究竞争商品的广告。

11. 说什么比如何说更重要，诉求内容比诉求技巧更为重要。

12. 如果广告活动不是由伟大的创意构成，那么它不过是二流品而已。

13. 广告原稿必须是具体地表现商品的文案规范，明确地传达商品的功用、寻找商品最大功用是广告作业中最大的使命。

**二、广告本文原则**

1. 不要期待消费者会阅读令人心烦的散文。

2. 要直截了当地述说要点，不要有迂回的表现。

3. 避免“好像”“例如”的比喻。

4. “最高级”的词句、概括性的说法、重复的表现，都是不妥当的。因为消费者会打折扣，也会忘记。

5. 不要叙述商品范围外的事情，事实即是事实。

6. 要写得像私人谈话，而且是热心而容易记忆的，也像宴会对着邻座的人讲话似的。

7. 不要令人心烦的文句。

8. 要写得真实，而且要使这个真实加上魅力的色彩。

9. 利用名人推荐，名人的推荐比无名人的推荐更具有效果。

10. 讽刺的笔调不会推销东西。卓越的撰文家，不会利用这种笔调。

11. 不要怕写长的本文。

12. 照片底下，必须附加说明。

**三、广告标题准则**

1. 平均而论，标题比本文多5倍的阅读力，如在标题里未能畅所欲言，就等于浪费了80%的广告费。

2. 标题向消费者承诺其所能获得的利益，这个利益就是商品所具备的基本效果。

3. 要把最大的消息贯注于标题当中。

4. 标题里最好包括商品名称。

5. 唯有富有魅力的标题，才能引导阅读副标题及本文。

6. 从推销而言，较长的标题比词不达意的短标题，更有说服力。

7. 不要写强迫消费者研读本文后，才能了解整个广告内容的标题。

8. 不要写迷阵式的标题。

9. 使用适合于商品诉求对象的语调。

10. 使用情绪上、气氛上具有冲击力的语调。如心肝、幸福的、爱、金钱、结婚、家庭、婴儿等。

**四、广告插图准则**

1. 据统计，普通人看一本杂志时，只阅读4幅广告。因此，要引起读者之注目，越来越困难。所以，为了使人发现优越的插图，我们必须埋头苦干。

2. 把故事性的诉求(story appeal)放进插图中。

3. 插图必须表现消费者的利益。
4. 要引起女性的注目，就要使用婴孩与女性的插图。
5. 要引起男性的注目，就要使用男性的插图。
6. 避免历史性的插图，旧的东西，并不能替你卖东西。
7. 与其用绘画，不如用照片。使用照片的广告，更能替你卖东西。
8. 不要弄脏插图。
9. 不要去掉或切断插图的重要因素。

# 任务三　商务函

## 任务描述

公司运营过程中所需要面对的不仅有客户，从大环境角度看，与公司有关系的还有供应商、经销商、其他有合作或竞争关系的企业、公众以及政府。商务函是公司同这些相关组织或人员建立联系的有效手段之一。本任务要求学生根据前期工作的设定，完成一份商务函，函的主送对象由学生自行决定。

## 学习目标

能掌握商务函的类型、结构及撰写方法，能根据函的主送对象完成一份格式正确、结构合理、内容完整、用语准确的函。

## 任务导入

商务函是现代社会商务活动中常用的一种文书，其种类较多，使用灵活，可以用来处理单位之间的许多问题，起到咨询、索赔、致歉等许多作用。

关统的产品试图进入×市市场，需要在当地媒体进行广告宣传。经了解，《××晚报》在当地有较大的读者群，关统索要广告报价表后，向该报广告部发函提出报价较高，希望能在原价格基础上降低10%，并表示愿意长期合作。报社广告部负责人经研究提出，如能至少购买一年的广告量则可以接受关统提出的价格。于是报社广告部张经理撰写了一份关于降低广告报价的复函给关统。内容如下：

**关于降低广告报价的复函**

关经理：

贵公司 2018 年 1 月 16 日还价函收悉。贵方认为我方报价偏高，非常遗憾。《××晚报》在本地具有十分广泛的读者群体，市场影响力巨大，我们认为我们的报价完全合理。因此，贵方的还价我方实在难以接受。考虑到贵公司的情况，我方最多可给予 9.5 折优惠，且必须签订至少一年的广告合同才能享受此报价。随信附上广告合同一份，若贵公司愿接受我方的条件，可直接填写。

非常乐意与贵公司进行长期合作，欢迎来电或当面洽谈。

附件 1：《××晚报》广告最新报价

附件 2:《××晚报》广告业务合同

《××晚报》广告部
2018 年 1 月 17 日

【点评】通过这一封回复函，表明了自己对此事的态度，并同意给对方一定额度的优惠和相应的要求以及相关事项。该文事项清楚、行文简洁、表述准确。函作为公文中唯一的一种泛平行文种，其适用的范围相当广泛。在行文方向上，不仅可以在平行机关之间行文，而且可以在不相隶属的机关之间行文，其中包括上级机关或者下级机关。在适用的内容方面，它除了主要用于不相隶属机关相互商洽工作、询问和答复问题外，也可以向有关主管部门请求批准事项，向上级机关询问具体事项，还可以用于上级机关答复下级机关的询问或请求批准事项，以及上级机关催办下级机关有关事宜，如要求下级机关函报报表、材料、统计数字等。此外，函有时还可用于上级机关对某件原发文件做较小的补充或更正。不过这种情况并不多见。

## 一、商务函的概念

商务函是在商务活动中用来商洽工作、联系业务、询问和答复有关具体实际问题的一种文书。目前主要通过邮寄、电子邮件、传真、电传及电报等方式来进行信息传递。

## 二、商务函的种类

(1) 按具体业务项目或内容，一般分为联络函、咨询函、推销函、订购函、催款函、寄样函、索赔函、理赔函、报价函、还价函、致歉函、谈判函、调解函、婉拒函。

(2) 按行文对象，可分为对上级主管部门、对客户或协作单位、对兄弟部门等。对上级主管部门多以公函形式出现，属于行政公文范畴；对客户或协作单位，是商务开展过程中最常见的沟通手段。

(3) 按行文方向，可分为去函和复函。

## 三、商务函的结构及写作方法

### (一) 结构形式

商务函的结构形式一般为：
称谓+正文+祝颂语+附件+生效标识。

### (二) 写法

#### 1. 称谓

对收信人的称呼，包括单位和个人称谓，根据具体对象而定。有两种形式，一种是泛尊称：尊敬的先生/女士；另一种是使用具体指姓或指全名的尊称。这一类是对写信人认识的受文者或很明确要发给的人，如：尊敬的黎明总监，单位名称要写全称，如果单位名称和负责人都要写，则单位在上，负责人及职务写在下一行。

### 2. 正文

(1) 发函缘由：初次去函可先作自我介绍，使对方了解本企业的业务范围或产品的情况；有较长期合作关系的，可简述合作情况；双方频繁来往的，可直截了当地说明发函的目的，进入主旨；复函的开头应先引叙对方来函及日期、事由。如主动发信，写“您好”“见信好”等礼节性用语，再说明发信意图，表明主旨；如是复信，可先采用“收到贵公司的来函，非常荣幸”等，或说明于何日收到了对方有关商洽什么内容的商函。

(2) 发函事项：这是函件的主要内容。需要根据不同的发函目的，采用不同的表达方式，可以介绍具体情况告知有关事项，也可以说明己方具体意见或提出解决问题的办法，还可以针对来函作出答复。如果事项内容较多，应当分列条款。

(3) 希望或要求：在结束处简要提出希望或要求。语气应恳切，争议索赔函尤其要求庄严正式。有的商函直接用惯用语结束，如“特此函商，务希见复”“特此函达”“此复”“敬候佳音”等。

### 3. 祝颂语

所有的商务信函结束都要使用祝颂语。如恭祝/敬希/金安/生意兴隆等。

### 4. 附件

主要有商品目录、价格表、订货单、发货单、催款单、样品图表和收据等几种类型。附件应在正文之后、生效标识之前注明附件顺序、名称以及数量。

### 5. 生效标识

生效标识指发文单位印章或签署及发文日期。签署是指由发函企业的领导人签字或盖章，位于正文之下或附件说明以下偏右位置，以证实商函的效用。发文日期直接关系到商函的时效，年月日应齐全。

## 四、商务函的写作要求

(1) 内容正确、目的清楚、表述具体。产品价格、名称、规格、数量要写清楚。观点要正确，文字表达要准确。条理要求清晰，忌笼统粗犷、含糊其词和抽象化。

如：虽然我公司同意回收完好的退货，但我方无法同意回收有缺损的退货。

我公司只接受可再度销售的退货。

(2) 文字简洁、态度礼貌、语气委婉。

如：贵方在提交订购产品清单时遗漏了交代产品型号。

请速致函我公司贵方尚未提交的产品清单型号，以使我公司立即将订货发出。

(3) 明确责任、划定界线、分清权限。

如：出于对合作顺利开展负责的态度，我公司认为，贵公司在资产重组正式法律文本还没有正式签署之前，要求我公司提供详尽的财务报表，似乎甚为不妥。

**【例文】**

**询问函**

广东先力研磨有限公司通过同行的推荐，有意购买山东力帆机械工程有限公司的

HVE-20 型研磨机，但需要进一步了解机器的详情和价格。故向山东力帆机械工程有限公司销售部发出询价信。

**关于询价的函**

尊敬的先生/女士：

您好！

多位同行向我们推荐了贵公司生产的 HVE-20 型研磨机，深知其为国内名牌产品。我公司目前需要该研磨机若干台，有意订购贵公司的产品。贵公司能否将研磨机的产品性能、配套装置等有关细节资料、价格目录及结算方式等寄给我公司，供我方参考。

若贵公司能在 7 月 14 日前回复，我方将不胜感激。再次感谢，盼望回复。

联系地址：×××××××

联系电话：×××××××××

顺颂

商祺！

××××有限公司

2013 年 7 月 8 日

**【点评】**这是一封询问函，该函行文规范、表意清晰，请求山东力帆机械工程有限公司为自己提供他们的产品相关资料，文字简洁、态度礼貌、语气委婉。

**推销函**

非常高兴能随函附上一本有关我公司生产的婚纱样品图册。我公司在同行业中历史悠久，产品一向以款式新颖、工艺考究、质地优良驰名中外。多年来，中外顾客有增无减。如果您也有兴趣，可以享受试销优惠。届时您会惊喜地发现，我公司产品确实名不虚传，有口皆碑。如何?您想试试吗?请尽快回函，谢谢！

××婚纱用品公司

2014 年 2 月 8 日

**【点评】**这是一封推销婚纱的函，以简明的文字表述了发文的目的，介绍了公司产品，格式正确。

**联络函**

××维修部负责人：

您好！

我公司去年 4 月购入贵公司一台 MX4500 型号的大图胶印机，由于对这种具有多用途功能的机器不熟悉，现已造成故障，希望贵公司能安排相关技术人员上门维修。我公司的地址是广州市××路 32 号；电话号码是 12345678；联系人黎明。

若能及早得到贵公司的帮助，我们将感激不尽。

××印刷制品公司行政部

2013 年 4 月 3 日

**【点评】**这是一封联络函，指明了发函的原因与具体要求及相关事项，措辞恰当，表意明确。

订购函

××公司销售部：

非常感谢贵方××年××月对我方有关户外照明设备询问价格的复函。我们得悉，贵方能以现货供应。今随函附上订购该产品的正式订单，请及时按附上的订单所填写的规格、型号、数量装运。

××公司

2014 年 2 月 23 日

【点评】这是一封订购函，以简明的文字表达了订购对方产品的意愿，符合商务信函行文规范。

索赔函

××公司：

××年××月××日由贵厂发出的集装箱运输车运送的铝材发生了下述意外情况：

经查，该批铝材含量在 90%以下者约占 42%，不符合原定规格 30m×0.2m 的线型铝材共有 122 条，占总货量比重的 29%，显然是货不对。首批到货即出现这样的遗憾，使我们自然对今后的进货深感不安。因此，我们希望贵方能按合同约定对此次问题作妥善的处理，并保证今后的装货不再发生这样的意外。

我方已于××日电告贵方，兹将本地商检局检查凭证附上，再以书面告知。

××省铝业贸易有限公司

2012 年 7 月 5 日

【点评】这是一封索赔函，主体部分首先说明了索赔的具体原因，即对方提供的产品存在质量问题，然后指出索赔的依据和要求，结尾说明附上相关书面证明材料，表达理由充分，用词恰当，符合要求。

# 任务四　产品说明书

## 任务描述

本任务要求学生根据前期工作完成一份自建创业公司所推出产品的产品说明书。

## 学习目标

了解产品说明书的种类，掌握产品说明书的结构、内容和写作方法，完成一份具有实际使用价值的产品说明书。

## 任务导入

关统公司的产品即将推向市场，企业面对的客户千差万别，术业有专攻，绝大多数的客户都不是企业产品相关领域的专家，怎么样才能更好地指导用户了解产品，选择产品，正确、安全地使用产品呢？产品说明书成为不二选择。但怎样才能写好一份能真正起到作用的产品说明书呢?

## 一、产品说明书的含义

产品说明书是以说明为主要表达方式，全面、详尽地将产品的性能、构造、功能、使用、保养等进行说明或介绍的文字材料。它是直接为社会生产和公众生活服务、适合大众阅读的一种实用性文体。

产品说明书是一种以说明为主要表达方式，概括介绍商品的用途、性能、特征、使用和保管方法等知识的文书。内容的科学性即实事求是，是产品说明书的最大特点。大体可分为内容简短的使用说明书和内容较全面的产品说明书。

## 二、产品说明书的特点

### （一）实用性和可操作性

产品说明书是向消费者介绍有关产品的使用、保养、维修知识的资料，消费者在正确使用所购买的产品前，应该认真阅读产品说明书，并按其要求进行操作，以实现产品的使用价值。尤其是在高科技迅速发展的今天，各种新产品、新技术、新服务层出不穷，为了保护消费者的合法权益，必须如实地将有关知识加以介绍，帮助消费者熟悉或正确地使用产品。因此，实用性和可操作性是产品说明书的基本特点。

### （二）科学性和知识性

产品说明书要以科学的态度和方式向消费者客观真实地介绍产品的性能、结构、成分、效用、注意事项、维护保养等知识，应力求全面、准确无误，否则，将会给人们的生产、生活带来不良甚至严重后果。

### （三）通俗性和条理性

产品说明书常常直接用于指导人们的生产和生活。使用者往往都是外行，在使用过程中需要逐字逐句地研读，并且一一参照着进行实践。因此，在对产品进行说明和介绍时，应以通俗浅显的语言，将产品各方面的情况介绍清楚，尽量不用或少用人们不易理解的专业术语，避免使用生僻词语。此外，产品说明书必须做到条理清晰，层次分明，让说明书好懂好记。

## 三、产品说明书的作用

产品说明书通过对产品的解说和注释，主要起三个方面的作用。

### （一）给消费者带来方便

随着市场经济的发展，科学技术的进步，各类产品不断花样翻新、技术含量增加，对消费者来说，阅读说明书，正确掌握产品的使用方法，就显得特别重要。产品使用不当，可能产生安全问题(如家用电器、各类药品、机器设备等)。很多产品没说明书简直无法使用，因此产品说明书对消费者来说起着重要的指导作用。

### (二) 给维修者提供依据

产品在使用过程中难免出现一些问题，有些产品通过维修可以延长使用寿命。在维修的过程中必须了解产品的结构、原理及相关数据等，因此产品说明书中一般要对此做出详细说明。有些说明书还把一般的故障排除方法写进去，这就给维修人员提供了更大的帮助。

### (三) 给生产经营者带来利益

说明书在说明产品的过程中起到宣传产品的作用，有些商家甚至把说明书作为广告向消费者广泛传播。消费者购买并使用哪些产品，首先必须对商品的基本特点有所了解，而说明书恰好能满足这方面的需求。

## 四、产品说明书的种类

依据国家质量监督检验检疫总局、国家标准化管理委员会于 2005 年 3 月 3 日联合发布、2005 年 8 月 1 日起实施的国家标准《说明书的编制、构成、内容和表示方法》(GB/T19678-2005/IEC62079：2001)，说明书可分为 4 种类型。

### (一) 使用说明书

使用说明书是为使用该产品的用户提供有关安全使用或操作信息的文件。必要时，它还应包括关于自控和遥控产品、特殊的功能或状态、供观察的指示、人身防护和故障探测说明等信息。如计算机、数码相机的使用说明书。

### (二) 维修说明书

维修说明书可以分为提供给非熟练人员(即一般用户)自行维修使用和熟练人员(专业维修工作人员及接受过训练的技术人员)维修使用两种。前者只需提供一般用户可能进行维修作业的说明资料，不需要涉及专门的技术知识、操作或特殊技能，而后者则必须了解并掌握专门的知识与技能，如数控机床等机械设备的维修说明书。

### (三) 专用工具、设备和材料的说明书

所谓专用工具、设备和材料，是指在正常工作时不一定使用，但在特殊情况下才使用的工具、设备和材料。对于这些专用工具、设备和材料的说明，应该与一般的说明书分开。这种说明书应该包含与附件和其他设备互联的描述，并包含相配附件、可拆零件和任何专用材料的表示法。如大型机械设备类的说明书。

### (四) 修理和替换零件的说明书

这种说明书向用户提供以下信息：修理设备和更换已损坏的、磨损的或老化的零件，在更换重要零件后需要进行的测试等。

## 五、产品说明书的写作

产品说明书的写作一般分为标题、正文、结尾三部分。

### （一）标题

产品说明书的标题，一般是由产品名称或说明对象加文种组成，文种名称可以叫说明书、说明、指南、用户手册等，如《龙牡壮骨冲剂颗粒服用说明》。有些说明书的内容是侧重介绍使用方法的，称为使用说明书，如《小鸭洗衣机使用说明书》。

### （二）正文

正文是说明书的主体，内容可以因物而异，篇幅有长有短。通常要求详细介绍产品的有关知识，如名称、性能、构造、原料、功能、特点、原理、规格、使用方法、注意事项和维修保养等知识。

由于说明书说明的事物千差万别，不同说明书的内容侧重点也有所不同。

第一类：家用电器类。一般较为复杂，篇幅也相对较长。写作内容包括产品的构成、规格型号、适用对象、使用方法、注意事项等。

第二类：日用生活品类。写作内容包括产品的构成、规格型号、适用对象、使用方法、注意事项等。

第三类：食品药物类。写作内容包括食品药物的构成成分、特点、形状、作用、适用范围、使用方法、保存方法、有效期限、注意事项、禁忌与副作用或不良反应等。

第四类：大型机器、设备类。包括结构特征、技术特性、安装方法、使用方法、功能作用、维修保养、运输、储存、售后服务范围及方式、注意事项等。这类说明书的内容一般比较复杂。

第五类：设计说明书。这是工程、机械、建筑、产品、装潢、广告等行业对整个设计项目的全盘构想，统筹规划，并对工作图样进行解释和说明的技术性文书。简单的就写在设计图样上，复杂的则单独成文或装订成册。不同的设计说明书，其写作内容也不同。写作内容一般包括设计的思路、指导思想、设计方案及其论证、方案的技术特征或性能、主要技术参数、时序安排、所需资金等内容。

正文的写法也多种多样，常见的有三种形式。一是概述式。概述式是指对产品的有关知识作概述性的叙述、介绍。这种形式通过概述叙述，以突出产品的个性，给人留下较完整、深刻的印象。二是条文式。条文式是指逐项分条介绍有关产品各方面的知识，如性能、构成、使用方法等。这种形式层次清楚，详细具体，表述严谨有序。三是综合式。综合式是概述和条文式的综合。既有总体概括的介绍，又有分项的具体说明。这种形式往往给人以全面的知识介绍，比较特殊的产品(精密仪器、高档商品)，其用户手册经常采用这种形式。

### （三）结尾

结尾是正文后面的一些内容。如厂名、地址、客服电话、维修服务网点、网址、电子信箱以及联系人和生产(出厂)日期等。由于各种产品的功能、用法不同，写作方法自然大有区别。但不管使用哪种方法，其目的都是为了让读者明白。

## 六、产品说明书的注意事项

### （一）要真实可信

所谓真实，就是符合客观事物的实际情况，本着对消费者负责的态度，说明书要真实地说明产品的功能、用途、使用方法、维修办法等内容事项，要把握好分寸，不要夸大其词、虚张声势，以免影响产品的信誉。

### （二）要科学准确

科学是指写说明书要有科学的态度，站在客观公正的立场上，对产品进行说明，不能有主观随意性。消费者对产品的认识，对产品使用和养护方法的科学掌握，都来自说明书的帮助，有说明书的科学性，才有消费的合理性。准确就是要求说明书中的每一个数据指标都要经过反复核实，确保无误。

### （三）要通俗易懂

说明书与产品介绍都是面向普通消费者的，因此，在写作时应当用明确和浅显易懂的文字进行表述，尽量减少深奥的专业术语。不要用模棱两可、易产生歧义的词。

【例文】

**欧莱雅青春第一元素产品使用说明书**

规格：8ml。

成分：NBA多效平衡素、CNS-P毛孔紧致因子、洋甘菊萃取液、金缕梅萃取液等。

功效：快速渗入受损真皮组织，褪红抗敏，促进炎症的代谢，“抑菌、抗敏、保湿”三效合一同步完成，平衡水油代谢，防止粉刺痤疮的形成，令肌肤快速恢复健康活力光彩。

适用：各类暗疮、粉刺肌肤及激素依赖性皮炎的护理。

用法：每日数次，取适量本品局部点涂于患处即可。(使用时皮肤会有发热现象属于正常)

**产品质量及售后说明书**

**一、安全质量保证**

1. 保证材料质量优良，不用次品钢板材、水泥。
2. 保证施工质量。
3. 保证协调好施工场地周边关系。
4. 施工过程中，电的使用保证安全。
5. 施工完毕保证清理现场，保持环境清洁。
6. 安全防护措施保证到位，特别是用电安全。
7. 施工过程中，保证尽量减少噪音和扰民。

**二、售前服务**

1. 发货运输时，我们代办运输。如果由于供方运输原因，致使产品损伤，我们将派人及时处理，直至用户满意。

2. 产品到货后，我单位派专业技术人员免费为用户培训有关产品安装、使用、维护等知识。

3. 如果用户因选型错误、订购数量不足或特殊情况要求提前供货，我们将急用户所急，特殊情况特殊处理，优先安排生产，尽最大努力满足用户要求。

**三、售后服务**

1. 投标产品的质量在规定质保期内，若是产品本身的质量问题，实行“三包”：即包修、包换、包退。

2. 在质保期内，产品发现质量问题，我单位在接到用户的书面通知后 1 小时内做出回复，24 小时内派人员到现场处理，由于制造或材料的缺陷而造成所供产品的任何破坏、缺陷故障，免费负责修理或更换为同类全新产品。在质保期外，若用户需要，我们仍在接到用户书面通知后 1 小时内做出回复，24 小时内派人员到现场进行服务工作。

3. 在三包期内存在或发生的质量问题，经双方确认确是我们的责任，我们负责免费进行修理、更换或退货，并承诺在一般情况下 3 天服务到位，作业季内按用户要求 1 天内服务到位，合理费用概由我们承担。我们负责“包修”“包换”“包退”“包满意”。

**四、产品质量承诺**

1. 我们保证产品经过正确的安装、合理的操作和维护后，在产品寿命期内使用良好。

2. 我们保证所供应机具的规格、性能、配置和质量等方面必须与“申报产品主要性能参数、配置及报价表”中的内容完全一致。

淮北市淮建建筑装饰工程有限公司

2018 年 3 月 19 日

# 任务五　财经新闻

## 任务描述

学生需根据前期工作完成一篇创业公司相关财经新闻。

## 学习目标

掌握财经新闻的定义，了解其特点和种类，掌握各类财经新闻的撰写方法，能根据实际情况和需要正确选择财经新闻的文种，并能完成相应文章的写作。

## 任务导入

对于企业的宣传从来都不是只有一种方式，在信息大爆炸的社会，各种渠道，各种方式的广告铺天盖地，再加上一些不良商家虚假广告的负面影响，广告对公众的作用在逐渐减退，迂回的宣传方式似乎成为一种不错的选择。新闻这种建立在真实基础上的文种和企业宣传相结合之后得到了意想不到的效果。关统的创业公司发展时间太短，知名度太低造成市场难以打开，于是想借助财经新闻来帮助公司提升企业的知名度，可是一份能让公众乐于接受并真正能帮助公司提升知名度的新闻该如何写作呢？这是一个需要好好考虑的问题。

## 一、财经新闻概述

### （一）财经新闻的含义

财经新闻是新闻学科的一个重要分支，是对经济活动中新近发生、发现或变动着的有价值事实的及时报道。它既与一般的新闻报道有共同之处，即两者都是利用报纸、通讯社、网络、电台、电视台等传播媒体传播最新发生的典型事实，同时又有其个性，表现在它主要是侧重对具有经济意义和经济价值的事实以最快的速度进行报道。

### （二）财经新闻的特点

财经新闻的特点有许多方面，如真实性、思想性、时效性、典型性、相对性、猎奇性等，但主要有以下三点。

#### 1. 真实性

“新闻总是要客观地叙述事实”，这是一条基本原则。对于事实，无论是媒体还是作者个人，不可能没有自己的观点或看法，但关于事实的传播，应该建立在客观、真实的基础上。这不仅是尊重事实的问题，也是尊重读者、相信群众具有正确判断能力的问题。真实性是新闻的生命。要做到真实地传播事实是不容易的，不仅要注意个别事实的客观性，还要善于从本质上、总体上、发展趋势上去把握事实变动的真实性。

#### 2. 思想性

事实要经过传播者的选择才能成为新闻，这就决定了新闻具有思想性的特点。好的新闻，看起来总是十分客观可信，而实际上却都隐藏着作者的观点和看法。

#### 3. 时效性

新闻的时效性，随着时间、地点和社会环境等因素的变动而变化。新闻的时效性包含着“新”和“快”两方面的内容：一是传播的内容要新鲜，时间新近；二是传播的速度要迅速及时，比如股市新闻，就应当“新近发生”，且“引人关注”，做到新闻不过夜。但需要注意的是，有些时候，事实的传播并不一定是越快越好，而应该考虑传播的合适时间，以争取最佳的新闻效果。新闻传播必须在确保事件真实和兼顾“时宜”的前提下，追求新鲜与迅速。

### （三）财经新闻的种类

广义的财经新闻或称泛经济新闻，覆盖全部社会经济生活和与经济有关的领域，包括从生产到消费、从城市到农村、从宏观到微观、从安全生产到服务质量，从经济工作到政治、社会生活中的相关领域。狭义的财经新闻，则重点关注资本市场，并从金融资本市场的视角看中国经济生活。

经济新闻即指经过媒体选择，反映新鲜的、重要的、有意义的、能引起广泛兴趣的经济事实，主要包括经济消息、专题报道、经济通讯、经济人物专访和经济评论等。

## 二、常用财经新闻的写作

我们重点介绍常用的经济消息、经济评论的写作。

### (一) 经济消息

#### 1. 经济消息的含义、特点

经济消息，是以叙述为主要表现手法、用简洁明快的语言反映新近发生的重要事实的简短性财经新闻报道。这是财经新闻文体中使用最多的一种基本体裁。经济消息主要反映生产、分配、交换、消费、货币、价格、财政、金融等经济生活各个领域的现状及其发展变化，它的报道内容十分广泛。比如经济发展中的新形势、新成就、新问题、新经验；国家的经济政策；国内外的股市动态、市场行情；经营管理和经济理论的动态；产品知识和科技发明；消费者对商品消费的意见和建议等，均属于经济消息的报道范围。

经济消息除具备财经新闻的平铺直叙等共同特点之外，还有自己的独特之处。概括起来，主要是以下四点。

第一，标题的多层次。新闻标题是用于揭示、评价新闻内容的一段最简短的文字。经济消息的标题，不同于其他财经新闻，更不同于一般文章。它的标题往往是多层次的，有引题，也叫肩题、眉题，常常用来介绍背景，烘托气氛。有正题，也叫主题，它是标题的本题，常常概括消息的主要内容，说明新闻最主要的事实和中心思想。还有副题，也叫辅题、脚题、子题，多用于补充介绍正题，一般用来补充说明新闻的来源、依据或次要的事实，是对正题的补充和注释。个别情况下还有次副题等。

第二，内容的六要素。经济消息虽然不长，但在内容上往往由必要的因素组成。这些因素国外新闻界称之为“五个 W”，即时间(When)、地点(Where)、人物(Who)、事物(What)和原因(Why)。在我国有人称为“六要素”或“六何”，即何人、何时、何地、何事、何因、何果。一般来讲，在有限的篇幅内，要想把一个新闻事实说清楚，这些要素是不可缺少的。

第三，事实的倒金字塔。经济消息是以事实说话的，而且事实的排列呈倒金字塔形。即多项经济事实的重要性以依次递减的方式排列，像一座倒置的金字塔。换句话说，最重要的经济事实放在最前边，次重要的放在第二位，以此类推。这样安排事实材料，有助于迅速地写作，便于编辑设计版面，也适合读者的阅读需要。

第四，背景的巧穿插。背景是指经济事实的历史情况或它同其他事物之间的联系等。一般经济消息都有背景材料，用以对比衬托、丰富主体、突出主题。这种背景材料在经济消息中无固定位置，关键在于巧穿插、妙安排。

#### 2. 经济消息的写作

经济消息一般由标题、导语、主体、背景和结尾五个部分组成。

(1) 标题。经济消息的标题较之于其他文体的标题，作用更大，要求更严。它是经济消息内容的高度概括，可以是只有主题的“一行标题”，也可以是含有眉题、主题、副题的“多行标题”。经济消息的标题应该新颖、醒目，能揭示所报道的经济事实内容。撰写时，一要注意重要新闻要素的齐全，二要注意标题的严肃、简洁，三要注意标题的结构和特点。总之，标题应该告诉读者经济消息中最新鲜、最重要、最有特点的事实和观点。

(2) 导语。即消息的开头。导语是一则消息中最有价值、最精彩部分的概述。它要求用最简明扼要的文字，揭示消息中最基本、最新鲜的事实及最重要的思想意义，以便读者迅速了解消息的主要内容，进而产生阅读兴趣。在单段式经济消息中，开头的一句话即导语；在多段式经济消息中，第一自然段即导语。导语的写法因事、因人而定。常见的写法有叙述式、描写式、设问式、评论式、结论式、引语式、对比式等。叙述式是以高度凝练的语言，用叙述的手法，把消息中最重要、最引人注目的事实写在开头，给人以新鲜的印象。描写式是用形象生动、简洁的语言，用白描手法把经济消息中的主要事实、时间或特定环境反映出来，用以创造气氛，描绘逼真的画面，给人以身临其境之感。设问式是以设问的形式把经济消息中的主要事实提出来，以揭示矛盾，设置悬念，引起读者的关注，强化吸引力。不管采用什么写法，导语的写作都要从新闻事实的实际情况出发，并要有创造性。

(3) 主体。经济消息的主体是导语的展开部分。它包括主要事实的叙述、次要事实的表达以及导语中未提及的新事实的补充。这些内容，或是阐发导语，或是回答导语，对新闻事实作充分而具体的报道和说明。

经济消息表达思想的主要手段是用事实说话，因此，叙述是消息主体的主要表达方式。一般情况下，经济消息忌讳作者直接说出自己的观点，但并不排斥作者将自己的观点、倾向寓于事实叙述之中，通过对事实的报道去影响读者。

消息主体的结构，可以按照时间顺序来安排，即按事实发生、发展的先后顺序来安排层次，动态消息常采用这种结构；也可以按照逻辑顺序来写，即根据事物的内在联系，用典型材料分别表现它的各个侧面，或并列，或因果，或主次，或点面，经验消息和综合消息常采用这种结构；也可以采用混合式结构，即把时间顺序和逻辑顺序这两种形式结合起来使用。经济消息的主体要与导语相呼应，内容充实、结构严谨、层次分明、条理清晰、主题鲜明、简洁生动。

(4) 背景。它是经济消息的要素之一，主要包括经济消息发生的历史和环境条件。它是为充实新闻的内容、烘托和发挥主题服务的，是消息的从属部分。根据需要，消息的背景材料一般不独立成段，可穿插在新闻的任何一部分。其大致分为三类：对比性材料、说明性材料和注释性背景材料。

(5) 结尾。经济消息的结尾往往是附属于主体之中的，所以，多数消息没有结尾。因为在导语中已经交代了结果，所以主体将事实过程叙述之后，文章也就自然结束。当然不能说经济消息一律没有结尾，要视报道内容的需要而定。有时可做概括性的小结，以加深读者印象；或用启发、激励的话结束，以强化读者的感受；或不把话说尽，给读者留下思索、回味的余地等。

### (二) 经济评论

#### 1. 经济评论的含义、特点和作用

经济评论属于新闻评论的一种，又称为经济时事评论，是一种议论性的应用文体。经济评论是经济理论研究人员和一般经济工作者对经济领域内新出现的具有典型意义的经济事件、经济现象和经济观念产生的原因进行探究并对其影响进行评价的文章。它包括有关经济方面的社论、短评、述评、专论、纵横谈等。

经济评论具有现实性、针对性、典型性、权威性、参考性、时效性等特点。现实性是指经济评论取材于当前的经济生活现实，其观点具有现实意义。针对性是指经济评论

的评论都是针对经济现实中的某种问题而发布的。典型性是指经济评论的对象要具有典型意义，在经济发展过程中有广泛的代表性。权威性是指评论者应有较高的经济理论水平或丰富的实践经验，评论应是符合客观实际的、中肯的、重要的、有价值的。参考性是指经济评论的观点、方法等，无论多么正确、多么重要，只能通过对读者的影响而间接地作用于经济的发展，不具有行政强制力。时效性是指经济评论的写作应当及时。

经济评论的作用就是通过对时事的分析评论，使人们对所评论的时事有所认识，对其影响引起重视，或者提供对策供读者在工作中参考。

### 2. 经济评论的写作

经济评论的写法比较灵活，结构也不尽一致。主要有以下几项：

(1) 标题。标题主要有观点式、问题式和论题式。但无论哪一种，都要简洁生动，有针对性，能够引人思考。

(2) 开头。开头部分又称导语，与标题相对应，承上启下，主要内容就是简介时事，即简要介绍将要评论的对象。叙述应当简练，重点放在将要评论的内容上。对于一些已经是众所周知的事，也可以不去叙述。

(3) 主体。主体的内容是在简介的基础上对时事进行评论，找出事件、现象、观念之所以出现的原因，分析根源，讲清危害或影响，指明正确的方向。在评议中要依事而论、就事论理，不能脱离事实、空发议论，要透过现象看本质，恰如其分，适可而止。

(4) 结尾。结尾主要是呼应开头，提供对策。或给人以警示，或引发思考，或提出倡议，或给人以启迪。有些评论在主体部分把问题都讲清楚了，也就没有必要专门再加一个结尾。

### 3. 经济评论写作应注意的事项

(1) 要善于捕捉具有典型意义的时事。有些时事看起来很小，或者正处在萌芽状态，但却代表了一种趋势、一种观念。由于小，或者发展态势不明显，容易被人忽视，如果是消极的，发展开来，后果就较为严重了。所以，经济评论的作者要感觉敏锐，独具慧眼，及时地抓住那些具有典型意义的经济现象进行评论，做到评有所值。要注意防止单纯追求“新”“特”的“人咬狗才是新闻”的现象。

(2) 要掌握有关政策法规。要对国家有关的经济政策、法律、法规，包括地方法规、规章以及经济发展规划有所掌握。任何经济行为都要受国家政策法规的约束，都应符合国家的经济发展规划，违背了这个原则的经济行为就是消极的、有害的、应该限制的；相反，就是积极的、有益的、应该提倡的。如果对国家的经济政策和法律一无所知或者知之甚少，经济评论就缺少了一个重要的依据。

(3) 要抓住重点。经济评论不像经济论文那样运用逻辑推理的手段，从理论上去探究事物之间的内在联系，它只是就时事已经或可能产生的影响来警示人们。因此，不必面面俱到地去分析、推论，只“聚焦”自己认为重要的问题即可。根据具体的时事所反映出的问题，依事论理，或分析原因，或预测趋势，或指出影响，或提供建议等，可不必讲究因果联系，甚至可以直截了当地阐明自己的观点。

【例文】

### 新华网评：让经济增长更具有信心

人们对发展前景的坚定信心，来自新思想、新理念、新目标的有力指引，来自乘势而上的发展形势。从党的十九大到2018年全国两会，一系列政策安排推动中国经济转向高质量发展的图景越发清晰，让中国经济增长更具信心。

发展方向更加明确。今年的政府工作报告提出，2018年我国发展主要预期目标是，国内生产总值增长6.5%左右。这一安排，被认为充分体现了高质量发展的指向：紧紧抓住高质量发展这个要求，更加注重“效益”，更加注重“品质”，更加突出创新。从中国制造转向中国创造，从制造大国转向制造强国，从中国速度转向中国质量……中国经济正用新姿态，拥抱高质量发展的明天。

发展路径更加清晰。唯改革者进，唯创新者强。如果说以前主要是“铺摊子”，今后则主要是“上台阶”。推动高质量发展，要在质量变革、效率变革、动力变革上下苦功。用全面深化改革破解高质量发展短板，充分发挥人才是第一资源、创新是第一动力的作用，激发社会活力，加快从以要素驱动为主向以创新驱动为主转变，从而为高质量发展厚植根基、注入动力。

发展指向更加鲜明。再大的成就除以13亿人都会变得很小，再小的问题乘以13亿人都会变得很大，这提醒我们，民生无小事，民生连着民心。在医疗、养老、教育、文化、体育等多领域推进“互联网+”；发展居家、社区和互助式养老，推进医养结合，提高养老院服务质量；以更加有效的制度保护生态环境……政府工作报告把增进人民福祉作为高质量发展的出发点和落脚点，扎实推进，我们离美好生活的目标就会更进一步。

推进经济高质量发展的方向已定，政策措施都已在路上。在习近平新时代中国特色社会主义思想指引下，坚定不移推进高质量发展，我们一定能共同书写新时代的发展新答卷。

# 任务六　招标书、投标书

## 任务描述

学生依据前期任务成果自定义招投标情景，并完成相应的与公司产品相关的招标书和投标书。

## 学习目标

掌握招投标标书的定义、结构、内容和撰写要领，能根据现实情况的需要完成招标书和投标书的草拟。

## 任务导入

关统的公司经营一段时间了，整体经营情况还不错，在圈子里也逐渐有了一定的知名度。某一天一家公司给关统发来了一封邀请函，请他参与其公司供应商的竞标。关统非常心动，这可是一笔大生意，但是参与竞标的企业有好几家，怎么才能在竞争中夺标，标书是关键。什么样的标书才能帮助关统获得此次竞标呢？

## 一、招标书的概念和类别

### （一）招标书的概念

招标书又称招标通告、招标公告、招标启事，是公开发布招标信息，通过招标的方式来招人承包或承购的告示性文书。它在招标过程中提供全面情况，以便竞标方根据业主所提出的条件提前做好准备。同时在招标过程中，它起到统领全局的作用，指导招标工作按照一定的步骤有序展开。

### （二）招标书的类别

按时间划分，有长期招标书和短期招标书。按内容划分，有企业承包招标书、工程招标书、大宗商品招标书。按招标的范围划分，有国际招标书和国内招标书。

## 二、招标书的特点

1. 公开性。招标书是一种告知性文种，它要像广告一样，借助大众传播手段进行公开，从而利用和吸收全国各地乃至各国的优势于一家，以达到提高经济效益的目的。

2. 竞争性。招标书充分利用了竞争机制，它以竞标的方式吸引投标者加入，通过激烈的竞争以实现优胜劣汰，从而实现业主优选的目的。

3. 时间性。招标书要求在短时间内获得结果，因此具有时间的紧迫性。

## 三、招标书的结构

招标书一般由标题、招标号、正文和结尾四部分组成。

### （一）标题

一般有以下几种：一是由招标单位、项目和文种名称组成，如《湖北省高速公路招标书》；二是只写招标单位和名称，如《××大学招标书》；三是只写招标项目和文种名称，如《建筑工程招标书》；四是广告式标题，如《试试看，你行不行》；五是简明性标题，只写《招标书》或《招标说明书》。

### （二）招标号

标题下方一般应列出招标号。招标号一般由招标机构的英文缩写、编号两部分组成。如标题只有招标机构名称和文种名称，可在招标号下方标明招标项目名称。

### （三）正文

由引言和主体两部分组成。

#### 1. 引言

引言应写明招标的目的、依据、招标项目以及招标单位的基本情况等。文字要精炼，开宗明义。

2. 主体

主体是招标书的核心，通常采用横式并列结构，逐条写明招标的有关内容，力求详尽、具体、准确。这一部分必须具备如下几方面的内容。一是招标方式，说明是公开招标还是邀请招标。二是招标范围，说明是国际范围还是国内、省内、市内或是其他范围。三是招标内容及具体要求，如果是基层单位招标承包，应该写清地理位置、固定资产、流动资金、人员情况、经营情况等；如果是工程项目，须写综合说明。无论何种招标，都要写明承包者在承包期内要达到的各项指标。四是招标程序，写明招标、议标、开标、定标的方法和步骤，注明时间、地点。五是双方签订合同的原则，明确双方的权利和义务。六是其他事项，一般指上述内容未尽事宜。

(四) 结尾

要详细而具体地写清楚招标人名称、招标通告发布的日期。同时还要注明招标单位的地址、电话、电报挂号、传真、邮政编码、联系人等，以便投标者参与。

## 四、写作招标书应注意的问题

(1) 招标书的写作要求周密严谨。它不但是一种“广告”，而且也是有一定法律效应的文件。因此在从事这一文体写作时，内容要具备较强的逻辑性，要有条有理，有依有据。条款的罗列明确具体。措辞要严谨周密，注意标点要准确。

(2) 招标书一般内容比较丰富，但在写作时，切忌长篇大论。只要把所要讲的内容简要介绍、突出重点即可。

(3) 注意礼貌。招标书涉及的是交易贸易活动，要遵守平等、诚信的原则。要求措辞诚恳，语气平和，尽量避免带上个人主观色彩。

【例文】

### 安徽工商职业学院台式计算机招标书

为满足我校教学工作需要，经学校研究同意，准备购置一批计算机。现将需求及相关事项明确如下，欢迎各设备生产企业或代理商积极投标，参与我校建设。

一、设备需求详见：附件 1《计算机需求及配置清单》

二、质量保证及售后服务要求

1. 学校要求投标公司提供的所有产品必须符合国家相关技术标准，同时为原装正品，进口设备须提供报关单等证明。

2. 要求投标公司对本批计算机等设备免费上门保修三年以上，且所有设备由中标公司提供终身维修；质保期后，不收上门费，只收取零配件成本费，出故障 24 小时内到场并解决。投标公司需在“售后服务承诺”中提供详细质保说明及优惠承诺。

三、对投标单位的要求

1. 必须具有独立法人资格、经过年审的有效的工商营业执照、税务登记证书(提供相关复印件)。

2. 具有所投标设备生产厂家的授权委托书和服务资质。

3. 文明经商、诚信经营、有良好的商业信誉。

4. 所提供的产品性能可靠、质量优良。

5. 有稳定的维修技术队伍，确保售后服务承诺能圆满兑现。

四、投标方案要求

1. 投标单位须提供有效的工商营业执照、税务登记证书及相关资质复印件。

2. 投标单位须提供公司简要介绍和主要项目业绩(以合同复印件为证)。

3. 售后服务：投标单位须提供详尽的、切实可行的质保、售后服务承诺书。

4. 投标书一式二份，密封并加盖单位公章。

五、交货时间及地点

签订合同后20个工作日内将设备送到安徽工商职业学院内，具体地点由学校确定。

六、学校付款条件

需方不支付预付款。所有设备安装调试完毕后，十个工作日内学校组织验收；经验收合格后需方支付货款金额(按合同)的 90%；无遗留问题的情况下，余款(货款的10%)在今年十二月底前付清。

七、投标、评标相关事宜

1. 2016年10月8日-10月12日，投标单位可在合肥市政府采购网免费下载标书，也可在安徽工商职业学院资产与实验设备管理处网页免费下载标书(网址：http://gzchu.ctbu.edu.cn/)，电话：0551-62769774。

2. 投标书两份(一正一副)，应作妥善密封，加盖骑缝章，于2016年10月13日9:00—11:30送交安徽工商职业学院监察处(双凤新校区行政楼，0551-62769741)，过时视为弃权。

3. 评标办法：由学校评标小组根据投标企业的资质、投标品牌、销售业绩、报价、售后服务承诺等综合因素进行评标。可根据需要，对投标单位进行排名，考察后最终确定中标单位。

4. 中标单位在签订合同时须向学校财务中心交纳评标、考察、验收等费用，共计1500元。

八、联系电话

监察处：0551-62769741　　资产与实验设备管理处：0551-62769774

安徽工商职业学院资产与实验设备管理处

2016年10月7日

**附件1:**

计算机需求及配置清单

| 序号 | 设备名称 | 规格型号或技术参数 | 数量 | 推荐品牌 |
|---|---|---|---|---|
| 1 | 计算机 | E7400/Intel G41/2GB DDR3 1066MHz/SATA2 接口 7200rpm 320GB/DVD 刻录光驱/集成显卡、集成声卡/网卡 100Mbps/19 寸 LCD 宽屏/USB 键盘/光电鼠标 | 50 | 联想、DELL、惠普等 |
| 2 | 计算机 | E5400 双核/内存：2GB DDR3/硬盘：320GB SATA/光驱：16×DVD/独立显卡 8400 以上/集成声卡/19 寸 LCD 宽屏/USB 键盘/光电鼠标 | 50 | 联想、DELL、惠普等 |

(续表)

| 序号 | 设备名称 | 规格型号或技术参数 | 数量 | 推荐品牌 |
|---|---|---|---|---|
| 3 | 计算机 | E5400 双核/内存：2GB DDR3/硬盘：320GB SATA/光驱：16×DVD/集成显卡、集成声卡/19 寸 LCD 宽屏/USB 键盘/光电鼠标 | 50 | 联想、DELL、惠普等 |
| 合计 | | | 150 | |

【点评】招标书的主要目的是通过宣传和发布信息寻找优秀的合作者。本文是一篇具有代表性的招标公告，说明了招标的内容、方法和期限，言简意赅，紧扣主题。

## 五、投标书的概念

投标书又称投标函、申请书或标书，是投标者对招标书的回答，是投标人按照招标书中规定的条件和要求，向招标单位提出自己投标意向的书面材料。

## 六、投标书的特征

(1) 投标书最突出的一个特征就是它的针对性。从其定义我们就可以清楚地看到，投标者为达到自己承包或承购的目的，一定要以招标单位所提出的各项要求为依据，展示自己的实力优势。不可漫无边际地随意去写，而应严格按照招标书中的内容条款，有针对性地安排投标的内容。

(2) 投标书具有竞争性。投标人均以竞标成功作为自己最终的目的，而招标单位只能选择其一，这就要求投标书中竞争意识的强化。充分展示自己的实力和优势，才能在竞争中脱颖而出。

(3) 投标书具有严格的法律约束力。投标书和招标书一样，均为日后签订承包合同提供了原始依据，它本身必须是在法律许可范围之内的。而它的条款一经写入投标书中，就具备了严格意义上的法律约束力，投标人应完全按照其拟定的各项经济指标进行工作。

## 七、投标书的结构

投标书一般由标题、送达单位称呼、正文、结尾和附录五个部分组成。

### (一) 标题

标题大致有三种情况：一是直接写文种名称“投标书(函)”；二是由投标项目名称和文种名称两部分组成；三是由投标人名称和文种名称两部分组成。

### (二) 送达单位称呼

国内招标时投标书的送达单位可在标题下顶格写上招标单位全称。国际招标时应按国际惯例分为三行：第一行顶格写招标人名称，并在招标人名称前加“致”；第二行空两格写招标人地址；第三行顶格写“先生们”或“诸位先生”，后加冒号。国内招标时投标书送达单位也可按国际惯例写。

### (三) 正文

1. 开头

写明投标书所应对的招标项目的名称、招标号，投标人正式授权的签字人的姓名、职务，签字人所代表的企业及投标人的名称和地址。

2. 主体

主体一般包括两方面内容：一是所提交的投标文件；二是投标人表明态度即表明承诺的内容。不同的招标项目，投标人所提供的文件也不一样，应视招标文件的规定提交哪些文件，并注明提交文件的正本、副本的件数。投标书上以投标的具体情况确定需要的内容，一般包括：①总报价及结算币种。②如果是工程项目投标，应写明开工、竣工日期；如果是商品采购投标，应标明保证按合同规定履行义务。③如果没有提供投标保证金、投标保函，应标明投标者所持的态度。④写明本投标书的有效期限。⑤对招标人不一定接受最低标价或其他任何可能受到的投标所持的态度。按惯例，一般是表示理解。⑥其他承诺内容。

### (四) 结尾

写明投标单位名称和投标书发出日期，加盖投标单位印章，并由受权代表签名盖章。同时应写明投标人的地址、电话、电报、传真、邮政编码等内容，以便联系。有的投标书将投标人的通信情况列为主体部分最后一条内容。

### (五) 附录

情况不同，具体材料不尽一致，如建设工程施工项目投标文件中的投标保证金、银行保函、法定代表人资格证明书和授权委托书等。

【例文】

**投标书**

致：

根据____________________________项目(采购编号：____)招标文件的要求，我投标人正式授权下述签字人肖峰(姓名)代表投标人(投标单位名称)和投标人法定代表人、本项目项目经理，提交投标文件 1 套(正本 1 份，副本 2 份)。

根据招标文件的要求，遵照《中华人民政府采购法》《中华人民共和国招标投标法》《静海县政府采购实施细则》等有关规定，我单位经研究接受招标采购单位招标文件提出的各项条件，有关内容分述如下：

经考察现场并仔细研究了上述工程的招标文件、图纸及相关资料全部内容后，我方愿以最终报价人民币(大写)壹佰玖拾肆万贰仟肆佰捌拾元(小写 1942480 元)的总价，并按上述招标文件、图纸及相关资料的条件要求承包上述工程的实施，完工和维修。其中文明施工费 17318 元。

一旦我方中标，我方保证按照招标文件规定的开工日期即：____年__月__日开工至

2014 年 4 月 1 日，共计__天(日历日)内竣工并交付全部工程。工程质量达到国家施工验收规范合格标准。

如果我方中标，我方将按照规定提交履约担保。

我方的金额为人民币壹万元的投标保证金(现金)与本投标文件同时递交。

我方同意本投标书在招标文件规定的投标有效期截止前一直对我方有约束力，且随时按此投标书中标。

投标人同时宣布同意如下：

1. 已详细审阅招标文件，将严格按照本项目招标文件的规定参与本次招标活动，保证报价文件不偏离招标文件的规定。

2. 同意投标文件具有法律约束力，报价如被确定为中标报价，保证按招标文件的规定与采购人签订合同。

3. 保证所提供所有资料的真实性和有效性，并同意随时按要求提供可能另外要求的与投标有关的任何证据或资料。

4. 保证如被确认为成交人，能够严格按照与采购人签订合同的规定及时完成各项工作，并满足采购人其他的合理要求。

5. 无条件地、不可撤销地保证向采购代理机构支付总额人民币壹万元(￥10000 元)的投标保证金，承诺如有下列情形之一时，采购代理机构有权不予退还：

(1) 开标后，我方在投标有效期内撤回投标；

(2) 提供虚假材料谋取中标；

(3) 在收到中标通知后，我方未能按中标通知书规定的时间和地点与采购人签订合同。

投标人概况如下：

单位名称(公章)：

单位地址：

法定代表人签章：

投标代理人签章：

项目经理签字：

联系电话：

签发日期：2013 年 10 月 17 日

**【点评】**投标书主要是投标单位对招标单位所做出的承诺。本文首先交代了对招标的态度，说明了招标文件的构成，最后做出了具体的承诺，格式严谨，语言得体。

# 项目二

# 财经法律文书

## 项目描述

现今社会是法制社会，各项法律、法规对所有公民和合法组织来说既是约束行为的框框，同时也是保护自己最重要的武器。创业企业想要更好地保护自己，就必须能够拿起法律、法规这把利剑，财经法律文书就是我们执剑之手。本项目要求学生掌握财经法律文书的写作要领，草拟创业过程中的财经类法律文书。

## 任务一　条　　据

### 任务描述

学生需根据前期任务成果，自定义情景，完成以创业公司为主体的说明性条据和凭证性条据各一。

### 学习目标

掌握条据的定义、分类、结构、内容和撰写要领，能根据具体情况选择正确的条据，并能撰写相应的正确条据。

### 任务导入

关统的创业公司已经开始运营，企业运营中琐碎的事情太多，为了公司活动的有序，责任的明确，条据这一具有法律效力的小文书的运用是必不可少的，但是条据有很多种，不同的条据所能起到的作用各不相同，什么情况下用什么样的条据合适，条据如何撰写才能真正起到其应有的作用，这都是需要非常注意的问题。

### 一、条据的内涵

#### （一）什么是条据

条据是单位或个人在处理日常临时性事务或发生账目往来时常用的一种书面凭证。

它通过书面形式把临时要告诉别人的某件事写成简便的条子(便条)，或者在交接钱物时写成书面文字作为凭证(单据)。这种便条和单据合称为条据。

### （二）条据的作用

条据是一种用途十分广泛的应用文体。如因事、因病不能上学，必须事先告诉学校和老师，这就要写假条了。去访问朋友，他不在家，也没别人帮助通知朋友，这时就可以写个留言条，说明你来了，请朋友回来后主动与你联系。托别人帮你办什么事情也可以写留言条。至于凭证性的便条，如收条、借条、领条等，更有据约性质，不会写不行，写得不符合格式也不行。因为这类凭据性的便条一旦写好交给别人，自己就要负责任，便条也就具有法律效应。不会写收条，别人不会把钱、物交给你；不会写借条，别人不会把东西借给你；不会写领东西的领条，别人也不会让你把东西领走。因为他没凭据，他就得负责任。

条据的作用体现在以下两个方面：

1. 留作凭证和证明。
2. 传递信息、陈述理由和说明要求。

### （三）条据的特点

#### 1. 内容明确客观

条据的内容所反映的都是工作生活中严肃认真的事，因此必须客观确凿，不能无中生有，不能弄虚作假。

#### 2. 语言简洁明了

条据的语言表述不求精彩华丽，以将内容表达客观明确为原则，所以简洁明了是条据写作的最基本要求。

#### 3. 书写严谨无误

条据中会涉及事情的缘由、钱财名称和数量、立据时间等诸多要素，因此不能有丝毫差错。

### （四）条据的分类

条据可分为两大类：一类是说明性条据，如请假条、留言条等；另一类是凭证性条据，如借条、收条、领条、欠条等。

## 二、说明性条据

### （一）什么是说明性条据

一方向另一方说明事实、陈述请求或交代事情所写的简单便条，叫说明性条据。

### （二）说明性条据的种类

说明性条据主要分为请假条、留言条两种。因事或因病不能出勤，向学校、单位或组织请求给予假期的便条，是请假条。因故不能面谈而将有关事项简要地写下来告知对方的便条，是留言条。

### (三) 说明性条据的写作

1. 标题

标题在第一行居中用较大字体书写文种名称。一般人们在写请假条、留言条时，使用标题，即在正文上方中间写上“请假条”或“留言条”等字样。

2. 称谓

称谓即收文对象的姓名及称谓。不同的对象，不同的称谓，以保证礼貌。在标题之下另起一行或在第一行顶格书写收条者的名称，后加冒号，如“××老师：”。

3. 正文

正文是说明性条据的核心部分，说明性条据的正文写的是需要说明和告知的事项。在称谓之下另起一行空两格开始书写，叙述简明扼要、具体完整。

4. 结语

如果需要，可以在正文后面酌情写上结语。内容写完后，可视具体情况写下“谢谢”“敬礼”“特此拜托”等礼貌性的话语，也可不写。

5. 落款

落款包括署名和写作日期两项。署名写在正文右下方，署名的方式视写给的对象而定。署名的下方还要写明具体的成文日期，可以只写月日。

【例文】

**请假条**

××老师:

我因昨天感冒发烧，现在体温仍达39摄氏度，故需要在宿舍休养，不能到教室上课，特此请假一天。敬请批准。

此致

敬礼

学生：李×

××××年×月×日

(附校医院诊断证明)

**留言条**

刘××:

今晚 7: 00，我来你宿舍找你商谈学院文学社近期活动的事，恰好你外出未归，请你明天下午 4: 00 到学生会办公室，我们再面谈事宜，静候。

经管学院：张×

×月×日晚

## 三、凭证性条据

### (一) 什么是凭证性条据

人们在日常生活中借出或收到钱款、物品时，用文字说明借、欠、收、领等既成事实，交给对方作为依据，这种条据叫凭证性条据。

### (二) 凭证性条据的种类

#### 1. 借条

借条是指借个人或公家的现金或物品时写给对方的条子。钱物归还后，打条人收回条子，即作废或撕毁。它是一种凭证性文书。通常用于日常生活以及商业管理方面。如果没有借条，别人就能赖账或者违约。

#### 2. 收条

收条是收到个人或单位送到的钱物时写给对方的一种凭据性的应用文。收条也称收据。收条也是日常生活中常见的一种应用文样式。收条适用于 3 种情况：一是原来借钱物或欠钱物一方将所欠、借的钱物还回时，借出方当事人不在场，而只能由他人代收，如果当事人在场，则不必再写收条，而只把原来的欠条或借条退回或销毁即可；二是个人向单位或某一团体上缴一些有关费用或财物时，对方需要开具收条，以示证明；三是单位和单位之间的各种钱物往来，均应开具收条。当然，在正式的场合下，一般都有国家统一印制的正式的票据，这属于另一类情况。收条的种类一般来讲有两类：一类是写给个人的收条：另一类是写给某一单位的收条。单位出具的收条通常是由某人经手，而以单位的名义开具的。

#### 3. 领条

领条指领取物品的个人或单位的一种文字根据，它是在发放和领取物品的过程中，经常使用的一种凭证性文书。

#### 4. 欠条

欠条是由于所借财物到期未能归还，收回原借条后，另向对方书写的其余所欠财物数量和归还时间的文书。欠条和借条有所不同，前者是在已还清一部分所借财物基础之上，另外书写的约定归还的证明性文书，后者是指初次借出时所写的证明性文书。

### (三) 借条的写作

#### 1. 标题

标题写于条据正上方居中，即“借条”。

#### 2. 正文

正文写明需要证明的事项。借条不需要写收条人称谓，正文一开始用“今借到”等固定用语表明条据性质，然后具体写清楚财、物的数量，以及相关时间要求等内容。最后还可以由“此据”一词作为尾语结束，有时也可省略。

注意事项：

(1) 一定要本人签字，本人书写全文。如果借条内容是他人书写的，最后落款是本人亲笔签名，是具有法律效力的。如果是他人恶意添加了部分，而有自己的签名，也有法律效力，但是你可以证明是他人伪造的。因此，一定要在格式上把握好，不要给他人可乘之机。

(2) 涉及数字部分，最好用大写。有小写而没有大写，大小写不一致，数字前头有空格，小数点位置不准确等，这些都便于持据人添加数字或修改，进而引发纠纷，如“货款计拾捌万元人民币(180 000 万元)”，此为常见之失误；阿拉伯数字末尾加个零，数额会骤然巨变。

(3) 借条写好后最好是复印一份，原件和复印件分开保管，这样即使原件不见了还有复印件以说明情况。

(4) 语言表达精确，避免歧义。例如，“还欠款人民币壹万元”，既可以理解成“已归还欠款人民币壹万元”，也可以理解成“仍欠款人民币壹万元”。这里的“还”字既可以理解为“归还”，又可以解释为“尚欠”。根据民事诉讼法相关规定“谁主张，谁举证”，如果不能举出其他证据证实对方仍欠其 10 000 元，其权利不会得到保护。

(5) 还钱时要当场索回借条。若对方将借条遗失或一时找不到，则应让对方当场写下收条，证明钱已归还。

**3. 落款**

当事人姓名写于正文后，另起一行右下角处。必要时需要加盖公(私)章，以示负责。

**4. 日期**

成文日期位于落款人姓名的下方。年月日要写齐。

**借　条**

今借到华硕笔记本电脑一台，五月一日之前归还。此据。

借物人：张××

××××年×月×日

**(四) 收条的写作**

**1. 标题**

标题写于条据正上方居中，即“收条”或“收据”。

**2. 正文**

收条正文应包括 5 个要件：“今收到”“现收到”等固定用语；交纳人；收取人；交付内容(钱物的数量、物品的种类、规格等情况)；交付时间。数字最好用大写。收条写作“务去陈言赘语”，该说则说，越简越好。

**3. 落款**

收财物人姓名写于正文右下角，是某人经手的一般要在姓名前署上“经手人：”的字样，单位要加盖公章；是代别人收的，则要在姓名前加上“代收人：”的字样。

4. 日期

成文日期位于落款人姓名下方。

注意事项：在写收条时，务必清点好所收到的物品钱款的具体数额，做到准确无误、不出差错。是替别人代收的，应在题目使用“代收到”字样，在文尾署名时用“代收人”3个字。收条的语言一般较为简单，篇幅往往短小精悍，不涂改。数目要大写。

【例文】

代收条

今收到交通大学出版社赠书(《新编应用文体写作》)贰拾册。此据。

代收人：××

××××年×月×日

收条

今收到××市旅游局“博爱一日捐”活动善款伍万元整。

××省红十字协会

经手人：王××

××××年×月×日

(五) 领条的写作

1. 标题

标题写于条据正上方居中，即“领条”。

2. 正文

正文写明需要证明的事项。包括开始用“今领到”“现领到”等固定用语表明条据性质，然后具体写清楚财、物的数量。

3. 落款

收财物人姓名写于正文右下角。个人领取的则写上个人的姓名，落款处一般需要加盖公章和私章。

4. 日期

成文日期位于落款人姓名下方。

注意事项：领条上应如实记录所领取的钱物的数量和品种，领取钱物要当面点清。领条所列的数字要求大写。领取钱款时，要在数字后面加个“整”字，如“陆佰圆整”，以免被别人添加文字。

【例文】

领条

今领到办公用品：签字笔14支、笔记本电脑7台、打印纸1箱。

领取人：×××

××××年×月×日

### (六) 欠条的写作

#### 1. 标题

标题一般在正文上方中间以较大字体写上“欠条”两字。

#### 2. 正文

欠条的正文包括债权人、债务人、欠款内容以及归还时间，当然还包括签名及签名时间等内容。

注意事项：

(1) 钱款数字要大写。欠条是付还欠物、欠款或索要欠物、欠款的凭据，书写时不可潦草从事，要字迹清晰，不可涂改。若不得不改动，则需要由改动方在改动处加盖公章(私章)或个人签名。同时要妥善保存，以防丢失。

(2) 不要把“欠条”变为“借条”，有些公司拖欠民工工资，向民工出具“借条”，而非公司拖欠工资的“欠条”，如此，一字之差，劳资纠纷瞬间转变成民事借贷纠纷，民工对于企业长期拖欠工资的行为，便难以到劳动仲裁部门举报、申诉，只能向法院起诉。

(3) 数字用大写。

(4) 最后以“特立此据”或“此据”结尾。

#### 3. 落款

落款要署上欠方单位名称和经手人的亲笔签名，是个人出具的欠条，则需要署上欠方个人的姓名。

#### 4. 日期

欠条的日期位于落款单位、个人姓名的下方。单位的欠条要加盖公章，个人的欠条要加盖私章。

【小故事】

### 条据中标点符号的妙用

从前有个地主，为人吝啬。他希望自己的孩子长大后有出息，却又不肯给教他孩子的老师吃喝。因此，谁也不愿意到他家去当老师，地主很着急。这时，当地一个很有教学经验的秀才却主动找到地主门上，表示愿到地主家当老师。地主说：“先生，我没好饭菜招待您。”

秀才说：“行。”地主又说：“先生，您是名老师，听说每学期要收学费30两银子，我却没钱给您。”秀才说：“行。我不要你招待我吃鸡鸭鱼肉，也不用你交30两银子的学费，豆腐白菜总该有的吃吧。”地主连连点头说：“有，有。先生，就按您答应的，您给我写个字据吧。”秀才点头，提起笔写道：

无鸡鸭也可无鱼肉也可豆腐白菜不可少不得要学费银子30两。

××秀才<br>××××年×月×日

地主拿起纸条，看了一眼，害怕秀才反悔，赶紧叫人收到屋里去了。一学期快结束时，秀才就摔碟子打碗，嫌顿顿吃豆腐白菜都把身体吃垮了。地主一听，从柜子里拿出便条，跑到书房，对秀才说："先生，您可不能反悔。您写了字据哩。"秀才说："我写了什么字据？"地主拿出字据，秀才接过去，手持毛笔，边念边点标点：

无鸡，鸭也可；无鱼，肉也可；豆腐、白菜不可。少不得要学费银子30两。

××秀才

××××年×月×日

秀才念完，地主可傻了眼。只好杀鸡、杀鸭、蒸鱼、炖肉，招待先生，还交了学费银子30两。

# 任务二　合　　同

## 任务描述

学生需根据前期任务成果，自定义情景，草拟一份以创业公司为主体的销售合同。

## 学习目标

能掌握合同订立的最基本原则，以及合同的格式、内容、结构和撰写方法，并能正确地草拟合同。

## 任务导入

经过前期努力，终于有客户对自己的产品感兴趣，经过前期的洽谈，该客户已透露出购买关统公司产品的意向，公司上下为了这个好消息激动了很久，但是激动之余还是需要冷静下来对待此次销售，万一客户不认账，产品备好他们却不要了怎么办？万一东西给他们了他们却迟迟不结款怎么办？一大堆的万一在关统他们心中萦绕。在这个法制社会，人们需要拿好法律武器来保护自己，一份合同可以让法律维护我们的正当权益。一份具有法律效力同时能够最大限度维护企业利益的合同该如何撰写？

## 一、合同的概念和特点

### (一) 合同的概念

合同是平等主体的自然人、法人、其他组织之间设立、变更、终止民事权利义务的协议，其概念要点有以下三个方面：

1. 合同是平等的当事人之间的协议。协议的内容体现了债权债务关系，该债权债务关系在当事人之间进行变动(如设立、变更、终止等)，这就是合同的基本含义。

2. 合同法适用于平等主体的公民、法人、其他组织之间的协议。在民事活动中，当事人的地位都是平等的，没有上、下级之分，也没有领导与被领导之别，尤其应当防止行政干预。

3. 新合同法规定了三类合同当事人：其一是自然人，即公民；其二是法人，即具有民事权利能力和民事行为能力，依法独立享有民事权利和承担民事义务的组织；其三是其他组织，即非法人的组织，如法人的分支机构、私营企业、非法人社会团体、个体工商户等。

### (二) 合同的法律特征

#### 1. 合同的主体特征

经济合同的主体是法人，其必须具备的条件是：①必须依法成立，并且是通过国家认可的一定组织，有自己的名称、组织机构和场所。所谓依法成立，包括依命令、依准许、依准则成立。所谓依命令，是指依国家机关的命令而成立的。如中国的全民所有制的工商企业等；依准许，是指通过工商行政管理部门批准发证的集体企业、个体企业等；依准则，是指按照法律或章程规定的某种条件而取得法人资格的，供销社即属此类。②法人必须有统一的组织形式或管理机关。包括委员会、代表大会、董事会等集体性的组织管理机关，也包括厂长、经理、主任等单一性的组织管理机关。③法人必须有独立的财产。这种财产，既不能混同于国家或集体的总财产(如固定资产)，也不能混同于其成员的个人财产。法人的财产，应根据法律章程或协议的规定，严格地加以限定。法人的财产必须能够独立核算、自负盈亏，能独立支配自己的活动资金，进行民事活动。要力争盈余，要承担亏损责任。④必须有独立的权利能力、行为能力和责任能力。能够用自己的名义享受权利和承担义务，并能独立地进行诉讼活动。作为企业，它必须具备生产手段和经营条件，能独立经营核算，能对外承担财产责任。

#### 2. 合同双方的行为特征

合同不但要求双方协商拟订，意见一致后方能签订，而且还要求反映生产流通领域中的经济关系。这种经济关系就体现为权利义务的法律关系。这种权利义务关系受到国家法律的保护，任何一方不履行合同所规定的义务都要承担一定的法律责任。正是这种双边法律行为特征决定了合同不同于单边法律行为特征、行政行为特征和道德行为特征。

#### 3. 合同的法律事实特征

合同一旦成立，就成了一种法律事实。这表现在：①在当事人之间形成一种法律上的权利义务关系。如出租房屋，合同一旦成立，一方必须将房屋交给另一方使用，这是义务。同时，这一方又有权按时收取租金，这便是权利。②变更当事人之间的权利义务关系。订立合同的当事人双方，只要一致同意，又可以变更这一合同，形成一种新的法律事实。③终止当事人之间的权利义务关系。如租用房子一方忽然接到调动通知，于是向房主提出终止合同，双方取得一致，于是又形成另一种法律事实——解除或终止了双方的权利、义务关系。基于此，一旦发生合同纠纷，首先要确定的就是在当事人之间是否存在依法成立的合同关系。有否依法的合同，是处理合同纠纷时最基本的事实根据。

#### 4. 合同当事人法律地位平等的特征

当事人法律地位平等，这是当事人进行商品交换的基础，也是双方当事人进行协商的基础。

#### 5. 合同的目的特征

合同是为了实现一定的目的而达成的协议。所谓目的，通常是指法人之间、法人与个体户之间、个体户之间，为满足扩大再生产和满足社会需要而转移产品、完成工作和提供劳务的意愿，而不是个人为满足自身消费需要而购买生活必需品的动机。

6. 合同的书面特征

一般来说，合同都必须具备书面形式。因为合同的标的大多数都是大宗的生产资料或生活资料，品种、数量往往很多，价款金额往往很大，标的支付也往往要分期进行。为保证合同当事人双方的合法权益，为确保一旦发生纠纷时有据可查，除即时结清的合同外，其他合同均应采用书面形式。

## 二、合同的作用和种类

### （一）合同的作用

依法签订的合同，其作用如下。

1. 保护合同当事人的合法权益

合同当事人是参与社会经济活动的主体，通过自身的合法行为，取得合法权益，应受到法律的保护。法律被创制的目的之一即是保护合法权益和制裁违法的行为。合同当事人在平等、协商一致的基础上通过依法订立合同而取得的财产权、租赁权，享受一定的服务权、获得劳动报酬权等，均受到合同法的保护。

2. 维护社会经济秩序

正常的社会经济秩序不容侵犯，应受到法律保护。这与保护合同当事人的合法权益是相辅相成的。没有一个良好的社会经济秩序，合同当事人的合法权益就不会得到很好的保护；同时，合同当事人的合法权益保护得好，也会促进社会经济秩序的良性发展。

3. 促进社会主义现代化建设

进行社会主义现代化建设是我国目前最紧迫的任务，一切法律、法规的制定，一切合同的生效、履行、变更和解除，都应从这个总的目标出发。不仅在经济领域的合同法是如此，进行横向联系，连接产、供、销各个环节的合同行为，更是如此。

### （二）合同的种类

合同的类型是按一定标准对合同进行分类的结果。采用不同的标准，可以对合同进行不同的分类。其意义在于，通过分类使我们掌握同一类合同的共同特征及共同的成立、生效条件等，在合同法理论中有多种合同分类标准，这里只叙述其中常见的几种。

1. 有名合同与无名合同

根据法律上是否规定了一定合同的名称，可以将合同分为有名合同与无名合同。

有名合同又称典型合同，是指法律上已经确定了一定的名称及规则的合同。我国合同法规定的 15 种合同，如买卖合同，供用电、水、气、热力合同，赠与合同，借款合同，租赁合同，融资租赁合同，承揽合同，建设工程合同，运输合同，技术合同，保管合同，仓储合同，委托合同，行纪合同，居间合同等都是有名合同。

无名合同又称非典型合同，是指法律上尚未确定一定的名称与规则的合同。根据“合同自由”原则，合同当事人可以自由决定合同的内容。

有名合同与无名合同的区分意义在于两者适用的法律规则不同。对于有名合同的订立，当事人可以参照法律的有关规定，在合同发生争议时，法庭或仲裁庭亦应按照法律的有关规定裁判。对于无名合同，法律未作具体规定，其成立、生效及纠纷的解决，除适用民法关于民事法律行为和合同的一般规定外，可以就当事人的意思及合同的目的，类推适用与之类似的有名合同的法律规定。

### 2. 要式合同与不要式合同

根据合同是否应以一定的形式为要件，可将合同分为要式合同和不要式合同。

法律要求必须具备一定的形式和手续的合同，是要式合同。反之，法律不要求必须具备一定的形式和手续的合同，称为不要式合同。在我国现行法律中，所谓要式合同，包括法律规定应采用书面形式的合同，以及要求鉴定或公证的合同，另有少数法律要求必须经过有关国家机关审批的合同。

有的要式合同不具备法定形式则合同不成立。合同法规定："依法应当由国家批准的合同，只有获得批准时，方为合同成立。"

### 3. 诺成合同与实践合同

根据合同当事人于意思表示之外是否以交付标的物为标准所做的分类，可将合同分为诺成合同与实践合同。诺成合同是双方意思表示一致即成立的合同，即"一诺即成"的合同。这种合同双方意思表示达成同意合同立即成立，而不需要具备其他形式和手续，也不需以物的交付标的物为成立条件。实践合同则是指于意思表示一致之外还需交付标的物为成立条件。实践合同也称要物合同。传统意义上，买卖、租赁、雇用、承揽、委托等属于诺成合同，借用、供货、保管、运送等属于实践合同。

诺成合同与实践合同的区分，其意义在于决定合同的成立。诺成合同自双方当事人意思表示一致时起，合同即告成立；而实践合同则在当事人达成同意之后，还必须由当事人交付标的物和完成其他给付以后才能成立。

### 4. 双务合同与单务合同

依合同当事人双方是否互负义务，合同可分为双务合同和单务合同。单务合同是指仅有一方负担义务，而他方不负担义务的合同。例如在借用合同中，只有借用人负有按约定使用并按期归还借用物的义务。双务合同是当事人双方互负义务，旨在使他方当事人因此负有对其履行的义务，或者说，一方当事人所享有的权利即为他方当事人所负担的义务。例如买卖、租赁等合同均为双务合同。

区分单务合同与双务合同，其意义在于合同的履行而不是成立。一方面，双务合同有同时履行抗辩权的效力，单务合同则无此效力。所谓同时履行抗辩权，是指双务合同的当事人一方在他方未为对其履行前，有权拒绝自己的履行。一方当事人只有在自己已经履行或者已提出履行以后，才能要求对方当事人向自己履行义务；反过来说，在对方未为对其履行或未提出履行以前，也可以拒绝对方的履行请求。另一方面，双务合同有风险负担的分配问题，例如当事人一方因不可抗力不能履行，可解除合同；对方如已履约，则应将所得利益返还。而单务合同则没有对等给付及返还的问题。

### 5. 有偿合同与无偿合同

以当事人之间权利义务是否互为对价，可以划分为有偿合同与无偿合同。双方当事人各因给付而取得对价的合同为有偿合同；当事人一方只为给付而未取得对价的合同为无偿合同。买卖、租赁、承揽等为有偿合同，赠与、借用等为无偿合同。

### 6. 主合同与从合同

根据合同相互间的主从关系，可将合同划分为主合同与从合同。主合同是指不需要其他合同的存在即可独立存在的合同；从合同是指以其他合同的存在为存在前提的合同。例如，保证合同与设立主债务的合同之间的关系，主债务合同是主合同，相对而言保证合同即为从合同。从合同的主要特点在于其附属性，它必须以主合同的存在并生效为前提。主合同不能成立，从合同就不能有效成立；主合同转让，从合同也不能单独存在；主合同被宣布无效或撤销，从合同也将失去效力；主合同终止，从合同亦随之终止。

## 三、签订合同的程序

签订合同的程序是指当事人之间通过充分协商而订立合同的具体过程。这个过程大体分成要约与承诺两个阶段，涉及四个方面的内容。

### （一）要约

要约是指当事人一方就订立合同的主要内容，向另一方提出的建议。就要约的一方而言，必须是依法成立的能独立施行民事行为的法人，或有行为能力的自然人。要约人也就是合同的一方当事人。就协商而言，要约必须传达到要约的另一方当事人，是相对于另一方而言的。要约在没有得到对方的承诺之前，就不能发生效力。同时，要约的条款必须是合同的必要条款，只有这样，才能具体进行协商，而且一旦对方承诺，就可以宣告合同成立，就必须遵照执行。

要约一旦送达受约人，在法律或者有关规定的有效期内，要约人不得撤回或者变更要约的内容。因为撤回或变更要约内容则可能使对方放弃其他要约而由此蒙受损失。如确实因此而给对方造成损失，要约方应负赔偿责任。要约送达受约人后，如遇有下列情况之一，其法律效力便自动丧失，从而要约人不再受到它的约束：①被受约人拒绝。受约人如不能全面接受要约提出的具体条款，包括要求部分接受，要求个别修改、变更，都应视为拒绝要约。这时，可以继续协商，也可以终止协商。②要约的有效期满，受约人虽未表示拒绝，要约也自动失效。③在要约尚未送达受约人之前，或就在要约送达的同时，要约人的变更通知也送达受约人，这时，要约也自动失效。④在要约的有效期内，要约的标的物被毁损灭失，客观上使要约人无法履行原来的要约，要约自然失效。但此时，要约人应将上述情况及时告诉受约人，否则，要赔偿受约人因接受要约而受到的损失。⑤由于法律或政策的修改，原要约由合法变成了违法，要约即自动失效。⑥要约的一方当事人破产、转产或死亡，或丧失民事行为能力，要约便自动失效。但继承人或对方企业的代表人应将上述情况及时告诉受约人，否则，应当赔偿受约人因接受要约而造成的损失。⑦口头要约，对方不即时承诺，要约便自动失效。

### （二）承诺

承诺是受约人同意要约的表示。对要约做出承诺的人称为承诺人。承诺应具备的条件是：①承诺必须对要约的内容完全同意，或者说，须对要约的条款表示完全的接受。因此，承诺是双方达成合同的最后阶段。一方要约，一方承诺，合同即告成立。②承诺须由受约人本人做出。如要约方是采用书面形式，则承诺方要在要约书上加盖公章或专用章，由代表人签字，并写明承诺日期。③承诺要对要约人提出，而不能对第三者提出。对其他任何个人或组织提出承诺，都不能发生效力。④承诺必须在要约的有效期内提出。口头要约，受约人要立即承诺方为有效。⑤对于延迟和迟到的承诺，要约人有权承认，也有权拒绝。所不同的是：要约人如果拒绝迟到的承诺，一定要将拒绝的通知告知承诺人。如果迟到的承诺人没有得到拒绝的通知，便可以推定要约人承认，因而合同成立、生效。如果由此造成了承诺人的损失，要约人要负赔偿的责任。然而，要约人如果没有得到答复，应视为被要约人拒绝承诺。⑥承诺对方的要约，不得在对方的要约上附加任何条件，也不能修改对方的要约。如果附加了条件，或修改了要约，就意味着拒绝了对方的要约，而自己反过来向对方提出了新的要约，要求对方承诺。这样一来，原要约人就变成了承诺人，原承诺人则变成了要约人。

在商业活动中，要约人做出要约，受约人往往要求对要约条款作某些变更，这就是大们所说的讨价还价，这就是双方的谈判和协商。这种协商越充分，就越有利于合同的履行。

### （三）招标和投标

为了在建筑行业和大宗商品交易中展开竞争，推行优选，应广泛进行招标。招标是一个要约与承诺的过程，这个过程包括招标、投标和开标三个阶段。

#### 1. 招标

招标是由提议单位公告招标的标准和条件，提出标价、招人承包建筑工程或承买商品的过程。首先要编制和报审招标文件，确定标底，然后再刊登招标广告或发出招标通知书；在投标企业投递投标申请书后，对投标企业进行资格审查，确定投标企业，并通知购买招标文件，组织投标企业介绍情况或勘察现场，解答招标文件中的疑点。

#### 2. 投标

投标是由承包人或买主，按照招标公告的标准和条件，提出价格、填具标单的过程。投标企业应发出投标申请，密封报送投标书。标书的要点是提出投标项目的报价、施工方案和技术组织措施。投标是一种要约。投标人不得在有效期内变更或撤销要约，并有按标书内容与招标人订立合同的义务。

#### 3. 开标

开标是在规定的时间和地点，按规定的方式，将各投标人的标书的主要内容予以公开。经过对各投标人的标书的评定和选择，确定中标人。这就叫开标，也叫定标。定标就是表示承诺，有法律效力。定标之后，双方当事人就应根据标书签订经济合同。

### （四）拍卖

拍卖是由出卖标的物的人提出出卖的要求和条件，再由各应买人提出自己的条件，相互竞争，最后由拍卖人拍定成交的行为。

不管是签订合同，还是投标、拍卖，原则上，要约人收到承诺的时候，合同应算成立。双方达成协议的时间，也就是合同成立的时间。但在具体的经济活动中则各有不同。一般来说：口头合同，双方协商一致即告成立；书面合同，则在双方签字盖章之后才告成立。

## 四、合同应当具备的一般条款

### （一）当事人的名称或者姓名住所

公民要写明姓名和住所，法人或其他组织写明单位名称和单位所在地，以便于双方联络。

### （二）标的

合同的标的是指合同主体的权利和义务所指向的对象。

合同的构成要素包括三个方面：主体、客体和内容。合同的主体就是指参与合同法律关系而享受权利和承担义务的人，即合同的当事人，包括法人和公民。合同的客体是指合同当事人权利义务所指向的对象。法律上称它为标的。标的可以是物、行为或智力成果等。合同的内容是指债权人的权力和债务人的义务，也就是合同债权和合同债务。合同作为一种民事法律关系，是债权和债务的统一体。

#### 1. 物

物是指合同当事人能够实际支配、具有一定价值、可以满足人们生产或生活需要的物质财富。它包括自然物和工人制造的产品。从法律的分类方面说，物包括：生产资料和消费资料，流通物和限制流通物，动产和不动产，特定物和种类物，可分物和不可分物，主物和从物，原物与孳息。同时，物还包括货币和有价证券。

产品名称应标明：牌号、商标、生产厂家、型号、规格、等级、花色、是否成套产品等。这些都应以书面形式在合同中写明，不能凭口头说定就行了。

#### 2. 行为

行为是指合同当事人有意志的、产生权利义务的活动。如当事人提供的劳务、服务等。同时也包括运输合同中的运力、仓储保管合同中的财产保管行为、建筑施工合同中的实物工程量。

#### 3. 智力成果

智力成果是指人类的脑力劳动成果，这是一种非物质的财富。可以作为合同标的的智力成果，主要有技术成果(包括专利技术等)、知识产权(如著作权等)和品牌商标等。

每个当事人都是为了获得一定的标的而与另一方当事人订立合同的。因而，标的是合同条款的核心。所有的合同条款，归根结底都是双方为了获得特定的标的而设定的保证条款。

明确标的，是合同条款的最基本要求。标的不明确，或者有人企图在标的之外再要求对方承担义务，都是有违合同法规的。

### （三）数量

数量是衡量标的的尺度，它由数字和计量单位组成。以物为标的的合同，计量的表现形式是长度(如米、千米等)、面积(平方米)、体积(如立方厘米、立方分米、立方米等)、容积(如毫升、升等)、重量(如克、千克等)。合同条款中的商品，必须写清标的物的数量和计量单位。不得使用含糊不清的概念，如一堆、一垛以及不标明件数的一箱、一捆、一盒等。以行为为标的的合同，其数量表现是一定的劳动量或工作量，如工时、课时、机械台班、实物工程量等。以智力为标的的合同，可以是技术专利的件数、文稿的字数等。

总之，合同中的计量单位，均应采用中华人民共和国法定计量单位。

### （四）质量

质量由标的物的内在素质、外观形态、性能与使用价值综合组成。按照我国《产品质量法》规定：产品要有质量检验合格证明；要有中文标明的产品名称、生产厂厂名和厂址，要标明产品规格、等级、所含主要成分的名称和含量；要标明生产日期，安全使用或失效日期；如是危险品，应用警示标志或中文警示说明。至于以劳务为对象的标的，则要衡量其技术等级、实际水平、服务态度和实际效果。在以智力为标的的合同中，则要视其学术价值和技术水平及其实用性、可靠性和效益性。总之，质量条款具体规定标的物的质量。签订和履行合同，应始终坚持以质论价的原则。在衡量标的物的质量标准时，凡有国家标准的，一律按国家标准签约并履行；凡是没有国家标准的，要按行业标准签订和履行；凡既没有国家标准又没有行业标准的，要按经过批准的企业标准签订和履行。为了确保标的物的质量，合同条款中还应规定产品的检验或检疫的方法。

在订立合同时，要以产品质量法作为合同中质量条款的依据。

### （五）包装

产品的包装标准应充分考虑产品的物理、化学性能与外形、体积、结构等因素；应十分注重选择包装材料和包装方法。同时，还要考虑运输工具的特点、路程的远近、货物的重量、产品的外形、货物的价格等，尽量做到合理包装，以提高包装质量、节约运费，提高包装的规格化和标准化水平。此外，要考虑包装技术，注意包装材料轻量化。如有国家标准或行业标准，应按标准执行。例如，按商业部规定：国产硝铵的包装应是高压聚乙烯袋包装，国产尿素应是聚丙烯编织袋内衬塑料袋等。如无上述规定，可由承运方和托运方协商确定。但包装标准仍须写清楚，要具体写明包装材料、包装标记和由哪一方印刷。如用麻袋、塑料袋、纸袋、木箱、纸箱等，是单层还是双层均需在合同中写明。又如，标记应写明：供货单位、收货单位、收货地点、品名、规格、数量、毛重、净重、皮重、体积、有效期限、防潮、防湿、防震等。有的还要印上危险品、易燃品、有毒品、小心轻放、不可倒置等字样或标记。该项还应写明：包装物是否要回收，包装费用由谁负担。产品包装费用，除国家另有规定外，一般应由供方负责，可计入成本，不另收费。但需方有特殊要求，需要提高标准或者需特别加固，其超过标准部分，也可由需方负担。

### （六）权利义务

严格地说，所有的经济合同条款，都是为了确定合同双方的权利和义务，在民事合同中，有权利的一方称权利主体，有义务的一方称义务主体。在经济合同中，双方的权利和义务应该是对等的。一方从另一方那里取得产品、劳务和智慧成果，就应该付给对方以相应的报酬。而另一方取得了报酬，也就必须付出相应的产品、劳务或智慧成果。权利和义务对等的原则，在商品购销合同中体现得较为直接。但在劳务合同、知识产权合同中往往被人们所疏忽。一方用人，要求提供劳务的一方提供劳动，包括简单劳动和复杂劳动，而同时，它也必须给劳动者提供劳动条件、劳动保护和相应的报酬，在这里，每一方都须享受特定权利，同时都要承担相应的义务。这样才能贯彻平等互利、等价有偿的原则。否则，就会损害一方当事人的利益，订立不平等条约。许多当事人在签订合同和协议时，没有考虑这么多，凭面子，凭熟人关系，凭所谓的“口头承诺”“君子协议”就工作起来了，而一旦履行起来，则往往造成纠纷。现在，我们的许多行政机关和用人单位，在签订合同时，往往是单方面提出条件，制定表格，叫下级填写执行，这是有违经济合同双方权利和义务对等的原则的。

### (七) 价款或酬金

价款或酬金是指合同的一方向另一方取得产品、接受另一方的劳务和智力成果时，所应付出的代价。包括租金、利息和买卖合同中的价款；包括受益的一方为对方提供劳务或智力成果而支付的报酬。在书写时，价款应写明单价和总金额，酬金应写明单项酬金和总金额。至于付款和付酬的标准，产品的价格，除国家规定必须执行国家定价的以外，由当事人协商议定。执行国家定价的，在合同规定的交付期限内遇到国家价格调整时，按交付时的价格计价。逾期交货，遇价格上涨时，按原价格执行；价格下降时，按新价格执行。逾期提货或者逾期付款的，遇价格上涨时，按新价格执行；价格下降时，按原价格执行。

如果没有国家统一定价，可按中央主管部门的价格执行；若既没有国家统一定价，也没有部门统一定价，则按当地的市场价，由双方协商确定。

与价款和酬金相联系的是结算方式。现在的银行结算方式，已由国务院同意，作了较大的修改。取消和废止托收承付、现行的国内信用证、付款委托书、托收无承付、保付支票和省内限额结算六种方式，保留和改进汇兑和委托收款两种结算方式。汇兑方面，保留电汇、信汇，取消信汇自带；委托收款扩大适用范围，开办拒付咨询和办理清理拖欠业务，发展信用支付工具，大力推行使用票据，改进银行汇票，推广商业汇票，扩大支票使用范围，通行信用卡。

价款和酬金以及结算方式，是有偿合同的必要条款，它直接反映合同当事人的利益，因此，在合同中应写得清楚明确。许多合同纠纷，就是在这方面不明确而引发的。

### (八) 履行的原则、期限、地点和方式

在商品经济的条件下，双方当事人之间订立经济合同的目的都包含财产因素。经济合同只有得到履行，双方的财产目的才能达到。

所以，签订经济合同的各方当事人，到底该如何来履行合同，就成了经济合同中的关键条款。

#### 1. 履行经济合同的基本原则

(1) 实际履行的原则。当事人必须按照经济合同条款中规定的标的履行，而不能以支付违约金或赔偿的方法来代替这种履行。即使违反合同的当事人已经支付了违约金和赔偿金，如果对方当事人要求继续履行，则违约一方仍然要履行尚未实际履行的义务，因为这样有利于稳定社会经济秩序，保证商品的正常流通。

(2) 协作履行的原则。在履行合同时，双方当事人应相互协作。这包括：①当事人双方都应讲诚实，守信用，严格地按合同规定的内容切实履行合同。②在履行过程中，

权利人和义务人要互相合作、互相支持，而不能互相拆台。在可能的情况下，为对方提供方便。当一方因客观条件变化或由于出现不可抗力事故而不能履行合同时，应及时通知对方。在履行合同时，应遵循双方都有利的原则，而不能互相损害。③合同双方在发生纠纷时，各自都应主动地承担自身应负的责任。如遇有不可抗力使合同不能履行，双方都要及时采取补救措施，以避免损失的扩大。

(3) 全面履行的原则。当事人必须严格按合同条款中规定的数量、质量、价款、酬金等全面履行合同，而不能只是部分履行。

### 2. 履行的期限

履行的期限，包括生效时间有效期和失效时间。一般地说，有效期和履行期是一致的。即时生效结清的合同不必写明履行期限，因为结清即是履行。也有的合同有效期和履行期不一致。有的虽已生效，但不能立即履行。如农副产品收购合同，年初就可以签订生效，但要等到夏收或秋收之后才能履行。也有的合同，要分期分批履行，应写明每批的履行时间和期限，以便按期履行。在签订经济合同时，要注意写明交货期，有特殊要求和季节限制性强的产品要约定按旬按日的交货期限。约定交货的如果是生活用品，因为与各季节人们的不同需要紧密相连，延误了时间，就会错过季节，会造成商品的滞销甚至积压；约定交货的如果是生产资料，延误了时间，会影响加工、生产进程和原材料供应，甚至会造成停产，形成连锁反应。因此，在签订合同时，一定要把履行时间和履行期限写具体。

### 3. 履行的地点

履行的地点，是指权利人行使权利、义务人履行义务的地方。它可以是负有履行义务的人所在地，可以是对方当事人的所在地，也可以是标的物的存放地。到底在什么地点履行合同，由双方当事人共同商定，并在合同条款中规定清楚。确定履行地点，涉及运输、仓储保管等诸多问题，涉及双方支付的劳务和费用的问题，万不可粗心大意。合同中商议好，规定了具体的标的在什么地方履行，任何单独的一方都无权随意改变。即使这种改变对对方有利，也应先征得对方的同意，再作变更。否则，对方可以由此认为你违背合同，追究你的违约责任。

### 4. 履行的方式

合同的履行，一般包括对标的履行或对价款和酬金的履行。履行方式与合同履行同属一体。任何合同，都必须通过一定的方式才能履行，如货物的交付(是送货还是自提)、行为实施方式、移交工作成果的方式、验收方式、付款方式(现金支付、银行汇总、托收承付、支票转账等)、结算方式等。此外，是一次履行还是分期分批履行等。只有通过这些方式，合同双方才能全面地享受权利和承担义务。以商品为标的物的经济合同，应写明交货方式和到货地点。到货地点必须详细准确，必须写明省、市、街道名称、多少号以及单位名称，或者双方认定的某具体港口、车站等。验收的方式包括验收的标准、验收的地点和验收、复验的机关，以及发生争议时，由哪一质量监督机构执行仲裁等。合同中的标的物如果是机械设备，那么合同中应写明除主机外，还应有哪些应随主机的辅机、附件、配套设备、易损耗备品、配件、安装修理工具的数量等，可列一清单，将这些内容列清楚。与验收相联系，合同中还应写有“合理损耗”条款，有些产品，如钢材、煤炭、水泥、纸张等，允许有一定幅度的差额，包括正负尾差、合理磅差和自然增减量。

对允许的差额度，合同中也应写明，以免验收时发生争执。如主管部门有损耗差额方面的规定，则按主管部门规定的幅度签约；若没有规定，则由当事人双方协商确定。

合同中一旦写了如何履行，则任何一方不得擅自变更。如果合同中的交货方式是自提自运，则供方不得代办托运；如果合同中规定是代办水运，则供方不得代办铁路、公路运输。如果合同中规定托收承付，则需方不得用转账支票、信用证或商业汇票。如一方需要变更方式，要取得另一方的同意，否则，就是违约行为。

履行方式条款是保证合同义务得以全面履行的保证条款。

### (九) 合同的生效、变更和解除

#### 1. 合同的成立与生效

当事人依法对合同的主要条款经过协商一致同意，合同即告成立。如果是代理订立合同，则必须事先取得委托人的委托证明，并根据授权范围以委托人的名义签订合同，合同才能成立，才能对委托人产生权利和义务；如果是根据国家指令性计划订立的合同，有关企业之间应当依照有关法律、行政法规的企业的权利和义务签订合同，合同才能成立。

合同一旦成立，就产生法律效力，这叫合同的生效。能发生效力的合同，叫有效合同。有效的条件是：

(1) 主体合法。双方当事人必须具备签订合同的资格。当事人是公民，则必须具备权利能力和行为能力；是法人，则必须依法成立，并且要由法人代表，如厂长、经理签订。如法定代表人不能亲自签订，可以授权经办人参加签订，但必须有法人的授权证明。同时，法人只能在他的业务范围内签订合同，超过这个范围，视为没有行为能力，不能订立合同，订立了也不能生效。如果是法人委托代理人签订合同，代理人必须持被代理人的委托证明。证明书要写明双方的名称、委托事项、权限、期限等，超越委托权限订立的合同，视为没有行为能力，合同无效。个体户必须有合法的营业执照，且有这方面的行为能力，才能参与签订与经营业务有关的合同，合同才能成立。

(2) 内容与形式合法。内容合法，即符合前面介绍过的，关于签订合同必须遵守的原则。要符合合同法、国家的政策和指令性计划，标的物不得是禁止交换和流通的物品或行为；形式合法，即凡是法律规定必须采用书面形式的，都必须采用书面形式；凡是有国家统一文本格式和部门统一文本格式的，都应采用或参照国家和部门的统一文本格式。

合同双方遵循自愿、平等、公平的原则签订的合同，方为有效。《合同法》规定下列合同为无效：①违反法律和行政法规的合同；②采取欺诈、胁迫等手段所签订的合同；③代理人超越代理权限签订的合同或以被代理人的名义同自己所代理的其他人签订的合同；④违反国家利益或社会公共利益的合同。无效的合同，从订立的时候起就没有法律约束力。

为了表明合同的合法有效，在合同的开头就应写明："经双方充分协商，一致同意签订本合同，共同遵照执行。"合同的条款中，必须载明"本合同有效期为×××"，合同的附则中也应写明"本合同自双方代表人签字之日起生效"。如此等等。

#### 2. 合同的变更和解除

根据《合同法》的规定：凡发生下列情况之一，允许变更或解除合同：

(1) 当事人双方经协商同意，并且不因此损害国家利益和社会公共利益。

(2) 由于不可抗力致使合同的全部义务不能履行。

(3) 由于另一方在合同约定的期限内没有履行合同。

属于前面(2)或(3)中规定的情况，当事人一方有权通知另一方解除合同。因变更或解除合同使另一方遭受损失的，除依法可以免除责任者外，应由责任方负责赔偿。

当事人一方发生合并、分立时，由变更后的当事人承担或分别承担合同的义务和享受应有的权利。

变更或解除合同的通知或协议，应当采取书面形式(包括文书、电报)。除由于不可抗力致使合同的全部义务不能履行或由于另一方在约定期内没有履行合同的情况外，协议未达成之前，原合同仍然有效。

合同订立后，不得因承办人或法定代表人的变动而变更或解除。

### (十) 违约责任

违约责任条款，具体规定合同当事人不履行合同，或不完全履行合同时所必须承担的义务，因此，必须订得具体明确。

1. 由于当事人一方的过错，造成合同不能履行或者不能完全履行，由有过错的一方承担违约责任；如属双方的过错，根据实际情况，由双方分别承担各自应负的违约责任。

2. 对于失职、渎职或其他违法行为造成的重大事故或严重损失的直接责任者个人，应追究经济、行政责任直至刑事责任。

3. 当事人一方由于不可抗力不能履行合同的，应及时向对方通报不能履行或者需要延期履行、部分履行合同的理由，在取得有关证明以后，允许延期履行、部分履行或者不履行，并可根据情况部分或全部免予承担违约责任。

追究违约责任，可以采用以下形式：

(1) 损害赔偿。这是违约责任中最常见的形式，指法律强制违约人向受害人支付一笔金钱，其目的在于弥补受害人因违约行为所遭受的财产损失。

法律上的损害包括财产损害、人身损害和人格损害。违约责任依法只赔偿财产损失。但合同法对此作了扩大。《合同法》第一百二十六条规定：“因当事人一方的违约行为，侵害对方人身、财产权益的，受害人有权请求赔偿。”即将人身损害亦纳入违约赔偿之范围。

(2) 违约金。违约金责任只有在合同中约定了违约条款或有关法规对于该种合同规定了强制性法定违约金时才适用。

违约金与损害赔偿金的区别是：违约金责任不以发生实际损害为条件，且违约金责任属过错责任。

违约金可分为法定违约金和约定违约金。法定违约金是由法律直接规定的违约金，约定违约金是当事人双方在合同中约定的违约金——《民法通则》第 112 条，依我国《合同法》第一百一十八条规定，违约金可充抵赔偿金；如果约定违约金过高或过低，当事人可以请求法院或仲裁机构予以变更。

(3) 强制实际履行。指由法院做出要求实际履行判决或下达特别履行命令，强迫债务人在指定期限内履行合同债务。

法院做出强制履行判决，还须具备以下条件：①合同债务可能履行；②强制履行不违背合同本身性质；③债务标的在市场上难以获得。

### (十一) 争议和仲裁

争议和仲裁也是合同的必备条款。其条款内容大体是：

1. 本合同在执行过程中，如发生争议，由双方协商解决，签订合同的补充条款，补充条款与本合同同样有效。

2. 双方协商不成，可由双方的上级主管部门协商调解。

3. 双方的上级主管部门协商不成，可向××仲裁机关提起仲裁。有的规定：一般而言这个仲裁被认定为终局，但也有的不写入“终局”一项。也有的写进“仲裁费用由败诉一方支付”。也有的合同中规定：双方协商不成，向××法院起诉。这个法院可以是合同履行的所在地的法院，也可以是原告所在地或被告所在地的法院。

## 五、合同的形式、文本及写法

### (一) 合同的形式

合同的形式，从种类上分，有口头形式、书面形式、公证形式、鉴证形式、批准形式、登记形式等；从法律形态上分，又可分为法定形式和约定形式。合同的约定形式，是指当事人对于无法定形式要求的合同，约定必须采用一定的形式。在我国，合同的法定形式由法律直接规定，当事人不得变更，合同的约定形式由合同当事人协商选择，法律对此不作硬性规定。我国合同法确定合同当事人可以采用口头或者其他形式订立，但是对于不动产转让合同，应当采用书面形式。同时，对于涉外合同，价款或者酬金 10 万元以上的合同，除即时结清的以外，应当采用书面的形式。此外，法律规定应当采用书面形式订立合同，依照其规定。鉴于不断发展的现代科技状况，我国合同法又对合同的书面形式做出了规定，即“书面形式是指合同书、信件以及数据电文(包括电报、电传、传真、电子数据交换机和电子邮件)等可以有形地表现所载内容的形式”。与以往的《经济合同法》相比，合同法一方面放宽了对合同形式的限制，更好地促进了交易达成，符合市场经济下中国社会交易的发展和现实；另一方面，通过对书面形式的解释，列举了多种书面订立合同的方式，亦符合当代社会通信高度发达的潮流，为当事人达成更多的交易提供了法律保障。

### (二) 合同的文本

#### 1. 合同的范本

我国自从公布首部《经济合同法》以来，合同在中国得到了广泛的应用。据工商行政管理部门估计，1983 年全国共签订合同 4 亿份，1985 年上升为 10 亿份。到现在，每年所签订的合同都在 10 亿份以上。这些合同，对于搞活市场经济，加快我国的经济发展、维护经济秩序，都起到了不可低估的作用。

然而，由于许多人的法制观念淡薄、经济交往的经验欠缺、合同知识太少，因而所订的经济合同往往不合规范，内容残缺，条款不完备。某地合同管理机关检查了上万份经济合同，完全符合要求的只有两份，其余的均不合格。据人民日报 2017 年 8 月 31 日报道，我国每年签订合同约 40 亿份，履约率仅 50%左右，每年因诚信缺失带来的损失达 6000 亿人民币。这样惊人的数字足以说明加强法制观念、提倡社会诚信、规范合同文本、加强合同管理的极端重要性。

我们必须以现行的合同法为根据，将人们在千百次签约过程中积累起来的经验和教训汇聚起来，设计出适用于我们各行各业的合同范本。这种范本要囊括合同中所涉及的各种细节，在谈判达成协议之后，签约人只要将一条条具体的内容和有关数字往文本上填写即可。

近年来，国家工商行政管理局，全国各部门、各地区，制订了一些合同的范本。这些范本，如果由国家工商管理局制订，叫国家统一文本；如果由国务院的各有关部门制订，则叫部门统一范本；如果是经过有关部门或单位试用，经过实践考验，但尚未定型的文本，叫参考文本。(这些文本参见文化林所主编的《国内合同的签订与范本》《涉外合同的签订与中英文范本》)

**2. 合同的一般格式**

在经济交往过程中，如有示范文本，一般均应使用示范文本。但示范文本毕竟是有限的，而经济活动却是无限的。因此，在实际的签约过程中，还须自制文本。

有不少合同是表格式的，条文和栏目都已事先设计好、印制好，这种合同的优点是项目精确，便于填写和复制(可以复写)，称为格式合同。《合同法》第三十九、四十一条，对格式条款有详细的规定，应依法遵照执行。

这里，我们只介绍自制文本的一般格式。

(1) 标题

合同的标题，由事由加文种(即合同种类)组成。如《建筑安装合同》《供销合同》《轻工产品供应合同》等。

(2) 双方或各方名称

双方名称是指双方单位名称和代表人的姓名。为了称谓的方便，一方称“甲方”；另一方称为“乙方”。如有第三方，其单位、代表人称“丙方”。以上称合同的首部。

(3) 总则

总则也称开头或绪言。总则的内容是：①叙案。用“甲方×××”引出甲方要约(提议)的内容，用“乙方×××”引出乙方承诺的内容。②叙由。用“为了×××”引出双方的共同经济目标。③协商一致条款用：“经双方充分协商，一致同意签订本合同，共同遵照执行。”

(4) 主体

主体部分也称分则。以合同条款，或以表格表述合同内容。主体部分应该做到 7 个明确：①标的明确。标的是通过签订合同要达到的法律目的，如货物、劳务、工程、资金等。②数量和质量要明确。比如，供应合同，就必须规定产品的名称、数量、计量单位、规格、型号、技术标准、包装标准等。③价款和酬金要明确。如出厂价、优惠价、牌价、议价及总费用，以及报酬数量等，都要议定写明。④权利和义务要明确。这一部分是合同的重点，也是执行合同时最容易发生争议的地方。因此，在规定双方应尽的义务和享有的权利时，要特别仔细，特别周密，特别谨慎。这一部分，应视合同种类的不同和标的的不同而言，总之要平等互利、等价有偿。⑤履行合同的时间、地点、交货方式、结算方法要明确。⑥不履行合同应承担的法律责任要明确，要写明是否要交定金、如何索偿等。⑦合同的生效、终止、变更和解决争议的方法要明确。生效应包括生效期、有效期。中止应包括不可抗力条款和合同期满条款，有的还规定有关续订的条款。合同的变更，应建立在双方充分协商，取得一致的基础上。先签订合同的补充条款，再规定“如双方协商不成，可由双方主管部门协商解决”，最后规定“双方主管部门协商不成，可由××××仲裁，仲裁费用由败诉一方支付”。

(5) 附则

附则一般规定签字生效的时间和合同一式两份，由谁保管。

(6) 尾部

尾部要并列甲乙双方的单位名称、代表人姓名、签订时间、签订地点等项。

**【例文】**

××××合同

立合同单位:

××××(以下简称甲方)

××××(以下简称乙方)

为了××××，经双方充分协商，一致同意，签订合同，共同遵照执行。

一、××××(甲方的权利和义务)

1. ×××××××

2. ×××××××

……

二、×××××××(乙方的权利和义务)

1. ××××××

2. ××××××

三、××××(违约的责任和处理)

1. ××××××

2. ××××××

四、××××(合同的生效和终止)

1. 本合同自××××年××月××日止，有效期为××年(月)，期满则合同失效。

2. 如甲方需要，××方自愿，可在本届合同期满前××个月内续订下届合同。

3. 如出现下列情况，可由双方审批单位报送终止申请书：①发生不可抗拒的自然灾害；②战争；③……

五、××××(争议的解决与仲裁):

1. 本合同在执行中如发生争议，可由双方协商解决，签订合同的补充条款。

2. 双方协商不成，可由甲乙双方的主管单位协商解决。

3. 若双方主管不能解决争议，则由××××仲裁，仲裁的费用，由败诉一方支付。

六、附则

1. 本合同一式××份，甲方持××份，乙方持××份。××××

2. 本合同经双方代表签署后，即予生效。

甲方：××××(单位全称)(公章)

代表人：×××(签章)

乙方：××××(单位全称)(公章)

代表人：×××(签章)

签订地点：×××× ×××× ××××

签订时间：××××年×月×日

## 六、订立和履行合同应注意的原则事项

根据合同法的规定，遵守签订和履行合同的基本原则，是签约过程中最重要的事项。具体包括如下原则。

### （一）平等的原则

《合同法》第三条规定：“合同当事人的法律地位平等，一方不得将自己的意志强加给另一方。”在合同关系中，当事人双方在法律地位上是平等的，无论一方在行政关系中是否是另一方的上级机关、总公司等，在订立合同时，没有任何特权，双方都处于同等的合同缔约者的位置(指令性计划合同除外)。在当前的社会经济活动中，尤其要杜绝以上欺下、以大压小、以强凌弱的现象。地位平等不仅仅是在合同签订时适用，而且贯穿在合同签订、变更、履行直至终止的整个过程中。

### （二）自愿的原则

《合同法》第四条规定：“当事人依法享有自愿订立合同的权利，任何单位和个人不得非法干预。”所谓自愿原则，即当事人有是否订立、和谁订合同的自由，任何人和单位均不得强迫对方与之订立合同。在不违反法律规定的情况下，当事人对合同内容、合同的履行等均应遵循自愿原则，任何单位和个人不得非法干预。自愿原则与平等原则是相辅相成、不可分割的。平等体现了自愿，自愿要求平等。

《合同法》第五十四条还规定：“一方以欺诈、胁迫的手段或者乘人之危，使对方在违背真实意思的情况下订立的合同，因为有违自愿的原则，受损害方有权请求人民法院或者仲裁机构变更或者撤销。”

### （三）公平的原则

《合同法》第五条规定：“当事人应遵循公平的原则确定各方的权利和义务。”

在自愿、平等、合法的基础上公平地确定合同双方当事人的权利和义务，是合同法最基本的理念之一。

《合同法》第五十四条还规定：“下列合同，当事人一方有权请求人民法院或者仲裁机构变更或者撤销：(一)因重大误解订立的；(二)在订立合同时显失公平的。”

重大误解和显失公平合同均为待生效合同，如果当事人予以变更或撤销，则合同全部或部分不发生效力。如果当事人在有效期内没有请求变更或撤销，则合同生效。即便是重大误解或显失公平，当事人一方也是有过错的；法律赋予变更权或撤销权而不行使，则视为当事人确认了误解和显失公平，合同生效。

### （四）诚实信用的原则

《合同法》第六条规定：“当事人行使权利、履行义务应当遵循诚实信用的原则。”

合同法规定下述两种情况当事人应承担责任：

(1) 假借订立合同，以损害对方利益为目的，恶意进行磋商的。借订合同之名，行欺诈之实，这种情况在现实生活中大量存在。例如，买卖合同中骗取预付款、定金，建筑工程承包合同中骗取质量信誉金等。

(2) 其他违背诚实信用原则的行为。例如，借合资之名骗吃骗喝、无代理权说有代理权等。

根据《合同法》第六十一条规定，当事人基于诚实信用原则应履行的义务有以下5点：

(1) 及时通知义务。《合同法》第一百二十一条规定：“当事人一方因不可抗力不能履行合同的，应当及时通知对方，以减轻可能给对方造成的损失，并且应在合同期限内提供有关机构出具的证明。”

(2) 协助义务。指合同双方当事人都应协助对方履行义务。如律师依委托合同为当事人提供法律服务，对律师的服务如调查取证，当事人应予积极协助。

(3) 提供必要条件。如上例，当事人应就委托事项提供必要的材料，如合同文本，债权证明等。

(4) 防止损失扩大。意指受害人如果违反对自己利益的照顾义务，无权就此部分损失要求另一方当事人赔偿。

(5) 保密义务。指当事人有保守商业秘密和技术秘密等有价值信息的义务。

商业秘密是企业的一项财富，当事人在订立合同的过程中对知悉的商业秘密应当予以保密，不得泄露或者不正当地使用，否则给对方造成损失应当承担损害赔偿责任。双方当事人在洽谈合同时可以预先签订一个保密协议。尤其是在技术转让的合同谈判中保密协议至关重要。

### (五) 合法的原则

《合同法》的第七条规定：“当事人订立、履行合同，应当遵守法律、行政法规，尊重社会公德，不得扰乱社会经济秩序、损害社会公共利益。”

《合同法》第五十二条规定：“有下列情形之一的，合同无效：(一)一方以欺诈、胁迫的手段订立合同，损害国家利益；(二)恶意串通，损害国家、集体或者第三人利益；(三)以合法形式掩盖非法目的；(四)损害社会公共利益；(五)违反法律、行政法规的强制性规定。”

### (六) 审查对方主体资格的原则

合同的第一个法律特征，便是合同的主体特征。签订合同的对方如果是企业法人，它就必须符合：①本书在“合同的主题特征”所述的条件。②合同业务与它的经营范围和经营方式是否相符。③参与签约的人是否有法人代表资格。有正职的，正职是法人代表；没有正职的，主持工作的副职是法人代表；设有董事会的，董事长是法人代表；没有董事长的，董事会授权负责人可作为法人代表。但法人的职能部门不能代表法人，无权以自己的名义对外订立合同。④法人派出的参与签订合同的工作人员，是否是职务代理人，是否获得了法人授权。持有委托单位能够说明问题的介绍信，应视为有代理资格。⑤是否有履约能力。如技术力量、人员素质；注册资金和银行账户的实有资金；如违约或造成损失，有无偿还能力；对方的生产能力、产品库存和进货渠道等。如果对方是非企业法人，包括机关单位、事业单位和社会团体，那么，就必须注意到：按照国家规定，非企业法人只能为完成本身的任务，履行本身的职能而开展自己的业务活动，他们不能以营利为目的而签订合同。如果对方是个体工商户，要审查他是否在工商行管理部门核准登记，领有营业执照；要审查他的经营范围、履约能力和是否有偿还能力。如果对方是公民个人，要审查对方是否具备民事行为能力；能否行使合同规定的权利和承担合同规定的义务。为了保护当事人的权益，使当事人的财产不受损失，防止受骗上当，订立合同的第一件事就是审查对方的主体资格、经营范围和偿还能力，事前就杜绝上当受骗事件的发生，而不是等造成了损失再去打官司。为了审查对方的主体资格，大宗货物的合同，要进行公证或鉴证，请公证单位和鉴证单位对对方的主体资格进行审查。

### （七）全面履行的原则

依法成立的合同只有得到切实的履行，双方当事人预期的目的才能实现，经济活动才能有效地进行。履行的问题，是合同的最关键的问题。《民法通则》第 88 条规定：“合同当事人应当按照合同的约定，全部履行自己的义务。”这就要求，当事人应当履行合同约定的全部义务，而不是部分义务；必须按照合同约定的义务，即必须按照标的物的数量、质量、期限、地点、方式等方面全部履行义务，而不只是在某一些方面或某些方面履行义务。

### （八）情势变更的原则

《合同法》第七十七条规定：“由于国家经济政策、社会经济形势等客观情势发生了巨大变化，致使履行合同将对一方当事人没有意义或造成重大损害，而这种变化是当事人在订立合同时不能预见并且不能克服的，该当事人可以要求对方就合同的内容重新协商；协商不成的，可以请求人民法院或者仲裁机构变更或解除合同。”

鉴于情势变更原则的适应对当事人双方的利益影响重大，合同法对适用情势变更原则规定了严格的条件，具体如下：

客观情势是指订约时作为合同基础的客观情况。客观情势的变化时刻存在，但客观情势的一般变化不会引起情势变更原则的适用，必须有重大的异常变动致使合同的法律基础丧失时才可适用。

在商品交换中，往往会出现人们不能预见、不能阻止的某些不可抗力因素，这些因素会造成合同的部分不能履行或全部不能履行。这些不可抗力包括不可抗拒的自然灾害事故，如火灾、洪水、火山爆发、地震等；包括不可抗拒的政治军事事件，如战争、政变、罢工、政权的更替以及法律、政策的改变等；也包括不可抗拒的经济事件，如货币严重贬值、经济危机、制裁、禁运以及企业的关停并转等。出现以上情况，就丧失了原合同的基础。如果仍然要求当事人履行原合同，要么就毫无可能，要么就极不公平。唯一正确的做法，就是根据新的情况，及时变动合同内容或者解除原来的合同。由于不可抗力或由于一方当事人无过失、无法防止的外因，致使合同无法履行，允许变更或解除合同。变更解除的方法可以是：①增加或减少原合同约定的价款或租金；②将一次性全部履行改为分批履行；③推迟或延长履行期限；④解除合同。

### （九）追究违约责任的原则

追究违约责任是合同法中的一项重要内容，并用了整个第七章的 15 条对这一问题做出了规定。

总之，当事人一方履行合同义务或者履行合同义务不符合约定的，应当承担继续履行、采取补救措施或者赔偿损失等违约责任。

【例文】

## 设备供货协议

供方：______________________

需方：__________煤电开发有限公司

通过竞争性报价，__________煤电开发有限公司(以下简称需方)确定______(以下简称供方)为设备名称供货单位。为明确供、需双方的权利义务，经协商签订本合同，以供双方信守执行。

一、合同金额、交货时间。

1. 合同金额：大写_____元整(￥_____)。说明已包含的费用。

2. 交货时间：_____年_____月_____日。如果需方要求提前或延期交货，必须提前_____天通知供方，明确具体的交货时间。

二、质量要求、技术标准、供方对质量负责的条件和期限：

1. 符合国际、国家和煤炭行业有关设备质量的规定和规范。

2. 满足工程初步设计、设备订货清册、《技术协议》的技术要求，符合产品说明书的要求。

3. 不发生设备质量事故。

4. 供方对设备免费提供终生技术服务。

三、交货地点、方式：_____省_____县____镇____矿井，供方免费协助需方对设备进行安装、调试等。

四、运输方式及到达站港和费用负担：本合同设备由供方在规定时间内运至交货地点，运输方式由供方自主决定，运杂费由供方承担，现场卸车由需方负责。

五、合理损耗及计算方法：交货验收之前的设备损耗等风险由供方负担。

六、包装标准、包装物的供应与回收和费用负担：由供方按国家有关设备供应的规定标准进行包装、供应和回收，相关费用由供方负担。

七、验收标准、方法及提出异议期限：按国家现行验收标准、规范等有关规定执行，需方在收到设备后可以在合理期限内提出异议。

八、随机备品备件、配件、工具数量及供应办法：见《技术协议》。

九、售后服务

1. 供方免费为需方现场指导安装、调试工作，保证现场安装调试一次性成功，并免费为需方培训产品操作、维修人员，培训工作、培训内容满足需方工程进度。

2. 供方保证派出合格的现场服务人员和人月数，满足工程需要。

3. 供方产品质量实行三包，质量保证期为设备安装调试正常运转后_____个月。在质保期内如出现任何故障，供方负责免费维修、更换、恢复使用。

4. 供方自接需方关于服务方面通知后应立即予以答复，保证_____小时之内派员赶到现场，会同需方对现场情况作正确判断，并制出维修、服务计划及安排，在最短时间内修复产品，使其恢复运行；经需方验收合格并对其维修服务作出鉴定后维修人员方可离开现场。

5. 产品保质期外，免费技术服务，负责以成本价格提供维修元器件、备品备件。

十、结算方式及期限

1. 本合同签订生效后_____日内，需方向供方支付合同价款的_____%，作为预付款。

2. 供方将设备运至交货地点，需方应在7日内进行验收，经需方及监理单位验收合格后_____日内支付设备价款的_____%；设备安装调试完毕正常运转一个月后_____日内再支付合同价款的_____%；剩余_____%的设备价款作为质量保证金。

3. 质量保证金在质保期(自设备安装调试正常运转1年或货到验收合格后_____个月。以先到者为准)满后____个月内结清(无息)。

十一、如需提供担保，另立合同担保书、作为本合同的附件：无。

十二、违约责任

供方的违约责任

1. 设备交货延期，造成设备安装延期(因需方的原因除外)的，视情况扣减供方合同价款的_____‰～_____‰。

2. 因设备制造原因或供方责任内的原因，在设备安装、调试和质保期内发生设备缺陷或质量问题，造成工期延误或发生质量事故或达不到设计性能要求，由供方负责协调处理并视情况扣减供方相应设备价款的_____%～_____%。

3. 因供方自身原因使提交的设备技术资料延误，造成设计拖期，视情况扣减供方合同总价款的_____‰～_____‰。

十三、解决合同纠纷的方式

合同履行过程中发生争议，供方与需方应及时友好协商解决；协商不成可向需方所在地人民法院起诉。

十四、其他约定的事项

1. 银行保函：

(1) 在需方向供方支付预付款之前，供方需向需方提供与预付款等额的银行保函。

(2) 设备交货验收合格后，保函一次性退还。

2. 合同价款的调整：

发生以下情况时，合同价款可予以调整：

(1) 因需方的原因增加或减少设备。

(2) 因需方的原因变更设备，造成设备价格的增减。

3. 不可抗力：

(1) 不可抗力是指不能预见、不能避免并不能克服的客观情况，如：地震、洪水、火灾、台风等自然灾害和战争、暴乱等社会事件。

(2) 如果合同生效后发生不可抗力事件，从而阻止合同义务的履行，则供、需双方均不应认为违约和毁约。

(3) 由于不可抗力事件而影响合同义务的履行时，则延迟履行合同义务的期限相当于不可抗力事件影响的时间。

(4) 受到不可抗力影响的一方应在不可抗力事件发生后，尽快将发生的不可抗力事件的情况以传真通知另一方，并在____日内将有关当局出具的证明文件提交给另一方审阅确认，受影响的一方应尽量设法缩小这种影响和由此而引起的延误，一旦不可抗力的影响消除后，应将此情况立即通知对方。

(5) 如双方对不可抗力事件的影响估计将延续_____日以上时，双方应通过友好协商解决本合同的执行问题。

十五、附则

1. 本合同所指《技术协议》，系指供方、需方及煤炭工业部济南设计研究院于_____年_____月_____日签订的《_____省_____矿井设备技术协议书》。

2. 本合同经双方法定代表人或合法授权代表签字并加盖合同专用章后正式生效。

3. 供方报价书、相关承诺函与本合同具有同等法律效力。在合同履行过程中的相关会议纪要、来往信函等作为本合同的附件具有同等法律效力。

4. 本合同未尽事宜，双方协商解决。

5. 本合同一式六份，供方、需方各执三份。

供方：(盖章)______ 需方：(盖章)______

地址：______________ 地址：______________

法定代表人：________ 法定代表人：________

授权代表：__________ 授权代表：__________

电话：______________ 电话：______________

传真：______________ 传真：______________

开户银行：__________ 开户银行：__________

账号：______________ 账号：______________

______年____月____日

# 任务三　经济纠纷诉状

## 任务描述

学生需根据前期任务成果，自定义情景，草拟一份合法、有效的以创业公司为主体的经济纠纷诉状。

## 学习目标

能掌握经济纠纷诉状的格式和写法，并能草拟一份经济纠纷诉状。

## 任务导入

关统的公司在经营一段时间后遇到了一件麻烦事，他的一家供应商没有按照合同写明的质量交付货品，而且经过和供应商的再三洽谈后，供应商拒绝更换货品，并且不愿支付违约金，关统无奈之下决定利用法律的武器保护自己，打算一纸诉状将供应商告上法庭，交由法院来解决此次纠纷，可是诉状该如何写，情况该以什么样的方式加以说明，才能让法院更好地了解情况，并从法律角度给予公司保护?这都需要好好地学习并严格按照规定来完成。

## 一、经济纠纷诉状的概念和特点

### （一）经济纠纷诉状的概念

经济纠纷诉状是指在法人之间、法人与公民之间、法人或公民与国家行政机关之间，发生关于经济权益方面的争议时，公民、法人和非法人团体依据法律规定和要求向人民法院提出起诉或应诉的各种诉讼文书。

经济纠纷诉状一般是书面形式，对写起诉状有困难的公民，也可以口头起诉，由人民法院做出笔录，并告知对方当事人。

### （二）经济纠纷诉状的特点

#### 1. 制作的合法性

经济诉状总是和一定的法律程序相联系，在制作上有着严格的规定。什么情况下依据什么法律，应制作什么文书，制作的主体是谁，制作的内容和要求是什么，如何提交送达等，都必须有法律依据。任何单位和个人都不能随心所欲地进行制作。

#### 2. 格式的规范性

经济诉状有规范化的格式，大体上都由首部、正文、尾部几个部分构成。首部是对原告、被告基本情况的介绍。正文部分是对案由、诉讼要求及理由的说明与阐述。尾部主要包括署名、日期、用印、附注事项等。

经济诉状不仅有规范的结构，而且还有习惯用语和句式。例如，起诉书正文部分的最后一般写“为此，特向你院起诉，请依法判决”。

此外，经济诉讼文书还使用一些专门术语，如原告、被告、当事人、债务人、债权人、过失、过错、违约、侵权、调解、仲裁等，每个词语的含义在有关法规上一般都有规定，这就要求诉状作者懂得法律常识，写作时使用准确的法律术语，为司法机关审理案件提供条件。

#### 3. 语言文字的准确性

经济诉状的语言表述必须与法律的精神相一致，必须与法律规定的提法相同。语言风格力求朴实简练，通俗易懂，不用或少用各种修辞手法，不能滥用文言文，造句多用肯定、陈述、判断句式，少用或不用反问、设问、疑问、感叹等加强语气和感情色彩的句式。

## 二、经济纠纷诉状的作用和种类

### （一）经济纠纷诉状的作用

诉讼的作用在于向法院提出诉讼。因此，必须通过起诉状，把案件的事实(纠纷事实)记叙清楚，把起诉的理由和法律根据讲明白，把诉讼的目的和请求告诉法院，让法院了解原告对案件的看法、意见和要求，以便对案件进行审理。写好起诉状对于法院了解情况和处理案件、解决经济纠纷都具有十分重要的作用。

### (二) 经济纠纷诉状的种类

经济纠纷诉状按其内容可分为起诉状、反诉状、上诉状、答辩状和申诉状。

#### 1. 起诉状

经济纠纷起诉状是指经济纠纷案件的当事人一方，在自己合法权益受到损害或与当事人的另一方对有关权利和义务问题发生争执而未能协商解决时，向人民法院起诉，要求依法审理、裁决的诉讼文书。

起诉状中的当事人，起诉的一方称为原告，被诉的一方称为被告。原告或被告可以是企事业单位、机关、团体或个人。根据需要，各自都可以授权委托一人至两人作为诉讼代理人。原告向法院提出诉讼时受到法律保护的诉讼权利。经济纠纷起诉状有如下主要特点。

(1) 必须是与本案有直接利害关系的人提出。

(2) 必须是向应当作为第一审受理本案的人民法院提出。

(3) 争执的焦点是经济权益纠纷。

在经济纠纷案件的诉讼过程中，起诉有重要意义，它既是原告用以陈述产生纠纷的事实，表明诉讼的请求和理由，以维护自己合法权益的手段，又是法院对案件进行审理的依据和基础。没有起诉状，一审程序就无从开始。

#### 2. 反诉状

反诉状是经济纠纷案件的被告为维护自身的合法经济权益，用与本诉直接有关的事实和理由，反过来向原告提出独立诉讼请求的诉讼文书。

反诉状具有如下主要特点：

(1) 它必须是由经济纠纷案件的被告提出。

(2) 反诉内容必须与本诉的诉讼请求有直接关系，并另有独立的诉讼请求，不但抵消本诉的诉讼请求，甚至超过。

(3) 反诉状的事实和理由具有一定的驳辩性。

(4) 反诉状的作用在于抵消、排斥、并吞原告所主张的权利，也可使本诉原告的请求部分或全部失去实际意义，甚至超出本诉原告所主张的权利范围。

#### 3. 上诉状

上诉状是指原审当事人，因不服第一审人民法院做出的尚未发生法律效力的裁判，在法定期间请求上一级法院变更裁判的诉讼文书。

上诉状中的当事人双方称为上诉人和被上诉人，可以是一审程序中的原告或被告。上诉人如为一审原告，被上诉人则为一审被告；反之，上诉状如为一审被告，被上诉人则为一审原告，均宜在上诉状中注明。

诉讼当事人行使上诉权，也是受到法律保护的，但须受两方面的限制：

(1) 上诉范围是针对尚未发生法律效力的第一审判决或裁定，在一审判决或裁定生效之后，就不能提起上诉。二审判决或裁定依法为终审裁决，一经宣判就发生法律效力，也不能提起上诉。

(2) 上诉时间有严格限制。根据我国《民事诉讼法》第一百四十七条规定，当事人不服一审法院判决而提起上诉的期限为 15 日，对一审裁定不服而提起上诉的期限为 10 日。

上诉状的作用主要在于引起第二审程序的发生。上一级人民法院只有在收到符合条件的上诉状后，才组织合议庭开始二审程序的审理，对一审的裁决作进一步审查；而后根据实际情况，分别做出二审裁决：原审正确的，就驳回上诉；原审有错判，则予以改判或发回原审法院重审，从而保证审判的质量，使当事人的合法权益得到切实的保障。

4. 答辩状

答辩状是经济纠纷案件中的被告人或被上诉人，对起诉状或上诉状陈述的事实、理由和请求进行答复、辩驳的应诉性诉讼文书。

在答辩状中，提出答辩的一方称为答辩人，另一方称为被答辩人，或者在诉状中可以省略。

答辩状分一审程序上的答辩状和二审程序上的答辩状两种，前者指被告针对原告对起诉状而提出的答辩；后者指被上诉人针对上诉状而提出的答辩。区别两种程序的答辩状，有助于明确答辩的针对性和答辩内容的重点。答辩状首先必须是经济诉讼中的被告提出的；其次必须在法定期限内提出。根据我国《民事诉讼法》第一百一十三条第一款的规定："人民法院应当在立案之日起5日内将起诉状副本发送被告，被告在收到之日起15日内提出答辩状。"此外，答辩状必须针对起诉状的内容进行答辩。

答辩状在经济诉讼中有着重要意义：一是有利于维护被告人或被上诉人的合法权益，在答辩状中，他们可以运用摆事实、讲道理的方法，有针对性地反驳起诉状或上诉状中的不实之词和无理要求，正面提出自己的请求和理由，力求在诉讼中成为胜诉的一方；二是有助于法院兼听则明，客观公正地办案，通过起诉状(包括上诉状)和相应的答辩状，法院得以了解当事人双方的不同意见，便于全面查明案情，分清是非，从而做出正确的判决或裁定。

5. 申诉状

申诉状是指诉讼当事人对已经发生法律效力的判决或裁定认为确有错误，要求法院重新审理的诉讼文书。

在上诉状中当事人双方，提出申诉的一方称为申诉人，另一方称为被申诉人。后者在诉讼中也可略去不写。

申诉状和上诉状的区别在于：

—是范围不同：申诉的范围不仅包括已经发生法律效力的一审判决或裁定，还包括二审的终审判决或裁定，以及正在执行和已经执行完毕的判决或裁定。上诉状则不然，只限于尚未发生法律效力的一审判决或裁定。

二是时限不同：申诉无时限规定，只要在判决或裁定已经生效以后，无论什么时间都可以提出申诉。上诉则有时限规定。

三是条件不同：申诉的提出和能否引起审判监督程序的发生，是有条件的。原审的判决和裁定确有错误，才可以提出申诉；经法院审查确有理由的，才予以受理；无理由的则不受理。换言之，它可以引起审判监督程序的发生，对案件进行复审；也可以不引起审判监督程序的发生，对案件不进行复审。而上诉的提出和能否引起二审程序的发生则是无条件的。只要申请人对原审的判决或裁定不服，在上诉期限内提交上诉状，不论其理由正确与否，法院都应受理。

申诉状在经济诉讼中有其特殊作用，主要在于它是引起审判监督程序发生的依据。如果申诉确属合理合法，法院就可以进行再审，本着有错必纠的原则，纠正或撤销原审的判决或裁定，使案件得到实事求是的处理。这对于提高审判工作的质量，维护法律的尊严和当事人的合法权益，都有着重要的意义。

## 三、起诉状的格式和写法

### (一) 起诉状的格式

经济纠纷起诉状
原告:
单位全称、地址(如系公民个人，则写明姓名、性别、年龄、工作单位、职业、住址)
企业性质:
工商登记核准号:
经营范围和方式:
法定代表人(或主要负责人): 姓名、性别、年龄、职务
诉讼代理人: 姓名、性别、年龄、职业、住址、(如系律师，应写明所属律师事务所)
被告:
单位全称、地址(如系公民个人，则写明姓名、性别、年龄、工作单位、职业、住址)
诉讼请求:

事实和理由:

此致

______________________人民法院
具状人: (签名盖章)
法定代表人(或主要负责人): (签名盖章)
诉讼代理人: (签名盖章)
年 月 日

附项:
1. 本状副本__份;
2. 物证(名称)__份;
3. 书证(名称)__份。

### (二) 起诉状的写法

依照法律规定，经济纠纷起诉状的内容和结构由五部分组成，包括首部、诉讼请求、事实和理由、结尾、附项。

**1. 首部**

首先写明标题，这是诉讼文书的特定名称，要根据具体的类别确定标题。如“经济纠纷起诉状”。

然后写明当事人的基本情况。一般要先写明原告和被告的姓名、性别、年龄、民族、籍贯、职业、地址七项。顺序为先原告，后被告，最后是诉讼第三人。如有代理人，写在被代理人之后。凡法人、非法人团体起诉时，应写明自己的名称、所在地、法定代表人姓名。由诉讼代理人起诉时，应记明代理人姓名、所在单位和代理权限。如有若干原告、被告，应依他们在案中的地位与作用，逐次说明其个人的基本情况。

**2. 诉讼请求**

本部分是原告为达到起诉的目的而向人民法院所提出的请求。主要写明请求人民法院依法解决原告要求的有关经济效益争议的具体问题，或要求继续履行合同，或要求赔偿经济损失，或要求归还产权，或要求清偿债务等。请求目的要具体明确，不要笼统含糊。请求事项要合理合法，不能随意提出请求。请求事项要明确、固定，不可随意更换。

**3. 事实和理由**

这是起诉状的核心部分，是证明自己诉讼请求成立的重要依据。一般是先写事实，后列证据，再讲理由。

(1) 事实方面

主要叙述经济纠纷的具体事实(包括当事人之间纠纷的由来和发生争执的时间、地点、原因和事实经过)，写明当事人双方争执的焦点和实质性的分歧，并就侵权行为造成的后果和应承担的法律责任写清楚，要与正文相互呼应。要交代清楚下列问题：

① 当事人之间是什么关系，双方争执的是什么事情。

② 双方纠纷的时间、地点、原因和经过等。

③ 结果和被告应承担的法律责任。

诉讼的事实在诉讼中居于核心地位，是提起诉讼的主要内容。为了使人民法院全面了解案情真相，分清是非曲直，依法裁判，原告在叙述事实时，要实事求是，如果自己在纠纷中有一定的过错，也应如实写清楚。

(2) 证据方面

事实写清楚后，就要向法院提供可供证明事实的证据。如人证、物证、书证及其他有关的证据材料，同时要交代证据的来源，证人的姓名、单位等。证据是认定事实、辨别真伪的基础，它直接关系到诉讼理由的成立和诉讼的进程，是诉讼成败的关键。因此，要求证据可靠，不能写虚伪证据。

(3) 理由方面

理由的篇幅通常所占不大，但却十分重要，它是提出诉讼请求的依据。阐述理由主要应写明以下几点：

① 根据事实和证据，认定被告侵权或违法行为所造成的后果以及应承担的责任。

② 论证为什么被告应承担法律责任。

③ 援引法律条文，写明提出诉讼请求的法律依据是什么。

(4) 结语

用一两句话结束全文，如："据上所述，请依法判决。"或扼要概括全文，重申诉讼理由。

**4. 结尾**

主要内容有呈文对象，写"此致××人民法院"；具状人签名、盖章；具状年月日。

5. 附项

附项要写明本状副本×份；物证×份；书证×份。

## 四、答辩状的格式与写法

### (一) 答辩状的格式

经济纠纷答辩状

答辩人：

单位全称、地址(如系公民个人，则写明姓名、性别、年龄、民族、籍贯、职业、工作单位、住址)

法人代表人：姓名、性别、年龄、职务

企业性质：

工商登记核准号：

经营范围和方式：

开户银行：

账号：

委托代理人：姓名、职务

(答辩理由)

因________一案，现提出答辩如下：

此致

__________________人民法院

答辩人：　　单位名称(公章)

法定代表人(或主要负责人)：　(签名或盖章)

委托代理人：　　(签名或盖章)

年　月　日

附项：

1. 本诉状副本__份。
2. 书证(名称)__份。
3. 物证(名称)__份。

### (二) 答辩状的写法

答辩状的结构包括首部、案由和理由、答辩意见、结尾、附项五个部分。

1. 首部

先写标题，如“经济纠纷答辩状”。

再写答辩状人的基本情况，包括姓名、性别、年龄、民族、籍贯、职业和地址七项，被答辩人的情况可在“答辩案由”中指明。

2. 案由和理由

案由，写明针对何人起诉(或申诉)的何案而提出的答辩。一般案由可写作：“答辩人于×年×月×日收到××人民法院交来原告(或上诉人)××因××一案的起诉状(或上诉状)副本一份，现答辩如下：”或“关于×××诉答辩人×××(事)一案，特提出以下答辩：”。答辩理由是状文的核心内容，在这部分内容中，应根据起诉状或上诉状的内容，有针对性地提出相反的事实、理由和证据、法律依据来证明自己的要求和观点的正确性。

3. 答辩意见

在充分阐明答辩理由的基础上，为了清晰地说明答辩观点和主张，应当经过综合归纳，简单明了地就所答辩的问题提出自己的意见和反诉请求。其内容包括以下几个方面：

① 依据有关法律文件，说明自己行为的正确性。

② 根据确凿的事实，说明自己行为的合理性。

③ 揭示对方诉讼请求的谬误性。

④ 求人民法院合理裁判或提出反诉请求。

4. 结尾

本部分包括三项内容：一是呈文对象，写“此致××人民法院”；二是答辩人签名、盖章；三是书写答辩状的年月日。如系律师代书，应注明。

5. 附项

写法与起诉状相同。

## 五、写起诉状、答辩状应注意的事项

### (一) 突出重点，详略得当

这是在材料裁剪选择方面必须做到的。经济案件的案情重点与该案发生、发展的全过程，是点与面的关系。在叙述上，必须突出重点，抓住主线，该详则详，该略则略。务求能够显主干，少枝叶，去芜杂，见全貌。不能主次不分，平均着墨。要在“写清楚”三个字上下功夫，使人看起来明白易懂。所谓“诉状”者，乃诉说事物的形状也。要把讼争的事物，通过诉状描绘出它的“形状”来，如果写不清楚，则变成“无以名状”，当然也就不能真正起到诉状的应有作用。

### (二) 脉络清楚，层次分明

这是在材料的组织方面必须注意做到的。案情事实材料好像一堆零部件，必须合理组装，把这些零部件放到应有的位置上去，才能使它变成一部转动的机器，变成有用的诉状。怎样合理组织材料呢？一是把主要问题和次要问题有机地联系起来叙述，使它们既不致相互脱节，又不致主次不明，这就是抓住主要问题，顺着案情的主线进行叙述，在叙述发展到与某一必须说明的次要问题相联系的时候，简要地交代一下这个枝节问题，然后回到主线上来，继续叙述，再遇到与次要问题有联系的时候，再做一个简要的交代……使它形成一个枝干相通、线条清楚的脉络系统，二是要根据案情事实本身的条理，把它构成若干层次进行叙述，做到有条不紊。划分的方法，既可以按照案情发展的时间顺序来划分层次，也可以按照问题的主次来划分层次，如果是共同诉讼，原告或被告不止一人的，还可以按照各组当事人之间不同的民事法律关系来划分层次，

### （三）言之有物，切忌空谈

这是指在书写诉状的内容上，要着眼于说明案情事实，罗列必要的认证理由，反对假、大、空。对于理论问题以及对法律条文的认识与理解问题，在诉状中要尽量少讲或不讲。有些诉状，在叙事论理的前面，往往先说上一大堆空头道理，然后才转人正文，显然是不必要的。力求开门见山，着眼于案情，不必先务虚、后务实，切忌洋洋洒洒、落笔数千言。

### （四）语言简练，文字通顺

这是指在诉状书写上的语法修饰问题。在法律文书中，不采用积极修辞的方法，而采用消极修辞的方法，即不允许形容刻画，只要求用简练庄重的语言把意思准确地表达出来。所谓“语言简练”也是有条件的：一是显得庄重。二是对法律名称、机关单位的名称，一律要用全称，不能用简称，不能随意简化。例如不应把《中华人民共和国民事诉讼法》简称为“民诉法”。三是要求准确、完整地把意思表达出来，不能简练到产生歧义，甚至使人不知所云。

# 项目三

# 企业日常事务文书

## 项目描述

公司的运营带来的不仅仅是未来发展的憧憬，市场开拓和产品销售的喜悦，更多的是琐碎的日常工作。公司的运营步入正轨后，需要做的就是在谋发展的基础上处理好公司的日常事务，让公司的运营更加稳定，工作更加有效。就像家庭生活的柴米油盐，公司日常事务包括公司运营过程的方方面面，从待人接物的礼节性工作，到从经济层面解析公司运营情况的经济分析工作，再到指引未来工作的计划性工作等。诸多事务构成了公司运营的一张大网，日常事务文书就是结成网的材料，写好、用好并妥善保存好日常事务文书是公司运营中不可或缺的环节。本项目要求学生掌握企业日常事务文书的类型、适用领域、结构、内容和写作方法，能根据特定环境下的切实需求挑选合适的文种，并完成企业日常事务文书的写作。

## 任务一　计划与总结

### 任务描述

本任务要求学生在前期工作基础上完成下一季度的工作计划，根据所制定的计划撰写相应的总结。

### 学习目标

能够掌握计划与总结的内容、结构和书写要领，并能完成计划及总结的撰写。

### 任务导入

传统管理的四大职能是计划、组织、协调、控制，对一个公司来说未来工作是否能做到井井有条，一步一个台阶地向上走，非常重要的一点就在于前有计划，后有总结。通过计划制定下一阶段的工作任务和目标，通过总结对工作情况加以总结寻找不足之处，进而寻求解决之道。对于创业公司来说，公司处于初创阶段，计划和总结可以帮助公司走得更稳。关统也意识到了这个问题，于是定期做计划和总结成为关统管理公司的手段之一。什么样的计划是有效的计划，能促进公司工作的开展?什么样的总结能对前期工作加以归纳，以更好地看到成绩与不足，并指引今后的工作，这些都需要好好地思考。

## 一、计划

### (一) 计划的概念和特点

#### 1. 计划的概念

所谓计划，即机关、团体、企事业单位以及个人对一定时限内需要实现的目标和为此而采取的具体行动，预先做出大致安排的一种应用文体。无论是单位还是个人，无论办什么事情，事先都应有个打算和安排。有了计划，工作就有了明确的目标和具体的步骤，就可以协调大家的行动，增强工作的主动性，减少盲目性，使工作有条不紊地进行。

《礼记·中庸》中提到：“凡事预则立，不预则废。”“预”也就是事先打算、安排的意思。有了计划，工作就能有条不紊地进行，就能提高自觉性，减少盲目性，成功的可能性就大；相反，事先没做任何打算和安排，或者安排不周，工作就有可能遭受挫折，甚至归于失败。

计划主体是多层次的，计划的对象也是多层次的，因此计划有个人计划、家庭计划、企业计划和国家计划等。作为计划法所涉及的计划，是处于宏观层次的国家计划，而且侧重于经济计划。当计划被用作经济活动的调节手段，并与国家的职能和权力结合起来，就形成了国家经济计划。

计划的时态是指将来的某一时限。计划是面对未来、设计未来。计划的时限可长可短，但对制订计划的时间而言，必须是“将要到来”或者“刚刚到来”。

计划的内容包括两大项：一是确定工作目标；二是针对完成所定工作目标而采取的各种具体行动。计划是应用写作研究的重要文体之一。它是一个使用非常广泛的用语，在不同场合的含义可能不完全相同。

#### 2. 计划的特点

(1) 整体观念与局部设想的高度统一

计划是本地区、本单位、本部门为自己的未来而设计的蓝图，是本地区、本单位、本部门的共同行动纲领。它关系到国家的整体利益和自身的局部利益。任何一份行之有效的计划，都必须以党和国家的路线、方针和政策为依据，从国家利益、社会利益出发，结合本地区、本单位、本部门的实际情况和具体特点，把整体观念和局部设想一致起来。

(2) 多方谋划与择优从善的和谐一致

计划的实质是决策，制订计划的过程实际上是决策的过程。一般来说，计划包括四个要素：制订计划的依据，规定计划的目标，实施计划的措施和方法，完成计划的步骤。在制订计划的过程中这四个要素的具体内容并不是随意确定的，必须经过慎重的抉择，而且也只有这样，才能分清主次、先后、轻重、缓急，使各个方面关系处理的妥帖。没有多个可行方案的比较，没有择优从善的眼力，一份好的工作计划就不可能产生出来。

(3) 开拓进取与务实求精的双向沟通

计划是对未来的设计，立足于发展，制订计划必须具有开拓进取的精神。同时，计划又是对现实的革新，不能不面对现实、抓住关键，制订计划必须具有务实求精的态度。因此，制订计划必须把这两者紧密结合起来，做到计划未来不忘现实可能性，面对现实又要立足于发展。

### (二) 计划的作用和种类

#### 1. 计划的作用

工作计划已经成为人们正确认识和把握客观规律的重要手段，其主要作用如下。

(1) 增强预见性，减少盲目性

计划是对现实发展趋势的预见和规划。有了计划，领导和群众对本地区、本单位、本部门的未来发展目标就有了共识，就能明了该做什么，达到什么要求，以及怎么去做。否则，对未来发展前景心中无数，甚至漆黑一团，工作就难免偏离方向，或者内部因各自为政而发生摩擦。

(2) 增强主动性，减少被动性

工作中有些单位和部门不太注意制订工作计划，总是事到临头，手忙脚乱。有了计划，会使领导和群众知道该做什么与怎么做，从而充分利用时机，克服困难，为完成既定目标而积极努力，勇往直前。

(3) 增强规定性，减少随意性

各种工作都是由量变到质变而逐渐发展变化的，工作计划就是这一规定性的正确反映。正因为这样，计划提供了工作标准，可以作为检查和总结工作的尺度。一般来说，计划执行得好，工作前进的幅度也就大。如果没有计划，工作如何进展，哪些做得对，哪些做得不对？都不得而知。如此工作就会随心所欲，瞎抓一气，最后功亏一篑。

#### 2. 计划的种类

“计划”是一个十分宽泛的文种概念，其种类较多，“计划”只是个总称。目前常见的“规划”“方案”“安排”“打算”“设想”“要点”“意见”等都属于计划一类，可以看作计划的别名。不过在使用这些名称时应当注意它们之间的细微区别。“安排”“打算”，适用的时间较短，内容比较具体。“规划”适用的时间较长，范围较广，内容比较概括。“设想”是初步提供参考的计划。“方案”着重于拟定工作的进程、步骤和方法。“要点”“意见”适用于领导机关作为安排工作、交代政策、指明方向时使用。

从不同的角度，可将计划分为不同的种类。

按计划的内容划分，有行政工作计划、企业经营计划、财务工作计划、劳动工作计划、学习计划等。

按范围划分，有国家计划、地区计划、单位计划、个人计划等。

按内容的繁简划分，有综合工作计划、单项工作计划。

按时间的长短划分，有长期计划、中期计划、短期计划。

按计划的作用划分，有指令性计划、指导性计划。

按计划的结构形式划分，有条文式计划、表格式计划、条文与表格兼用式计划。

### (三) 计划的格式及写法

从内容上看，不论什么形式的计划，都应包括制订计划的“背景、目标、措施、步骤”四个要素。计划的类型虽多，但其结构形态只有两种：一种是以文字为主的条文式；另一种是以数字为主的表格式。

### 1. 工作计划多用条文的形式表述

这种格式的特点是通过书面文字分条列项地把整个计划的内容反映出来。格式中一般包括三个部分。

(1) 标题

标题一般包括计划的单位名称、计划期限、计划内容、计划的种类。如《××公司2018 年工作计划》。个人制订的计划，标题可省略制定单位部分。有些单项计划标题中可以没有执行计划的时间部分。如果是“征求意见稿”或“讨论稿”，则要求在标题后面或标题下面用括号注明。

(2) 正文

主要说明制订计划的依据和思路、计划确定的目标以及如何实现该目标。一般包括下列内容要素。

① 计划依据。说明制订计划的根据或说明编制计划的指导思想，或概括介绍前一阶段完成工作计划的基本情况。

② 计划目标。指计划要求达到的目标，是计划的核心、计划的出发点和落脚点。根据需要与可能，提出计划期限内必须完成的任务目标。

③ 计划措施，即为完成计划目标所必须做的工作项目及实施方法，是实现计划的保证。一般写明应该做什么以及如何做的原则性要求。

④ 计划步骤。实施和完成计划需要一个过程，无论是计划目标的实现，还是工作项目的完成，都是分步进行的。必须对计划目标、工作项目进行分解，从而划分出若干阶段，对各个阶段的人、事和检查标准做出合理的部署。

(3) 落款

一般包括两个项目，制订计划的单位名称、制定日期。如单位名称已在标题处出现，则落款处可以省去。

### 2. 业务计划多用表格的形式表述

这种格式的特点是，把计划内容数字化，即通过一系列数字，把计划的目标和任务比较具体地展示出来，并通过必要的文字加以较为详细的说明。这种格式的计划常用于经纪行业。

业务计划文字说明部分的结构一般包括以下几个部分：

① 标题。一般要在标题中写明计划应用的时间、经济业务的性质，并在后边写上“编制说明”或“说明”字样，如《2018 年销售计划编制说明》，如计划不够成熟，可在标题后面注上“(草案)”或“(试行方案)”的字样。

② 前言。阐明编制计划的主导思想和方针政策依据，扼要说明编制计划的客观基础。

③ 前期计划完成(或预计完成)情况。对前期计划情况做一简要分析，使人明了编制本期计划的起点状况。

④ 本期计划安排。写明本期的计划指标，并与前期相比，说明本期各项计划指标确定的依据。撰写时要运用准确的数据和典型事例。

⑤ 措施、方法和要求。简要分析实施计划的有利因素和不利因素，提出完成计划的方法、措施和要求，以保证计划的顺利实施。

⑥ 署名和日期。如编制说明的封面上没有署名，则可在文字说明末尾标明制订计划单位的名称，然后写明制订计划的日期。

### (四) 撰写计划应注意的事项

撰写计划，需要面对各种错综复杂的矛盾，在对立中求得统一。具体来说，撰写计划应处理好以下几种主要矛盾。

**1. 既要面对全局，又要突出重点**

计划是对未来的全面设计，要面对全局，面对各个单位、各部门、各方面工作，要通过计划的实现，使各方面工作都有所前进，出现新的面貌。因此，在撰写计划时，必须考虑到各个方面的利益，做出全面的规划，同时还要看到，在实际的工作过程中，总是有轻重缓急之分的，不能等量齐观地平均使用资源与力量。某一计划期限内，只能突出其中某些地位重要和亟待解决的事项，把它作为重点，并用来带动全盘。

**2. 既要目标清晰，又要措施得力**

目标是计划的核心，是计划的出发点和落脚点。撰写计划是从明确计划目标开始的。计划目标必须完成准确、表述清晰。只有这样，才能正确设计具体行动，确定保障目标实现的措施。措施要避免笼统和一般化，要找出推动全局工作、实现计划目标的关键环节、关键工程和关键事项。做什么，怎么做，有哪些要求，必须立足于计划目标的实现，写得具体而得力。

**3. 既要有领先性，又要有可行性**

计划目标、计划措施要与时俱进，具有领先性。只有这样，才能在激烈的市场竞争中保持自身的优势。同时又要适于自身的现实状况，脚踏实地，不能操之过急，提出过高的要求。因此，撰写计划时，计划目标的定位、计划措施的选择，既要视野开阔，看到地区、国内以及国际的先进水平，又要从实际出发，通过具体的部署与运作，逐渐地同先进水平接轨，并不断提升。

**4. 既要充分酝酿，又要善于决策**

撰写计划不能只是由文秘人员关起门来冥思苦想，“妙笔生花”，而是要发动群众，充分酝酿。如何推动全局，技术指标以多高为宜，怎样保证计划目标的实现，这些问题群众看得最清楚，要让他们关心整体利益，献计献策。主意多了，办法多了，还要善于决策，择善从优。

**【例文】**

#### 2018 年个人工作计划

转眼间又要进入新的一年——2018 年了，又是一个充满挑战、机遇与压力的一年，是辞旧迎新、再次展现自己的又一开始，也是我非常重要的一年。出来工作快两个年头了，面对竞争激烈而又现实的社会，生活和工作的压力驱使我要努力工作和认真学习，让自己成为一个真正有实力的管理者，为自己创造一个美好的未来。在此，我订立了本年度工作计划，以便使自己在新的一年里有更大的进步和成绩。

**一、指导思想**

以全面落实科学发展观为指导，以实现个人价值与企业价值的和谐统一为最高宗旨，以转变观念为突破口，积极融入企业和谐发展的历史进程中；以加强学习为根本，加速提升岗位技能水平；以遵章守纪为重点，努力确保人身安全无隐患；以勤奋工作为主攻方向，树立刻苦钻研的敬业精神；以拓展兴趣爱好为追求，不断提升个人综合素质。以崭新的战斗姿态，崭新的精神风貌、崭新的工作作风促进企业实现建设精品污水处理厂的战略目标而努力奋斗。

**二、工作目标**

蓝图绘就，目标确定，关键在于抓好落实。为使目标如期实现，要切实做好以下工作：

(一) 加强认识，转变工作角色。

面对当今世界严峻的经济形势，今年当务之急必须做到一个转变，一个认清，即转变工作角色，认清工作形势。为此，一方面要加强认识，增强意识，要从大局意识出发，站在可持续发展的高度上，牢固树立三百六十行，行行出状元和既来之，则安之的观念，警惕今天工作不努力，明天努力找工作不良后果；另一方面在思考问题，处理事情时，必须跳出以前的思维方式，摆正自己的位置，树立全局意识，切实转变工作角色，积极融入企业发展的大潮中。

(二) 实事求是，建设职业规划。

目标就是方向，有了前进的方向就有了奋斗目标。因此，一方面要本着实事求是、适当超前的原则，建立职业发展规划，制定出未来三年的发展目标，然后将三年发展目标逐年、逐月进行分解，让自己对职业成长有一个清晰的目标，随着目标的攀升与实现，努力促进综合素质的不断提升；另一方面要把目标植根脑中、牢记心中、常念口中，从而使自己目标明确，不断鞭策自己，并力争做到三月一回顾、半年一小结、一年一总结，确保目标不流于形式，促进各项目标顺利进行。

**三、加强学习，提升个人素质**

岗位技能是公司员工发展的生命线。从要做一名合格的员工起步，必须加强和提高自己的岗位技术水平。为此，首先要进一步明确工作职责，按照领导对自己工作的安排，尽快熟悉自己的工作和职责，明确工作要求；其次要结合实际深切领悟集团公司的发展规划，明确工作任务，进一步提高工作的主动性和自觉性；再次要向书本学、向师傅学、向同事学、向领导学和通过互帮互助等活动，虚心听取大家的指导和教育，而且要善于学习、勤于思考，在干中学、学中干，明确工作中处理问题的程序，做到守纪律、知程序、明内容、讲方法，学与用、知与行、说与做的统一，同时要采取多种途径和方式加强与各级各类人员的交流和沟通，确保各项交流畅通无阻。最后要不折不扣地参加集团技能培训，积极参加检测评估，完成培训任务，保证培训质量；同时还要充分利用业余时间自学充电，真正做到干中学，学中干，活到老，学到老，逐步培养终身学习的良好习惯。

**四、勤奋工作，积极回报企业**

立足本职，踏实工作不仅是员工回报企业的最根本方式，而且也是员工责任意识的重要体现。××是一个发展中的企业，它为员工铺设了成长的道路、搭建了成才的平台、奠定了成功的希望。因此，只有踏实工作，才能创造业绩，只有艰苦奋斗，工作才会不是一句空话。无论在任何时候都要坚持刻苦钻研、勤奋工作，都要坚持谦虚、谨慎、不骄、不躁。不论什么时候都应以饱满的热情，充沛的干劲投入到工作中，切切实实履好职，踏踏实实干好本职工作，常怀感恩之心，这样才能推动企业和个人实现和谐健康发展。

平凡的事业承载新的希望，宏伟的目标开启新的梦想。面对新的工作、新的挑战，新的起点、新的机遇。我相信：有××各级领导的正确领导，有广大热心同事的教育、帮助和自己的不懈努力，我一定会成为一名优秀的员工，××公司也一定会在建设精品污水处理厂的伟大进程中不断开创辉煌而灿烂的美好明天！

张××

2017年12月20日

## 二、总结

### （一）总结的概念和特点

#### 1. 总结的概念

所谓总结，就是对过去一定时期内的实践活动或某方面的工作进行回顾、分析、评价后所写的一种事务文书。总结作为人们认识客观事物，掌握客观事物规律的一种手段，对于人类社会的发展是必不可少的。立足过去，着眼未来。通过对已然实践活动的分析，作出判断以及肯定成绩和经验，发现缺点和问题，明确工作方向，更好地指导未然的实践活动。诚如毛泽东同志所言："人类总得不断地总结经验，有所发现、有所发明、有所创造。"可以看出总结是伴随着人类文明的诞生而诞生，人类文明的发展历史，就是人们不断总结经验的历史过程。总结对人类、对社会、对单位和个人都是非常重要的。但要把总结写好，并不容易，尤其是要写出有价值的总结难度更大。

总结的难，主要难在两个方面：一是"总"，它要对已然的实践活动进行事实的汇总；二是"结"，它要对汇总的事实进行分析研究从而得出规律性的结论。只有事实，便成材料的堆砌；只有结论，便成干巴巴的几条筋，这都不叫总结。事实是结论的依据，结论是事实的总括；两者互相依存，相得益彰，是谓总结。要能够达到这种程度，并非易事，但如果掌握了写总结的一些基本要领，经过多次实践，完全可以把总结写好。

#### 2. 总结的特点

(1) 目的的指导性

无论是法人组织或个人写总结，要达到什么目的，写作前应有考虑，写作时必须明白，写作后要作鉴定。一般意义上讲，总结的目的，就是为了更好地认识世界、解释世界、寻找规律，从而能动地去改造世界。社会中的每一个法人主体或个人，都会从自身的实践中去找到正面的经验或反面的教训，最直接最主要的目的就是指导今后的实践活动，而不是其他。

(2) 事实的准确性

总结是从事实出发，并对客观事实进行结论式的认识，是一个感性认识上升到理性认识的过程。事实确凿，总结出来的经验教训才能体现出客观过程的本质，才有指导意义；否则，就只能把人们的认识引入歧途，用以指导实践，将给工作造成损失。事实的准确性，不仅指事实的客观存在，还指总结所依据的事实必须典型且具有普遍意义，体现出事物的本质和主体。

(3) 概括的正确性

总结的效用不单只提出事实，告诉读者做什么，做得如何，更重要的是要揭示出为什么这样做，这样做的普遍意义何在。这就必须在事实的基础上进行理论的概括。对于同一类事实，可以从不同角度概括，也可以从表象或本质概括。要保证概括的正确性，首先要从指导实践的效用角度去概括。有些总结依据的事实是真实的，运用的方法也对，但角度不对，脱离了总结经验和教训旨在发挥指导工作的效用，概括出的观点和实际工作牵强附会，让人不知所云。如关于产品市场营销情况的总结，把概括的重点放在证明资金使用效率先进性上；写教学工作总结，概括知识分子是我国经济建设的重要力量上。这样的总结空泛无力，毫无实际效用。其次，是要从揭示事物的内在联系的角度去概括。也有些总结，角度正确，但没有抓住问题的实质，流于事实的表面现象，导致概括观点欠深欠全。如总结企业提高经济效益的工作，概括出要加强企业全体职工勤劳吃苦思想的教育的经验，这虽然重要，但从全局出发，提高企业的经济效益关键点并不在此，而在于建立奖勤罚懒、充分调动职工积极性的竞争机制、激励机制和分配机制。由此可见，从指导工作效用入手，揭示事物的本质，才能保证总结结论概括的正确性，是撰写成功的总结必须具备的重要特点。

(4) 内容的条理性

总结往往反映一个阶段的工作，时间跨度大，工作内容繁多。所以，总结在表达内容时应层次分明，清楚明了，特别强调分门别类的条理性。它不同于记叙文讲究时间、空间协调，也不同于议论文，只求概念、判断、推理的逻辑统一，只强调事实和结论的协调统一。有些总结，虽未明确地说出条目，但各层次汇集事实、概括观点的条理性仍然是非常清楚的。

工作总结作为一种文章体裁，有区别于其他文体的个性特征。这种特征，有的显而易见，有的难以辨别。特别是与之相近似的某些文体，只有认真比较，才能加以区别。另外，我们通过相关文体的比较。从而更清楚、更全面地认识、掌握总结这种应用文的特点，避免在具体运用、操作中出现差错。

第一，总结同公文报告的比较。工作总结同公文中的汇报工作的报告相比较，两者都是以回顾过去一段工作为基础，来全面系统地陈述情况。它们的区别是：公文报告代表发文机关的意见，直接具有行政效力，总结不用公文形式表现，不具有行政效力；公文报告以陈述事实为主，较少议论，总结则夹叙夹议；公文报告在回顾的基础上，也要扼要地提出下一阶段的工作思路和方法等，而总结主要是通过回顾工作，着重总结经验教训，引出规律性的东西。

第二，总结同调查报告的比较。总结和调查报告，在写法上既有很多的相同点，又有不同之处。相同点主要有：一是就事论理，无论是一篇总结还是一篇调查报告，既不能就事论事，也不能就理论理，只能通过就事论理起到验证政策，总结经验，肯定成绩，克服缺点，掌握规律，指导全局的作用；二是用事实说话，两者材料性非常强，都要通过具体的情况、做法、事实来说明主旨，揭示规律；三是要以一定的方针政策为依据。

两者的不同点：①目的不同。调查报告有较强的新闻性，是为了针对现实生活中迫切需要回答的问题及已发生的重大事件写的；总结是常规性的工作制度，一项工作完成或工作告一段落，就要把情况进行总结，以便找到经验、规律，指导今后的实践。②取材范围不同。总结主要取材于本地区、本部门、本单位的事务活动，即必须是从实践者亲身经历的范围内取材；调查报告是信息收集，它可以横向联系，超出调查对象以外的范围收集材料来说明问题。③角度不同。调查报告是非当事人的观察分析，要用第三人称；总结是当事人对自己工作的回顾分析，要用第一人称，属自我评估。④写作手法不同。总结着重论述怎样从实践中获得规律，常有较多的分析，对事实情况、过程常用概括的方法表述；调查报告则以陈述事实为主，引用具体材料较多，它要明显地反映某种事物、某项工作、某种现象，以及某个事故的“起因—发生—结局—后果”的发展脉络，过程感特强。

第三，总结同计划的比较。总结和计划属于日常管理工作中的常规性应用文，它们也可以说是一种对应性的文种，因它们实际上反映了一项工作或一段工作管理的起始和终结过程。在工作未进行之前应未雨绸缪，精心谋划，周密安排，预期性地把工作做得更好；在工作结束完成后，应回过头对做过的工作或对事先计划执行的情况进行回顾检查，找到规律，以利今后把工作做得更好。所以从某种程度上讲，总结是对计划实施情况和计划的科学程度的评估，是对执行计划主体的实践活动的一种理性认识，而下一阶段的计划要根据总结评估来制订。由此，我们不难发现，计划与总结之间相互对应，相互依赖，相互制约，完整地反映了一个管理周期，也同时反映了“计划(实践)—总结(认识)—再计划(再实践)—再总结(再认识)”永不间断，无限循环的认识规律。具体而言，总结与计划的相同点主要表现在以下几方面：①从依据看，两者都以实践内容为基础；②从写作目的看，都是为了揭示事物的本质，找出规律；③从内容反映看，都需要高度的概括性和系统性；④从表达方式上看，都以叙述说明为主，兼有议论，不用描写和抒情。总结与计划的区别是：①写作时间不同。计划制订于事前，要解决“做什么”“怎么做”的问题；总结形成于事后。要回答“做了什么”“做得怎样”的问题。②作用方式不同。计划一经批准，对计划期和计划单位的工作有直接的约束作用；总结即使成为正式文件，也主要是提高认识的作用，间接对今后工作产生影响。③反映角度不同。总结是对已完成的工作进行回顾、评价，反映的内容是固定的；计划则是对未来工作进行预测，反映内容是相对灵活的。所以，总结写作应不留余地，深入分析，找到规律；计划写作应留有余地，考虑不测的、突发的因素，具有弹性。

### (二) 总结的作用和种类

#### 1. 总结的作用

(1) 总结是获得正确认识的必由之路。

从唯物主义认识论出发：“一个正确的认识，往往需要经过由物质到精神、由精神到物质，即由实践到认识、由认识到实践这样多次反复，才能够完成。”任何单位和个人对自身实践活动进行回顾，写成总结都是一个由实践到认识，再由认识能动地去指导实践的过程，可以使我们把感性认识上升为理性认识，把实践上升为理论，有利于实践主体透过现象去发现客观活动中的规律，从而形成正确的认识。

(2) 总结是科学有效的工作方法。

总结是一个工作周期或管理活动周期结束的理论概括，有利于今后实践活动开展得更好，这实际上是一种科学有效的工作方法。它的科学有效性表现在三个方面：一是有利于科学决策。俗话说：“前车覆，后车鉴。”客观事物复杂多变，工作中的偏差失误在所难免。通过认真总结“吃一堑长一智”，就能提高决策的科学水平。二是有利于做好各项工作。在经济转型时期，市场经济发展迅速，国内市场和国际市场接轨的速度加快，新生事物层出不穷，这就要边实践边总结，提高工作的自觉性、科学性，避免工作的盲目性和随意性，尽量少走弯路，减少损失，推动工作向前发展。三是有利于充分调动积极性。总结可以通过表扬和批评，鼓励先进，奖励后进，最大限度地调动人们工作的积极性。

(3) 总结是对政策、方针、决策的检验。

我们的一切工作都是贯彻党和国家政策方针的过程。而具体单位实施的决策，是把国家方针、政策同本地区、本部门的实际情况有机结合，进一步科学化具体化的实施过程，而政策方针的正确与否，实施把握准确与否，最终要由实践来证明。总结虽不是法定的公务文书，没有行政效力，但却受到各类各级单位及其决策者的重视。

### 2. 总结的种类

总结是一个统称。在日常工作、学习中还有“小结”“情况”“体会”“回顾”等名称。它的种类繁多，划分方法也各有所异。

(1) 按内容分，有工作总结、生产总结、经营总结、劳动总结、学习总结、思想总结等。

(2) 按内容繁简分，有综合性总结、专题性总结。

(3) 按范围分，有地区、部门、单位、个人总结等。

(4) 按时间分，有年度总结、半年总结、季度总结、月份总结、阶段总结等。另外，还有两年、三年、五年以至十年工作总结。

总结的种类虽有上述分法，但事实上，一篇总结的内容，往往涉及性质、范围、时间等几个方面。从实际情况看，为推广某些经验和做法，通常使用专题总结。如某一单位在某个时期各方面的工作成绩均较显著，其多采用综合性总结；如某一个方面的工作很突出，很有特色，则采用专题性总结。

## (三) 总结的格式及写法

### 1. 总结的结构样式

总结在长期的写作实践中，已基本形成了人们惯用的一些结构样式。最典型的结构样式主要有以下几种。

(1) 板块式结构

这是总结的基本体式，也是一种传统格式，按“情况—成绩—经验—问题—建议”的顺序分部分叙述。这种结构把全篇按照内容的不同分成若干块，简明清晰，整体性强，它通常采用下面的程式顺序安排板块。

① 基本情况部分。这一部分是总结的开头，主要概括介绍总结的对象、范围、目的、背景、工作进程、工作任务等。

② 成绩和经验部分。这部分是总结的主要内容，应写明具体成绩、典型事例、统计数字，并应相应地进行理论化、抽象化，概括出规律性的东西，是总结写作的难点、重点所在。

③ 问题和教训部分。主要写工作中还存在哪些不足，或尚待解决的问题以及工作中的主要教训。

④ 打算和建议。这部分主要写今后的工作努力方向和打算，并提出相应的合理性建议。

上面四块内容，还被称为工作总结的“四要素”。这种结构形式常常运用于综合性总结。

(2) 条文式结构

把从大量材料中概括出的观点，按递进或并列形式列成若干条文，每一个条文，就是一个观点，所统领的材料，必须与观点密切关联。条文之间依总结的内容性质和主次轻重进行排列。但是条文式写法难度较大，若弄得不好，会造成条文之间分离，似一盘散沙，故以少用为宜。

(3) 小标题式结构

这种结构形式以若干小标题分别起领全篇的每一个组成部分。这种结构形式多样，写法灵活，小标题往往是经验成功的原因，或者是工作的阶段性标志。如《我们是如何管好用好活动资金的》一文把主要经验用小标题的形式概括出来，层层展开，脉络十分清晰。小标题式结构比较适合于专题性总结。

(4) 阶段式结构

分阶段总结，即把人们工作或经历的整个过程分成几个阶段，分别说明每个阶段的成绩、经验和教训，并注意怎样从较低阶段推进到较高阶段，从而使读者对整个工作进程有个全方位、整体性的了解，进而把握住某项工作的特点及规律。如《书记动手，全党办企业》一文是一篇介绍沿海发达地区如何抓办乡镇企业的工作的经验总结。文章按“从不懂到懂”“从少数人会到多数人会”“从镇干部办企业到群众办企业”3 个阶段来组合整个总结的结构。通过工作进程的顺序、事物内在联系来安排材料的特点非常明显，是典型的阶段式结构。

(5) 比较式结构

这种写法有两种格式：一是先立标准，后对照、比较，发现不足，提出改进意见。《××公司 2017 年仓库租赁业务检查情况》就是采用先在前言中标明这次检查的范围、内容、方法、要求，告示于前；然后通过检查，发现了四个方面的问题，最后针对问题提出相应改进意见。这种写法多用于工作检查性总结。二是纵横比较，即历史性比较和先进性比较。通过纵向的历史性先后比较，看总结主体具体业务工作的进展性情况，水平是提高还是降低，业绩是前进还是落后；通过横向的先进性比较，看总结主体业务工作发展性情况，水平是领先还是落后，速度是快还是慢，规模是大还是小。

(6) 贯通式结构

全文紧紧围绕主旨，总结事态发展的全过程，文字前后贯通，按“主旨—做法—效果—体会”一气呵成。如《“拿来主义”加快了经济发展》一文，标题就是总结的主旨，全文围绕该主旨，列举了五个方面的做法：一是购买科研单位的技术成果；二是为科研单位提供实验场地；三是聘请科技人员担任厂顾问；四是与大厂实行科学技术协作；五是与科研单位联合进行科研。五个方面的做法，同时又是具体的工作体会。在实际中又取得了明显的效果，而又被“重视科学技术是经济发展的根本动力”的主旨所贯穿，其不分条款不分章节，但脉络清晰，主旨鲜明，是典型的贯通式结构。

**2. 总结的结构内容**

总结一般由标题、正文和落款三部分组成。

(1) 标题

总结的标题不求生动形象，而求科学的概括和简明准确。大致有以下 4 种写法。

① 公文式标题

它类似于行政公文的标题，主要由单位名称、时间期限、内容范围、总结种类 4 部分构成。这种标题通常用于工作总结。如《××市工商银行 2017 年工作总结》《财政部 2016 年财政工作总结》《××省 2017 年经贸工作情况》等。根据实际情况标题中的单位名称或时间或内容有时可以省略，如《财政部关于会计干部技术职称评定工作的检查总结》。

② 主旨式标题

主旨式标题又称经验性标题。这种标题多用于经验总结，标题直接点明总结的主旨，如《学责于思》《树立效益观念降低储蓄成本》《食品卫生工作要做到经常化》。

③ 提问式标题

采取提问的形式引起读者注意某一块范围的具体事务和工作。如《我们是怎样打开市场销路的》《我们是怎样开拓信用卡市场的》。

④ 主副式标题

这类标题写法上分主副两行标题。主题概括总结的内容，副题表明文体特点。如《强化内部监督机制提高政务公开水平——××学院党务工作总结》《发挥整体功能转换经营机制——江铃汽车服务有限公司 2017 年工作总结》等。

(2) 正文

总结的正文一般包括前言、主体、结尾三个部分。

① 前言

前言即基本情况的概述，一般包括背景、条件、时间、任务、成绩和进程六个方面。背景是指工作进程所处的政治、政策、经济环境；条件是指工作进程所面临的内、外部条件；时间是指工作进程所经历的时间跨度；任务是指工作进程所担负的工作、要求以及要达到的目标；成绩是指完成任务的各种数据或具体表现；进程是指实践中形成的主要步骤和基本环节。介绍情况时用概述，目的是使读者有一个总体的印象。所以，应根据总结内容的需要，有所侧重，并紧扣总结的中心，画龙点睛，以简约之笔给人明确而深刻的印象。

② 主体

主体部分是总结的核心，是对前言部分的具体展开。主要包括成绩、经验、体会、问题、教训等内容，无论是综合性工作总结，还是专题性工作总结，主体部分都要做到主旨鲜明、重点突出、突出个性、反映特色。这样的总结才有价值，才有借鉴指导意义。那么，在写作中如何做到这一点呢?

一是从做法上突出重点，反映特色。具体讲就是要认真回顾本单位的实际情况，做了什么工作，是怎样做的，遇到了什么矛盾，是如何解决的，特别是与其他单位比较，找出在做法上的创新和独创之处。把这些有特色的东西总结出来，就可以提升总结的价值。《计量管理法是提高我厂生产效率的有效途径》一文介绍了雪弛羽绒服公司“把制作一件羽绒服每一道工序进行时间量化”的具体做法，这种数字化、指标化精细管理，避免了管理工作中的人为的主观的不科学行为，从而大大提高了企业的工作效率。我们知道企业提高效率的方法是多样的，但“时间量化”管理是雪弛公司独有的做法，可以说该总结特色鲜明。

二是从效果上突出重点，反映特色。总结不能停留在反映做了什么、怎么做的，而是要归纳出某项任务完成后取得了什么巨大成绩，对社会、对单位自身产生了一些什么具体影响。否则就很容易就事论事，只停留在工作事务写作的表面，毫无个性而言。这种总结因无个性特点，放到任何一个同类次的单位都无关大碍，张冠可以李戴，这是典型的总结写作中的形式主义表现。

三是从认识上突出重点，反映特色。写总结是对过去一段工作的回叙，分析、寻找到规律，形成有规律性和指导意义的认识。做了同样的工作，做法与效果基本相似，但如果各种条件不同，则对事物的认识水平，总结的深度和广度就不一样了。实践出真知，但正确的认识又可以指导实践。因此，写总结一定要反映实践主体的认识发展过程，并归纳出典型认识的脉络，这就可以使总结有重点、有特色。从而真正实现总结的认识世界、改造世界的作用。

③ 结尾

结尾部分主要是写今后的打算或努力方向。打算要切合实际，方向要具体明确，切忌空谈无物、讲大话、讲大道理。

(3) 落款

总结的落款包括具名和日期。单位总结的具名，可以放在文后右下方，也可置于标题之下。个人总结的署名，一般都写在正文的右下方。总结的日期，有的写年月日，有的只写年月。日期的位置一般落在正文的右下方。

### (四) 写总结应注意的事项

#### 1. 联系实际，实事求是

联系实际，实事求是是写好总结的基本原理。总结要符合实际情况，它的第一读者应是自己单位的人，它的第一目的是为了指导实践主体今后的实践。所以，一是要用“一分为二”的观点来分析实践活动，既要充分肯定成绩，又要看到存在的不足，既要看到现象，又要看到本质；二是要恰如其分地评价成绩，既不夸大，也不缩小，要符合客观实际。切忌把总结变成请功邀赏的材料，过分地顺应领导的脾胃，看风向，赶浪头，上有所好，下有所为，这很容易导致总结写作中违背客观事实，报喜不报忧，任意缩小、拔高，弄虚作假的形式主义的写作行为。

#### 2. 抓住实质，突出重点

抓住实质，突出重点是体现总结水平的标志，写总结不能事无巨细和盘托出，应有尽有，要经过分析综合筛选提炼，反映工作的主流和矛盾。写总结也不能只反映工作过程，停留在工作的表象，面面俱到，浮光掠影，记流水账，而应根据本身工作的特点，在做法、效果、认识上选择好突破口，抓住要害，突出重点。

#### 3. 精于剪裁，反映特色

精于剪裁，反映特色是提升总结价值的有效方法。单位一年一度的汇报性工作总结，由于是例行公事不能不写，于是很容易出现老生常谈，应付差事，使总结写作类型化、概念化、模式化、雷同化。单位总结年年相似，代代相传，不同单位总结也千人一面，大同小异，毫无个性。要改变这一现象，要实而不虚，在“实”字上下功夫，善于在不同时期、不同单位的具体做法、具体效果、具体认识上找到差异，找到人无我有，人有我优的东西才会有新意，才会有特色，才会有价值。

#### 4. 熟悉业务，掌握情况

熟悉业务，掌握情况是写好总结的前提条件。写总结者一定要熟悉总结单位的具体业务，掌握单位的具体情况和各工作细节。如作者不谙实情，就一定要调查研究，咨询知情者，查阅相关资料。否则，对情况一知半解，那是无米之炊，笔头功夫再好，也只能写成概念化、论文化的文章。

【例文】

## 2016 年个人年终工作总结

尊敬的各位领导、各位同事：

2016 年就快结束了，回首 2016 年的工作，有硕果累累的喜悦，有与同事协同攻关的艰辛，也有遇到困难和挫折时的惆怅，时光过得飞快，不知不觉中，充满希望的 2016 年即将结束。可以说，2016 年是公司推进行业改革、拓展市场、持续发展的关键年。现就本年度重要工作情况总结如下：

**一、虚心学习，努力工作，圆满完成任务**

(一) 在 2016 年里，我自觉加强学习，虚心求教释惑，不断理清工作思路，总结工作方法，一方面，干中学、学中干，不断掌握方法、积累经验。我注重以工作任务为牵引，依托工作岗位学习提高，通过观察、摸索、查阅资料和实践锻炼，较快地完成任务。另一方面，问书本、问同事，不断丰富知识、掌握技巧。在各级领导和同事的帮助指导下，不断进步，逐渐摸清了工作中的基本情况，找到了切入点，把握住了工作重点和难点。

(二) 在 2016 年工程维修主要有：卫生间后墙贴瓷砖，天花板修补，二栋宿舍走廊护栏及宿舍阳台护栏的维修，还有各类大小维修已达几千件之多。

(三) 爱岗敬业、扎实工作、不怕困难、勇挑重担、热情服务，在本职岗位上发挥出应有的作用。

**二、心系本职工作，认真履行职责，突出工作重点，落实管理目标责任制**

(一) 2016 年上半年，公司已制定了完善的规程及考勤制度。2016 年下半年，行政部组织召开了 2016 年的工作安排布置会议，提出年底实行工作目标完成情况考评，将考评结果列入各部门管理人员的年终绩效。在工作目标落实的过程中，宿舍管理工作制度的完善有力地促进了管理水平的整体提升。

(二) 对清洁工每周不定期检查评分，对好的奖励，差的处罚。

(三) 做好固定资产管理工作。要求负责宿舍固定资产的管理，对固定资产进行监督、管理、维修和使用维护。

(四) 加强组织领导，切实落实消防工作责任制，为全面贯彻落实“预防为主、防消结合”的方针，公司消防安全工作在上级领导下，建立了消防安全检查制度，从而推动消防安全各项工作有效地开展。

**三、主要经验和收获**

在安防工作这两年来，完成了一些工作，取得了一定成绩，总结起来有以下几个方面的经验和收获：

(一) 只有摆正自己的位置，下功夫熟悉基本业务，才能更好地适应工作岗位。

(二) 只有主动融入集体，处理好各方面的关系，才能在新的环境中保持好的工作状态。

(三) 只有坚持原则、落实制度，认真统计盘点，才能履行好用品的申购与领用。

(四) 只有树立服务意识，加强沟通协调，才能把分内的工作做好。

(五) 要加强与员工的交流，要与员工做好沟通，解决员工工作上的情绪问题，要与员工进行思想交流。

**四、加强检查，及时整改，在工作中正确认识自己**

(一) 开展常规检查。把安全教育工作作为重点检查内容之一。冬季，公司对电线和宿舍区进行防火安全检查。

(二) 经过这样紧张有序的一年，我感觉自己工作技能上了一个新台阶，做每一项工作都有了明确的计划和步骤，行动有了方向，工作有了目标，心中真正有了底！基本做到了忙而不乱，紧而不散，条理清楚，事事分明，从根本上摆脱了刚参加工作时只顾埋头苦干，不知总结经验的现象。就这样，我从无限繁忙中走进这一年，又从无限轻松中走出这一年。另外，在工作的同时，我还明白了为人处事的道理，也明白了一个良好的心态、一份对工作的热诚和责任心是多么的重要。

(三) 总结下来：在这一年的工作中接触到了许多新事物、产生了许多新问题，也学习到了许多新知识、新经验，使自己在思想认识和工作能力上有了新的提高和进一步的完善。在日常的工作中，我时刻要求自己从实际出发，坚持高标准、严要求，力求做到业务素质和道德素质双提高。

**五、听取员工的意见**

要定期召开工作会议，兼听下面员工的意见，敢于荐举贤才，总结工作成绩与问题，及时采取对策。

**六、存在的不足**

总的来看，还存在不足的地方，还存在一些亟待我们解决的问题，主要表现在以下几个方面：

1. 对新的东西学习不够，工作上往往凭经验办事，凭以往的工作套路处理问题，表现出工作上的大胆创新不够。

2. 本部有个别员工，骄傲情绪较高，工作上我行我素，自以为是，公司的制度不遵守，在同事之间挑拨是非，嘲讽，冷语，这些情况不利于同事之间的团结，要从思想上加以教育或处罚，为企业创造良好的工作环境和形象。

3. 宿舍偷盗事件的发生，虽然我们做了不少工作，门窗加固，与其公司及员工宣传提高自我防范意识，但这还不能解决根本问题，后来引起上级领导的重视，现在工业园已安装了高清视频监控系统，这样就能更好地预防被盗事件的发生。

**七、下一步的打算**

针对 2016 年工作中存在的不足，为了做好新一年的工作，应实出做好以下几个方面：

(一) 积极搞好与员工的关系，进一步理顺关系。

(二) 加强管理知识的学习提高，创新工作方法，提高工作效益。

(三) 加强基础工作建设，强化管理的创新实践，促进管理水平的提升。

在今后的工作中要不断创新，及时与员工进行沟通，向广大员工宣传公司管理的相关规定，提高员工的安全意识，同时在安全管理方面严格要求自己，为广大公司员工做好模范带头作用。在明年的工作中，我会继续努力，多向领导汇报自己在工作中的思想和感受，及时纠正和弥补自身的不足和缺陷。我们的工作要团结才有力量，要合作才会成功，才能把我们的工作推向前进！我相信：在上级的正确领导下，×××××的明天更美好！

张××<br>2016 年 12 月 26 日

# 任务二　经济活动分析报告

## 任务描述

本任务要求学生在前期工作基础上完成公司经济活动分析报告。

## 学习目标

能掌握经济活动分析报告的内容、结构和写作要领，并能完成结构清晰、分析合理、内容完整的经济活动分析报告。

## 任务导入

关统的公司正式运营一段时间了，这一段时间的运营情况如何，企业的各项工作效益如何，企业的方针政策是否合理，这些都需要进行检验，以便让公司的投资人和员工更加有信心，同时更有利于后期工作的调整。针对公司的经济活动进行分析，可以让关统对自己的企业活动更加了解，因此经济活动分析报告成为关统监控企业活动效果的有效武器之一。可是经济活动分析应该针对哪些方面进行分析，经济活动分析报告又该如何撰写才能更清晰地体现出公司的活动情况呢？

## 一、经济活动分析报告的概念和特点

### （一）经济活动分析报告的概念

经济活动分析报告是经济职能部门或企业实体，以计划指标、会计核算、统计核算和调研情况等为依据，运用科学的方法，对一定范围、时间内的经济活动状况进行分析研究、评估后写成的书面报告。

经济活动分析研究的对象是企业经营的过程和成果，目的在于调控企业的经济活动、改善企业经营管理、降低成本、增加企业利润，提高经济效益。并从企业的经营过程中总结经验，揭露矛盾，分析原因，提出措施，充分挖掘一切潜力。实际上经济活动分析报告包含了三层含义：①经济活动。所谓经济活动，是指在生产经营活动中，能够用货币形式反映的各种活动，如购买材料、销售产品等。②经济活动分析。所谓经济活动分析，是指运用会计、统计以及业务核算等资料，通过调查研究，分析、检查企业计划完成的过程和结果的方法。③经济活动分析报告。它是指有关部门在进行经济活动分析的基础上写成的文字材料。它的作者可以是企业自己，也可以是企业外部主管部门、财政银行部门进行的。

经济活动分析报告的三层理解实际上规定了经济活动分析报告的主体对象、客体内容及反映手段，有别于经济预测和经济工作总结。经济活动分析常是围绕生产、成本、销售、利润、资金来进行的，并着眼于企业经营活动和生产成果相互影响、发展变化的动态过程。

### （二）经济活动分析报告的特点

经济活动分析报告具有以下六个方面的特点。

1. 观点的鲜明性

观点即对事物的态度和意见，是在分析报告中所得出的结论。经济活动分析的作用，在于通过对经济活动过程和结果的分析及判断，指导实践，因此，分析报告中的观点必须鲜明。

2. 分析的客观性

经济活动过程，指工业企业的供、产、销过程，即物质资料的再生产过程；商业企业的购买、销售过程，即商品的流通过程。经济活动结果是指经济活动中各项经营成果以及完成的各项经济指标。经济活动过程及其结果是经济活动分析的内容，通过分析、评价资源利用情况，检查经济结构完成情况，促使经营管理水平不断提高。因此，只有客观、公正、准确地分析，才能得出和实际相符的结论，这样的结论才具有参考价值。

3. 时效的定期性

经济活动分析报告是对一定时期内已完成的生产经营、销售或其他经济活动的分析和总结，一般在年终或一个生产周期，或一个经营环节后进行，具有明显的定期性和及时性。

4. 效果的检验性

经济活动分析报告是对已发生的经济活动过程的检验与评估，标准是计划指标、党和国家相关的方针政策、法规法令以及加入世贸组织后的相关国际准则。

5. 数据的对比性

经济活动分析报告以数据对比分析为主。不同的经济活动由不同的经济技术指标构成，有不同的分析要求和计算方法，专业技术性强。检验每一项经济指标的完成情况以及相关因素等，必须通过数字对比来加以表示和说明。有比较才有鉴别，才能明辨得失优劣，确定方向。

6. 实践的指导性

分析过去只是手段，指导今后工作才是目的。经济活动分析报告着重分析经济情况产生的原因、总结成功的经验、找出不足的地方及薄弱环节、提出解决的建议和措施等。目的在于分析过去、总结规律，指导企业今后的经营活动。

## 二、经济活动分析报告的作用和种类

### （一）经济活动分析报告的作用

经济活动分析报告有助于及时检查和总结经济活动的情况，对企业生产经营状况和企业财务状况进行全方位的总结。它的作用是多方面的，具体讲有以下四个方面。

1. 反映现有经济状况，进行科学评估

通过对各种经济指标完成情况的汇总分析，可以考核本期计划的执行情况，并经过历史性比较和先进性比较来客观、全面地认识企业经营的现况、地位，找到成绩与经验，发现问题与经营中潜在的危机，从而对一定时间内和一定范围内企业的经济活动作出一个实事求是的科学评价，让企业经营者做到胸中有数、防患未然，调整经营策略。

**2. 分析主客观因素，明确发展方向**

通过对影响或决定经济活动的各种主、客观因素的分析研究，能找出企业经营中发展优劣的决定性因素或关键问题。如通过计划完成好坏的原因的分析，既可以看到成绩、激励先进；又可以发现问题，解决问题，进一步完善计划制订的科学性，为进一步完善挖掘完成计划的潜力提出合理的意见或措施，明确企业的发展方向及努力方向。

**3. 发挥管理功能，提高管理水平**

经济活动分析是经济管理工作的重要组成部分。计划、核算、分析三个既联系又独立的环节反映了经济管理的整个过程。计划是事前控制，重在预定目标；核算是事中控制，重在反映监督计划和执行过程；分析是事后控制，根据核算资料对计划的执行情况进行分析。三者构成了经济管理的有机统一整体，计划为分析提供评价标准，核算为分析提供必要资料，而分析既使计划得以检验，也使核算得以深入，能帮助经济活动有关部门制订计划恰如其分、执行计划切实有效，促进管理水平的提高。

**4. 认识市场规律，搞好职能服务**

随着社会主义市场经济的发展及经济全球化的趋势，经济活动更加复杂而富有变化，经济主体的多方性及经济活动的联动性日益明显，原有的一些管理方法、计划措施等已不能适应新的经济形势，无论是企业本身还是财政、税务、审计、统计、银行等经济管理部门，都需要经常深入到市场中去进行经济活动分析，以便及时掌握各种经济活动运行情况，认识市场规律，采取各种有力的调控措施和政策，更好地履行各经济管理部门的职责，为企业、行业、地区乃至全国的国民经济健康、迅速地发展提供最优的服务。

### (二) 经济活动分析报告的种类

由于企业的性质不同，经济活动的内容也有区别；由于企业在不同时期的经济活动内容不是固定不变的，因此经济活动分析就不能只是一个模式。再加上市场主体分析经济活动的目的、任务、要求不同，角度、办法不同，经济活动分析的形式就有了不同的样式。下面根据不同的分类标准，作适当的归纳。

**1. 按部门划分**

按部门分，可分为工业经济活动分析、农业经济活动分析和商业经济活动分析等。

各部门的经济活动分析都涉及人、财、物和产、供、销这些要素，但是这些要素在各部门的经济活动分析中各有自己的内容和格式。例如生产企业是以生产为中心的，它的经济活动分析的内容和形式就常表现在产量、品种、质量、消耗、劳动生产率、成本、利润、资金等所谓的八大指标上。商业企业是以商品流通过程中的购销调存的活动为中心的，在活动过程中，不断发生人力、物力和财务耗费，需要商品流通费的支出，支出由销售收入补偿，收入大于支出，就取得盈利，相反即亏损。因此商业经济活动分析就将购销调存的分析和财务分析(资金、流通费和利润的分析)作为自己的内容和形式。其他部门(如农业、交通运输、财政金融等)的经济活动分析也各有自己的特殊内容和形式。

2. 按范围划分

按范围分，可分为综合分析、专题分析和典型分析。

综合分析也称全面分析，是对企业进行全面的检查和评估，使用大量的指标和资料，在经营过程和结果中揭露不平衡现象，抓住经营中的主要矛盾、查明主要因素，促进全面改善，提高经济效益。它对于指导企业进行有效的市场运作有重要意义。由于企业的经营和成果最后都综合地反映在财务上，财务分析在综合分析中就有特别重要的意义。

专题分析是对某些重要问题进行分析，是综合分析的继续和深入，也可以根据经营中发现的问题和企业市场经营的要求随时进行。有助于某些关键问题的深入了解和具体解决。如成本分析、费用分析、产品质量分析、资金分析等。专题分析报告的特点是内容专一、分析深入。它是不定期的分析报告，发现问题后可及时分析，具有明显的动态性和专一性特点。

典型分析是对有代表性的某个单位、部门、事件和全局性问题进行深入分析，从而揭示一般规律，指导或促进其他单位或部门的工作，具有明显的代表性和普遍性特点。

## 三、经济活动分析报告的分析方法

经济活动分析是建立在数据指标体系的基础上的，数据指标的分析要根据目的要求和资料数据的掌握情况，采用一定的科学的技术方法。技术方法的选择得当是分析的重要前提和关键，经济活动分析可以说是方法论的科学体现。因此经济活动分析报告的写作也要讲究分析方法的叙述。方法叙述得精简清晰，报告就有说服力。经济活动分析报告常用的分析方法有下列几种。

### （一）比较分析法

比较分析法也称对比分析法。它将两组或多组具有可比性(如时间、内容、项目和条件、标准等相同或相近)的数据资料放在同一基础上进行比较，以鉴别高低，找到差异，查明原因，提出改进措施。一般可从以下几方面比较。

1. 比计划。将本期各项指标的实际数与计划数对比，这是最基本的比较。其作用有二：其一说明本期执行计划的实际状况，找出差异的原因；其二能检验计划指标是否合理、实际，是否需要修订。

2. 比历史。将本期实际数与上期、上年度或历史间期最高水平比较，看其增减之幅度，以反映经济活动的发展变化及趋势。

3. 比先进。将本期实际完成数与国内外同行业基本相似或相同的先进企业同期完成数对比，以考查本企业各项经济指标的高低层次，既能对本企业状况合理定位、准确评估，也可以学习先进，找出差距、扬长避短，明确经营方向。

### （二）因素分析法

因素分析法是探求影响某一经济指标完成情况的各种因素和影响力程度的分析方法，它要将造成差异、问题的各种主客观因素综合分析，在错综复杂的矛盾中找出最本质、最关键，起决定作用的因素。比较分析法着重于数据和情况的对比，因素分析法侧重于事实的说明和特点、原因的剖析。

### (三) 动态分析法

将不同时期经济活动的同类指标实际数值进行比较，求出比值，进而分析该项指标增减发展情况，此种方法即为动态分析法。进行动态分析，需要大量的历史资料积累，将其按时间顺序排列，组成动态数列。数列中的指标数第一个为最初水平数据，最后一个为最新水平数据，每个数值均叫发展量，这个数列反映的是经济活动某个项目在不同时期的规模水平。

动态分析应先划定经济活动的起止时间，列出有关的所有数值，计算出增减速度、平均变化速度等，然后从这些比值的变动中研究某一个指标的变化情况，并推测其发展趋势。要注意的是，分析这些数值不能仅仅围绕抽象的数字，还应探讨不同时期的各种其他因素对数值变化直接或间接的作用和影响。

除了以上方法外，还有预测分析法、平衡分析法、时间分析法、指数分析法、差额分析法、线性规划法、相关分析法等，可分别从不同角度进行经济活动分析。在具体选择时，可依据资料内容、性质、分析的对象和目标，采用一种或几种分析方法。

## 四、经济活动分析报告的格式及写法

### (一) 经济活动分析报告的格式

经济活动分析报告一般由标题、导言、主体、结尾和落款五部分组成。

#### 1. 标题

根据经济活动分析报告的内容、目的不同，标题形式可多样化。一般由单位名称、分析时限、分析内容和文种类型四要素组成。表现形式有：①完整性标题，如《××公司 2017 年度财务计划执行情况分析》《××公司 2018 年上半年销售情况分析》。这种题型四个要素齐全、表达完整。②不完整性标题，某些报告拟题时为了特别突出某方面的因素往往会省去某些次要要素，以突出标题题旨的鲜明性。它大致有三种表现形式：突出分析对象，如《钢材产销分析》；突出分析的内容或范围，如《对当前新产品推广模式和市场形势分析》；突出文章的观点，如《要把产成品资金作为经济活动分析的重点》。

#### 2. 导言

导言亦称前言、引言、开头、导语。主要概述分析报告的内容、范围、对象、目的、背景等。一般写法有：①从简介经济情况入手，然后提出要分析的问题。纯属于一种开门提问式。②有的分析报告，简介情况后，就提出观点，用一过渡句转入分析。纯属于开门见旨(山)式。如《供应链金融需求因何上升》一文，就是这样开头的。③有的开头只是一句过渡语，马上转入正文。如《××市财政局关于一月份财政收支情况的分析报告》一文的开头是："现将 1 月份财政收支情况报告如下"，就是这种形式。

#### 3. 主体

这是经济活动分析报告的主要部分。这部分的重点是分析原因，找到问题，得出结论。它一般由三部分组成：

(1) 基本情况。运用对比、分解、综合的方法，以大量的数据(包括图表)介绍情况，找出差异。

(2) 原因剖析。深入分析上述情况，找出主客观因素，给予恰当评价。

(3) 意见建议。在科学分析的基础上做出正确的意见，有针对性地提出合理的措施、建议，以指导实践。

4. 结尾

分析报告有的有结尾，有的结尾不明显。有的以建议结尾；有的以分析结果结尾；有的结尾处展望未来，鼓舞斗志。总之，结尾要写得简明扼要，干净利落。

5. 落款

在正文的下方写上分析报告的单位名称和报告成文的时间。

### (二) 经济活动分析报告的表达方式

经济活动分析报告重在分析，因此，必须有数据和情况的介绍，必须引用实例说明观点和看法，还必须从事实的分析中推断发展规律，所以主要采用叙述、说明、议论相结合的表达方式。

1. 叙述

叙述常用于对经济活动的基本情况、经济效益和存在的问题的介绍。分析报告多用概括叙述手法，使叙述情况简明扼要，清晰明了，主次分明。

2. 说明

说明常用于对经济指标执行情况的说明。说明的文字要做到条理清楚，纲目分明。要对客观事物作客观的、冷静的、科学的解释。要把握分析报告的内容，抓住分析报告的特点。常用数字说明、图表说明、比较说明、诠释说明。

3. 议论

写作经济活动分析报告，常在概述基本情况、说明经济指标执行情况的基础上，分析问题产生的原因，对经济效益进行客观评价，从而传达作者的观点和看法。因此，常用议论点明观点、分析原因、总结经验教训。运用议论评价经济活动的好坏优劣要恰如其分，对问题的分析要切中要害。分析判断必须准确，推理必须合乎客观事物的发展规律，不可主观臆断，随心所欲。

## 五、写经济活动分析报告应注意的事项

### (一) 要突出重点

经济活动分析不能写得面面俱到，不分主次。要抓住关键问题、深入分析，揭示潜在问题，提出有预见性的建议，就会给人以深刻印象，为经营者提供有力的决策依据。

### (二) 要善于发现问题

经济活动分析报告是加强企业管理、提高决策水平的重要手段，必须如实地反映市场中各经营主体的经济活动。分析和写作必须坚持原则，实事求是，肯定成绩，不回避矛盾，不掩盖矛盾，要有科学的态度、科学的勇气。要全面看待、分析各种指标，善于超前性地发现问题，防微杜渐，保证各经营主体在市场中健康良性地发展，并提高自身

的竞争实力。

### （三）要防止单纯罗列数据

经济活动分析报告是用指标来分析问题的，指标十分重要，在报告中占有重要地位。但是指标分析必须与因素情况分析相结合，只有数据才能反映问题的本质。一个企业的效益上去了，数据上很惊人，但还要看经营主体是否违反了国家的经济政策，是否损害了国家和人民的利益。书面报告切勿单纯依靠数据，使人不得要领。要重视分析叙述的角度，要注意数据与因素分析相结合。

### （四）要注重科学性

写经济活动分析报告首先要客观全面，既肯定成绩，又要找出差距；既说明有利因素，又要说明不利因素；既要分析客观因素，更要分析管理上的主观因素，切忌片面性。

【例文】

## 房地产公司2016年11月份经济活动分析报告

2016年11月份，房地产公司实现主营业务收入229万元，完成年度总预算的4.58%；本年累计完成收入1617万元，完成年度预算5000万元的32.34%。11月份实现利润29万元，环比增加利润29万元；本年累计完成利润61万元，完成年度调整预算利润120万元的50.83%，同比增加利润57万元。

**一、主要经济指标完成情况**

1. 收入完成情况：11月份实现收入229万元，上月为23万元，上年当月为33万元；本年累计完成收入1617万元，上年同期为834万元。

本月收入229万元是根据汕头三期实际测定的完工进度采用完工百分比法确认的结算收入，较9月份结算收入23万元增加206万元。汕头三期施工进度统计至11月底，桩基部分完成工程量的60%，发生费用大约500万元。

2. 利润指标完成情况：11月份实现利润总额为29万元，上月为0万元，上年同期为0万元；本年累计实现利润61万元，上年同期为4万元。

3. 主营业务成本情况：11月份营业成本为147万元，上月为0万元，上年当月为0万元；本年累计营业成本为1028万元，上年同期为596万元。

4. 管理费用情况：11月份管理费用支出为32.25万元，上月为3万元，上年当月为1.32万元；本年累计管理费用支出为174.25万元，上年同期为144.32万元。

11月份生产经营情况较为平稳，各项数据指标也较平稳正常。

**二、存在的问题**

1. 人员结构不合理。目前汕头三期项目能按进度施工，安全、质量可控。下一步要做好项目的重新编制预算、工程进度款的结算工作。但目前房地产公司在工程管理及预决算方面技术人员缺乏，发挥不了专业作用，问题尤其突出，影响正常工作，容易导致公司利益受到一定程度的损害，到了非解决不可的地步。希望公司考虑房地产公司人员结构的实际情况及工程项目建设的需要，从广梅汕内部调剂部分专业人员，应付目前生产之所急。

2. 缺乏新的经济增长点。房地产公司今明两年的收入主要来源为汕头三期项目，而惠州西区项目才是房地产公司今后几年最切实可行的一个新的经济增长点，但目前推进惠州西区项目存在很大困难：一是项目启动资金缺口巨大，需缴交土地出让金及前期报建费用近2个亿；二是应政府要求建设的1500套公共租赁住房需要我们垫资1.5亿；三是向政府争取土地、税费等优惠政策，需要更高层面与惠州市政府商谈，争取更大的支持力度。以上问题和困难，希望公司给予支持帮扶。

3. 秋长镇闲置土地存在被政府盘整收回的可能。权属房地产公司的惠州市惠阳区秋长镇3万平方米土地，至今已闲置10余年，不仅未产生经济效益，还有被政府盘整收回的可能。目前房地产公司已上报该土地的开发利用方案，希望公司尽快研究，尽早启动该土地的开发利用。

**三、下一步采取的措施**

1. 力争完成公司下达的年度经营任务目标。根据公司《关于公布<2016年广梅汕公司多元及工附业单位工资总额与经济效益挂钩办法>及工效挂钩指标的通知》(广梅汕人劳函〔2016〕80号)的要求，房地产公司的经营任务是年度完成经营收入5000万元，实现利润120万元。至11月底，我公司已完成经营收入1617万元，比年度计划5000万元尚欠3383万元；实现利润61万元，比年度计划120万元尚欠59万元。房地产公司2016年的收入主要来源为汕头三期结算收入，汕头三期的施工主要从7月份开始，因此结算收入主要在下半年。下一步主要是抓好汕头三期的施工组织，加强项目安全、质量管理，确保至年底项目工程形象进度完成40%，有望完成年度经营任务目标。

2. 尽快盘活秋长镇闲置土地。2005年抵债回来闲置10年的秋长镇3万平方米的土地，已收到惠州市惠阳区的盘整收回的通知，必须尽快研究开发利用该土地，盘活资产，防止国有资产流失。房地产公司已上报了将该土地出租的方案，通过出租利用，保存该土地，以致不被政府盘整收回，再寻机开发利用。如能尽快启动并成功出租，将对保存土地以及缓和房地产公司流动资金压力起到一定的作用。

3. 推进惠州西区项目前期报建工作。当前国家、省、市及部、集团，对加快推进职工住房建设的政策极为有利，加上职工的惠州西区项目的建设期盼已久，如错过时机，将错失良机，今后要想再推动该项目，难度将大大增加。由此，惠州西区项目的报建工作不能放松，希望公司给予明确意见，以便我公司推进项目前期报建工作，在推进报建过程中遇到的问题，也请公司给以帮扶解决。

房地产公司

2016年11月4日

# 任务三　述职报告

## 任务描述

学生依据前期工作结果，根据自己在创业公司中所处的位置完成相应的述职报告。

## 学习目标

能掌握述职报告的结构、内容和写作要领，并能完成一份完整的述职报告。

## 任务导入

关统的公司规模不断扩大，组织结构日趋完善，同时员工数量快速增加，此时激励员工的工作热情必不可少。绩效考核作为现代企业激励员工的一项措施效果斐然，关统的公司也在做员工的绩效考核，考核需要将员工所做的工作和取得的成绩与考核标准进行对比从而得到结果，员工做了些什么，取得了哪些成绩，这些东西都需要用书面的方式呈现，述职报告成为考核的重要依据。现在需要做的就是让员工们递交述职报告，可是什么样的述职报告才能更好地将员工的工作与成绩加以体现，格式应该是什么样的，内容应该如何写?为了绩效考核的过程效率更高，这些都需要让员工好好地学习一下。

## 一、述职报告的概念

述职报告是任职者向上级部门和本单位群众陈述任现职以来履行职责情况的书面报告。

述职报告的主体是任职者，即担任一定领导和管理职务的人员。任职者，从前限于单位和部门的中上层领导人员，后来随着岗位责任制的推行，已经普及到普通职工。

述职报告的内容是任现职以来履行职责的情况。包括：做了哪些事，取得了哪些成绩，有些什么经验，还存在哪些不足等。

述职报告属叙议结合的陈述性文体。陈述的基本内容是事实，是反映事实的材料，这是述职报告写作的基础。同时，还必须从事实材料中提炼出恰如其分的观点，并用这一观点去组合材料，使述职报告主旨明确，重点突出。

## 二、述职报告的特点

述职报告是与职业相关、目的明确、范围确定的陈述性文体，其共同特点如下。

(1) 规定性。述职报告所写的内容必须是任职者职权范围以内的，并且受述职时限的限制。同时，上级或主管部门要求述职报告回答的问题，都应当做出回答。

(2) 真实性。述职报告要取信于人，其前提与基础就是内容真实，所运用的事例和数据必须准确无误，不能有丝毫的掺假或差错。

(3) 竞争性。述职报告其主体者要有竞争意识。述职报告，从表面上看，只是个汇报工作，好像是例行公事。其实不然，它是考察，是展示，是比赛。述职报告过后，便是评先评优，这就说明“述职”是评先评优的“基础”。述职者如果看不到这一点，缺乏竞争意识，即使平日工作做得再好，述职报告一般化，也是难以给人建立良好印象的。

(4) 简明性。述职报告要写得简明扼要，富有个性，准确介绍自己。述职者面对履行职责以来的诸多事实，如何条理化，如何以简驭繁，如何突出主旨，也是认识能力、决策能力高下的一种生动体现。

## 三、述职报告的作用

随着新的干部管理体制和专业技术人员管理及考核体系的建立与实施，述职报告具有其他文体不可替代的作用。

(1) 述职报告是考核、选拔、任用干部的重要依据。组织和人事部门通过任职者的述职报告，可以对其任职情况进行全面系统的了解，可以选拔任用德、才、勤、绩、能诸方面出众的人才。

(2) 促进任职者不断总结提高。述职报告可以帮助被考核人员养成不断总结经验的习惯，明确自身的职责，提高政治水平、领导才干和业务素质，不断攀登新台阶。

(3) 便于群众对干部实行公开监督。干部和管理人员履行工作职责的情形如何，本单位本部门的群众最有发言权。向群众陈述自己的工作情况，不仅可以得到有效的监督，而且可以得到切实的帮助，从而密切与群众的联系，获取进一步做好工作的强大力量。

## 四、述职报告的种类

述职报告可以作多种划分。

### (一) 按照述职报告主体的不同划分

1. 代表机关或部门的述职报告。各级人民政府的工作报告和各级人民法院向各级人民代表大会的工作报告，都属于这种述职报告。报告人应是机关部门的主要负责人，特殊情况下，也可以是机关或部门的副职。这类述职报告的署名一般应在报告人的前面冠以机关或部门的名称及报告人职务。

2. 任职者个人的述职报告。这类述职报告不是代表机关或部门作述职报告，而是就自己在任职期间所负责和分工的工作情况向上级机关或所属群众的简要陈述。这类述职报告中应使用个人名义，其报告由报告人自己负责。

### (二) 按照述职目的的不同划分

1. 晋职述职报告。即任职者需要晋升更高一级职务时，应向有关部门报告履行现任职务的情况。这是考核拟提拔晋升职务人员必经的一个程序。

2. 任职述职报告。即担任一定职务人员，定期向有关组织和公众汇报担任该职务的情况，以接受组织的考核和群众的监督。

### (三) 按照述职时限的不同划分

1. 年度述职报告。任职者每到岁尾或年初向上级机关和公众汇报其履行职务的情况，时间上仅限于本年度。

2. 任期述职报告。任职者任期届满，需向上级机关和公众报告其工作，时间上则是整个任期内的。

## 五、述职报告的格式及写法

述职报告一般由标题、署名、主送单位、正文、附件和落款六部分构成。

### (一) 标题

1. 采用“述职报告”作为标题。

2. 由述职者职务、姓名加上“述职报告”作为标题。如《×××公司经理××的述职报告》。

3. 在“述职报告”前加上述职的时间、任职作标题。如《2015年至2016年任总会计师的述职报告》。

4. 运用正副标题。正题用来点明述职报告的主旨或基本观点、基本经验；副题交代是何人担任何职务的述职报告。如《会计工作也要与时俱进——××银行总会计师××的述职报告》。

### （二）署名

一般应在标题的正下方署名，也有在正文之后的落款处署名的。往往在述职人姓名前冠以单位和职务名称。如标题中述职人姓名已经出现，则署名部分可以省略。

### （三）主送单位

这是指述职报告的呈送单位、部门或负责人。如：“××市人事局”“××院职称评定委员会”。

### （四）正文

这是述职报告的中心内容。一般由基本情况、政治思想、工作实绩、存在问题与薄弱环节、努力方向及打算等部分组成。

1. 基本情况。简要交代任职者的学历、政治面貌、任现职的时间、完成任务的总体概括等。属于述职报告的前言部分，起引领作用。

2. 政治思想。主要写政治学习、政治表现、工作责任心、敬业精神等方面的情况。

3. 工作实绩。一般要写明所分管工作的内容和对工作职责的认识及分管工作的总体评价、胜任程度。陈述所做的主要工作，取得了哪些成绩，并讲明哪些是自己主持的，哪些是协助他人或指导监督他人做的，说明自己在这些工作中所起的具体作用。对一些难题的应对思路和重大问题的解决过程，以及最后的效果和影响，要交代得一清二楚。

4. 存在问题与薄弱环节。主要是自我评价在履行职务时的工作失误或有待改进和完善的地方。重在剖析自己工作中的失误和造成的损失，要认真分析原因，说明自己应负的责任。

5. 努力方向及打算。简要写出述职者今后的努力方向、工作所要达到的目标，以及将采取的一些具体措施等。

6. 结束语。述职报告的末尾常用“以上报告，请予审示”“述职至此，谢谢大家”做结尾。

### （五）附件

如果有补充说明正文的材料、图表等，可用附件形式表达。需写明名称、件数。置于正文末尾左下方。

### （六）落款

署上述职者职务、姓名和成文日期。如在标题处已有署名，则此处省略。

## 六、写述职报告应注意的事项

述职报告应用面宽，使用频率高，而且与撰写者的切身利益有关，写作时应当处理好以下几种关系。

(1) 既要有针对性，又要有说服力。述职报告在写作目的、写作内容上有很强的规定性。述职报告仅有针对性还不够，还必须有说服力，能够吸引和打动读者，使他(或他们)能够读(或听)下去，并引起共鸣和共识。只有这样，写作目的才能得以实现。

(2) 既要严格尊重事实，又要充分展示自己。述职报告讲求真实，容不得半点虚假。真实是对客观事实的尊重，也是对读者与听众的尊重。述职报告中成绩的陈述，经验的概括，都要遵循实事求是的原则。但真实只是写作述职报告的基本要求，一份好的述职报告必须在不妨害真实性的条件下充分展示自己。尊重事实与展示自我这两者并不矛盾。在述职报告中展示自己，不能凭虚言巧语，必须凭借货真价实的精选出来的事实材料；同样，在述职报告中处处尊重事实，恰如其分，才能给人以亲和感、信任感，才能展现出良好的自我形象。因此，撰写述职报告，必须把严格尊重事实与充分展示自己有机结合起来。

(3) 既要顾及方方面面，又要突出重点。写述职报告要求视野宽广，思路开阔。撰写述职报告，要面对岗位职责的全部，不能挂一漏万，顾此失彼。谈成绩，不能只着眼于某方面或某部分；分析取得成绩的原因，不能只归功于自己；不能只谈成绩，不谈问题，报喜不报忧。但又不能面面俱到，平均使用力量。对面上的情况，要有概括性的交代，但主要力量应集中于对全局来说处于重要地位、发生重要作用的部分或方面，谈代表全局的部分或方面的成绩，并从中找出经验和教训。全局靠重点支撑，重点靠全局显现。撰写述职报告，要认识与把握这种关系。

(4) 既要内容丰富，又要语言简练。述职报告要力戒内容贫乏，追求所含信息的充分。述职报告，要使读者或听众明白你所做的工作是大量的，所遇到的困难是很多的，所处理的矛盾是复杂的。只有这样，才能突出成绩得来得不易，积累经验的可贵。但语言表达要简练。要抓住主要和重点，分清主次；要提高语言的概括力、表现力和说服力，避免琐屑、苍白和无力。

**【例文】**

**员工个人述职报告**

各位领导、同事们:

时间一晃而过，弹指之间，××年已接近尾声，过去的一年在领导和同事们的悉心关怀和指导下，通过自身的不懈努力，我在工作中得到了锻炼，取得了一定成绩，但也仍旧存在诸多不足。

一年就这样在不知不觉间悄无声息地消逝了。这一年里，我敲打着键盘绘出了工作的抛物线；坚守着那一份愉悦，一份执着，一份收获。每天记账，结账，做传票……虽然并没有赫赫显目的业绩和惊天动地的成就，但我尽心尽力，忠于职守，尽守本职工作，微笑面对每一个客户。一年来我就用这平平淡淡的生活，平平淡淡的工作勾画出了生活的轨迹，收获着丰收的喜悦。

首先在业务知识和工作能力方面，能够不断地去学习，积累经验，经过自己的努力，具备了较强的工作能力，能够较为从容地处理一些突发情况。在业务技能、协调办事、文字语言表达等方面，都在学习后有了较大的提高。在平时的工作中，按照业务操作规程与要求，把最方便、最可行的方法运用在平时的业务操作上，以客户需要为主。我觉得在工作中我们都是彼此的老师，大家往往从别人的身上可以看到自己的影子，有好的也有坏的，在面对问题的时候，我们又成为彼此的后盾，相互并肩扶携着。在遇到需要解决的问题时，同事们都会给我提好多建议，或跟我说该怎么解决会比较好之类的，这对我在提高独立处理问题能力方面的帮助很大。他们告诉我遇上情况一切由我自己来解决，几次下来我已经完全不会像第一次碰到问题时那样手足无措，都不知道应该怎么办才好。也许有的问题会让我方寸大乱，或让我愤愤不平，这时候最容易让自己陷入无穷无尽的情绪化当中。我觉得在这时候，反正也这样了，不如让自己坦然一些，好好问自己几个为什么，然后再想想怎么去解决，这意思不是破罐子破摔，而是在最短的时间以平常心去看待一下这个问题，激动有用吗？骂自己有用吗？或是去推脱？实际一点，换位或让自己以第三人称出现。好好想想这个事儿，也许我们会逃避，但不管有多么华丽的外衣，逃避都是意志上的退缩，饮鸩止渴。出现问题有时候并不是一件坏事，因为从问题中我们会看到、学到更多的东西或发现一个新的机会，就像失败的总结永远比成功的报告更深刻一样。就我个人而言，在工作的过程中我真的受益匪浅：从做事到做人，从看问题到解决问题上都给了我新的机会和经验。

其次在工作态度和勤奋敬业方面。热爱自己的本职工作，能够正确、认真地去对待每一项工作任务。一年下来学到了很多，也感悟了很多。最大的感触就是，做好服务品质比学好业务知识还要不容易。以前在实习的时候，导师曾说过：要自信要忍让！做到自信可能比较容易点，在很多时候我们容易情绪化，我们都知道其实这样很不好，影响了自己原本清晰的思路不说，更在所有人的面前放大了自己的弱点，但是做又是一件难事。虽然说我们不提倡虚伪做人，但是也得维护自己的形象。而且很多机会往往就在身边不经意的地方，我想谁也不想输。最简单的总结：尽量给别人一个好印象，其实就是给自己多开了一条路。所以，在不触犯自身原则的情况下照顾好自己的情绪，这一点我个人认为真的很重要。虽然现在不像以前那般的不安与担心了，但是新的压力、新的问题激励着我需要不断地努力和进取。新业务不断增多，业务方面需要不断地了解和学习；技能要求的提高，需要继续地练习和提升自己；服务品质的提升，需要继续地努力和完善自己。

一年的工作里，虽然有了一定的进步和成绩，但在一些方面也存在着不足之处：个别工作还不是做得很完善；业务技能还不过硬；业务知识方面不够全面，需要继续学习更多的业务知识，扩大自己的知识面。这些都有待于在今后的工作中加以改进并继续努力。

这一年来，我学到了很多，也感悟了很多。看到公司的迅速发展，我深深地感到骄傲和自豪。这一年来，我最大的收获莫过于在敬业精神、业务素质、工作能力上都得到了很大的进步与提高，也激励我在以后的工作中不断地前进与完善。在今后的工作和学习中，我会进一步严格要求自己，虚心向其他领导、同事学习，我相信凭着自己高度的责任心和自信心，一定能够改善自己的不足之处；我会用谦虚的态度和饱满的热情做好我的本职工作，争取在各方面取得更大的进步。

××年，这是全新的一年，也是自我挑战的一年，我将努力改正过去一年工作中的不足，要加紧学习，更好地充实自己，以饱满的精神状态来迎接新的挑战，把新一年的工作做好，为公司的发展尽一份力。

谢谢大家！

述职人：××

20××年12月30日

# 任务四　几种常用行政公文的写作

## 任务描述

学生以前面工作为依据，从本任务所涉及的8种行政公文中选择3种完成。

## 学习目标

掌握公文的格式、结构、内容、语体和撰写要领，能根据具体情况正确选择公文文种，并能正确地写作公文。

## 任务导入

关统的公司规模不断扩大，随着公司事务的增多，机构的完善，有些事光凭嘴头安排已经不能满足需求，怎样才能更有效地在公司内部传达信息，行政公文成为必不可少的媒介。

## 一、通告

通告适用于公布社会各有关方面应当遵守或者周知的事项，具有法规性、政策性、广知性的特点。各级行政机关、团体、企事业单位都可发布通告。

### （一）通告的种类

(1) 法规性通告：国家政府职能部门根据有关法律、规定制定的强制性行政法规。

(2) 知照性通告：政府机关或企事业单位告知公众某种事项或要求被通告者办理一些例行事项的通告。如《北京市地方税务局关于对本市企事业单位机动车辆征收车船使用税的通告》。

### （二）通告的写作

#### 1. 标题

通告的标题，可由发文机关、事由、文种三部分构成，如《国务院关于保障民用航空安全的通告》。有时还可使用省去发文机关或事由的省略式标题，如《中华人民共和国公安部通告》《关于税收财务大检查实行持证检查的通告》。还有的通告标题只有文种“通告”两字。

#### 2. 正文

通告正文一般由通告的缘由、通告事项和结尾构成。缘由阐明发布通告的目的、依据或意义，要求简单明了。缘由的后面常用承启用语“现通告如下”“特作如下通告”。通告事项写明具体的规定和要求等，多数分条列项写，要求具体明确，注意内容的条理性和表意的严密性。结尾或提出要求，或指明执行时间等，一般以“特此通告”收束。

通告一般不需写出收文机关和读者对象。

【例文】

新员工入职通告二

尊敬的(先生/女士):

您好!

我们很荣幸地通知您于____年__月__日(周__)到我公司__(部门)__部(小部门)入职，担任__一职。祝贺您即将成为我们公司的一员!

请在上班第一天携带个人资料(毕业证复印件、身份证复印件)交给__部门助理__ (分机××××)，在助理协助下详细填写好《员工登记表》办理入职手续。

员工须知：在入职到岗后请您仔细阅读公司各项规章制度并请严格遵照执行，对于因个人原因未能及时依据公司各项制度执行而引起的一切损失由员工本人承担全部责任。

期待您成为我们的新同事!祝您在公司有一个美好的未来!

××有限公司人事部

2018 年 3 月 25 日

## 二、通知

通知是批转下级机关、转发上级机关和不相隶属机关的公文，是传达要求下级机关办理和需要有关单位周知或者执行的事项，任免人员时使用的公文。通知对发文机关没有任何限定，适应范围广泛，是各级机关单位使用最普遍的一种文种。

### (一) 通知的种类

#### 1. 批转性、转发性通知

批转性通知用于批转并转发下级机关的公文。转发性通知用于转发上级机关、平级机关和不相隶属机关的公文。被批转或转发的公文成为通知的附件。如《诚信公司批转诚信公司第一分公司关于安全质量检查方案的通知》。

#### 2. 发布性通知

用于发布(印发、下达)条例、办法等行政法规和其他重要的文件。如《陕西省人民政府关于印发铁腕治霾打赢蓝天保卫战三年行动方案(2018—2020 年)的通知》(陕政发〔2018〕16 号)、《陕西省人民政府关于印发完善进出口商品质量安全风险预警和快速反应监管体系切实保护消费者权益实施方案的通知》(陕政发〔2018〕12 号)。

#### 3. 指示性通知

指示性通知可用于对下级布置有关工作、传达上级指示和安排，让下级机关办理或执行，如《××公司关于开展职工技能评比大赛的通知》。

#### 4. 知照性通知

这类通知可分为三种：①会议通知。用于通知召开会议的有关事项。如《××市工商银行关于召开会议决算编审工作会议的通知》。②一般事务通知。用于向下属告知需要周知的一般性事项，如机构的设置、变更与撤销、印章的启用与废除、节假日安排等。③任免通知。用于任免和聘用干部或下达任免事项，如《××公司关于×××等员工职务任免的通知》。

### (二) 通知的写作

#### 1. 标题

通知的标题，一般由发文机关、事由、文种三部分构成。事由是通知主要内容的准确、简要概括，可在文种前加上“重要”“紧急”“联合”“补充”等词语。通知还可采用省去发文机关或事由的省略式标题。

#### 2. 正文

通知的种类不同，正文写法也有差别。

(1) 批转性、转发性通知。正文一般由批转、转发的内容和执行要求两部分组成。批转性通知要写明批转机关名称和态度，再加被批转公文的发文机关名称和标题，然后提出简要的执行要求。转发性通知直接写被转发公文的机关名称和标题，然后提出执行的要求。有的通知还对转发公文内容进一步阐述，强调所涉及问题的重要意义，提出执行的具体措施和要求。发布性通知与转发性通知的写法类似。

(2) 指示性通知。正文一般由三部分组成：发文的缘由或目的、通知的具体事项和执行要求。开头部分写发通知的意义或存在的问题，有的写通知的依据和任务。常用“现就有关事项(问题)通知如下”“特通知如下”等承启语引出下文。中间部分一般分项写通知内容，如处理问题的原则、方法及具体措施，布置工作的内容、要求、标准等，内容要写得明确具体、条理清晰、切实可行。结尾部分写贯彻落实事项的要求和希望，可作为通知事项的最后一项，列项写出执行的具体要求，或以“特此通知，望认真贯彻执行”等常用结束语收束。

(3) 知照性通知。正文一般比较简单，开头简要说明通知的目的或依据，然后简明交代告知的有关事项。会议通知的内容一般包括会议名称、会议内容、起止时间、会议地点、参加人员、报到事宜及有关要求等。

**【例文】**

**关于召开公司各部门2017年工作总结、2018年工作打算汇报会的通知**

公司各部门：

为深入查找2017年各部门工作不足，便于安排2018年公司各项工作，经研究决定，我公司将于近期召开公司各部门2017年工作总结、2018年工作打算汇报会。现就有关事项通知如下：

一、会议时间、地点

二、参会人员

三、会议的主要内容(或会议议程)

(一) 公司各部门负责人汇报2017年各项工作任务完成情况以及2018年具体工作打算。

(二) 公司领导作重要讲话。

四、有关要求

(一) 与会人员要准时参加会议，无特殊情况不得请假。公司各部门到会场签到后，必须报送汇报材料一份，用于2018年度效能监察。

(二) 公司各部门要高度重视此项工作，工作总结要客观实际，真正查找到工作的不足。工作安排要站在加强自身建设、提高工作能力，特别是有效发挥公司部门监督职能的角度，结合部门优势和业务特点，创新性地确定今年的工作目标和任务。汇报中要列出主导性和创新性工作的实施步骤和时间进度。

(三) 汇报材料形成后，要组织本部门人员座谈讨论、认真修改、提高质量，坚决防止言之无物、以偏概全。汇报材料字数在1600字左右，汇报时间控制在8分钟以内。

特此通知

×××办公室

××××年×月×日

## 三、通报

通报适用于表彰先进、批评错误、传达重要精神或者情况。通过将典型事例、重要的工作情况予以及时发布，发挥通报的教育引导作用。

### (一) 通报的种类

(1) 表扬性通报：用于表彰先进集体、先进个人，介绍先进经验，以宣传典型、推广经验。如《江西省公安厅关于好民警邱娥国先进事迹的通报》。

(2) 批评性通报：用于批评错误或不良倾向，通报事故，以吸取教训，引以为戒。如《国务院办公厅关于四川山东两省部分市(县)乱集资乱收费问题的通报》。

(3) 情况通报：用于传达重要的精神或情况，以便上情下达，协调工作。如《关于全国干线公路养护与管理工作检查情况的通报》。

### (二) 通报的写作

通报正文一般有以下内容：①通报事实。这是通报的原因和依据，要交代通报当事人姓名、单位，事件发生的时间、经过、结果等。②分析与评价。从事实出发适当予以评论分析，指出重要意义或严重后果，揭示本质性问题。③通报决定。提出对被通报者的表彰或惩处办法。④提出希望要求。或写学习先进，再创佳绩；或写引以为戒，防止类似事件发生；或提具体意见，指导今后工作。

通报写作内容要准确无误，通报事件或问题应具有典型性。因此，通报叙述情况要客观，分析问题要实事求是，评判定性要慎重、准确。发现情况要及时通报，充分发挥通报的教育引导作用。

【例文】

通报批评

20××年×月×日××工段员工×××在正常工作时间玩手机被发现并被制止。

“上班时间不得旷工或擅离工作岗位、不准在电脑上玩游戏或玩手机”这些公司明文规定，每个员工应当严格遵守，但该员工无视公司规章制度，上班时间玩手机，其行为严重违反公司管理规定。

为严肃纪律，根据相关规定，经公司研究决定：

给予××工段员工×××通报批评，并在20××年×月生产绩效奖金中下调人民币×××元整。

希望当事人吸取教训，遵循规范，严格遵守公司各项管理制度。同时希望各位员工引以为鉴，在工作中严守公司各项管理规定，从细节入手，从身边做起，以优良的工作作风促进我们不断进步。

特此通报。

××××××有限公司

20××年×月×日

## 四、报告

报告适用于向上级公司汇报工作、反映情况，答复上级公司的询问。报告有利于上级公司了解掌握下级公司的工作及其他情况。

### (一) 报告的种类

报告按内容和性质划分可分为以下三种：

(1) 工作报告：用于向上级报告本单位工作进展情况、存在的问题和主要的经验。如《关于全国清理三角债工作情况的报告》。

(2) 情况报告：用于向上级公司反映重要情况、突发的重大事故或问题。如《关于新进员工培训工作进展情况的报告》。

(3) 答复性报告：用于答复上级公司的询问和回复上级的批办件。

### (二) 报告的写作

工作报告的正文重在汇报工作。开头概述工作开展总的情况，然后用“现将××情况汇报(报告)如下”一类过渡语引出主体部分。主体是报告的核心，陈述具体情况，如工作的进展情况、成绩和经验、问题与不足、意见和打算等。

情况报告的正文一般包括情况或问题发生的原因、经过、情况分析、处理意见和建议等。情况概述应实事求是，分析应客观具体，建议应切实可行。

答复性报告一般先交代写作缘由，即写明针对上级提出的什么问题或询问的事项，再具体作答。

报告结尾常用“特此报告”“专此报告”“请审阅”等词。

报告写作要中心明确，内容可靠，针对性强，叙述简明，不能夹带请示事项。

【例文】

## 第一期员工培训总结报告

在各级领导和各位培训师的支持与帮助下，以及各位参训员工的积极配合下，本次培训工作进行得紧张有序并取得圆满成功。现将本次培训情况总结如下：

一、培训基本概况

1. 培训时间：2017 年 2 月 22 日至 2 月 24 日。

2. 培训目的：给员工提供正确的、相关的公司及工作岗位信息，鼓励员工的士气，让员工了解公司的规章制度、企业文化及发展方向，使员工明白自己工作的职责、加强同事之间的关系，培训员工解决问题的能力及提供寻求帮助的方法。

3. 实际参加培训总人数：19 人。

4. 参训单位：总经办、生产部、保卫科。

5. 组织单位：总经办。

二、培训考核

培训考核主要侧重于理论考试和技能考核两部分，笔试的权重为 40%，技能考核权重为 50%，另课堂表现和课堂笔记各占 5%。

备注：所看到的得分已经转换成为百分位数。表示该被考核人在本部门的考核中各项指标的排名位置。

(一) 理论考试

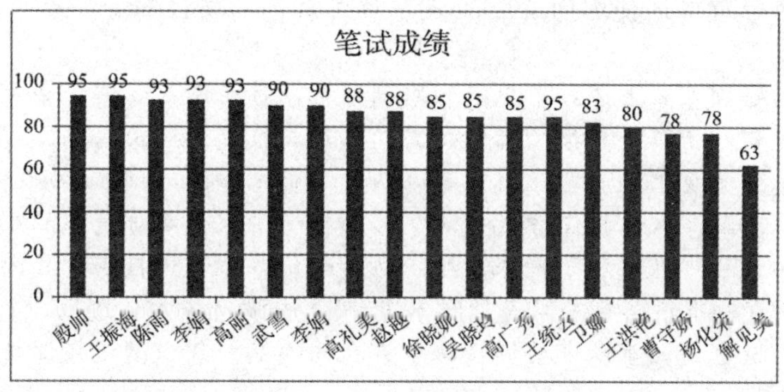


(二) 技术能力考核成绩

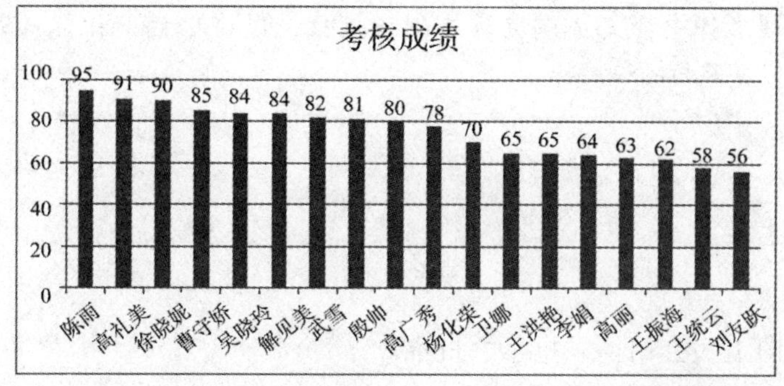

(三) 综合成绩

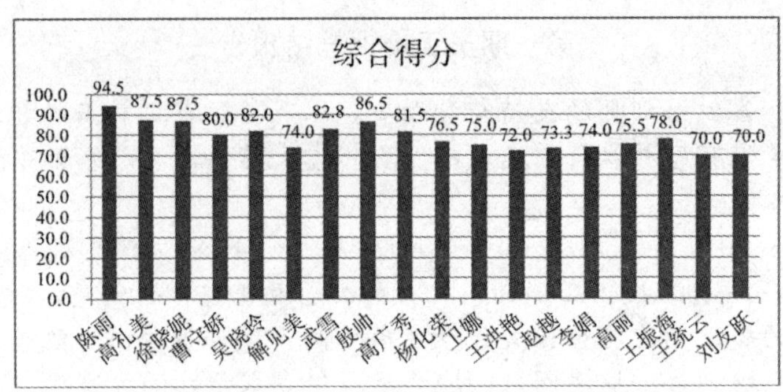


综合成绩是根据课堂表现、课堂笔记、笔试及技能考核综合计算得出的，此次培训，为鼓励员工士气，共设立了三个奖项，一等奖1名，二等奖2名，三等奖3名，分别对前六名的员工(陈雨、高礼美、徐晓妮、殷帅、武雪、吴晓玲)进行了物质奖励。

三、培训综合分析

这次员工入职培训主要以生产一线的员工为主，在三天的集训中通过对公司概况、规章制度、礼仪培训、心态培训、车间管理及安全防护知识等课程的讲解，学员对公司有一个整体印象，掌握工作必备的制度与知识以及安全防护意识；尤其是灭火器使用的现场演习，通过保卫科柏科长演示，员工的操作，大家掌握了使用干粉灭火器的方法。这次演习使员工们增强了安全防火意识，掌握了火灾发生时的自救办法。3个小时的车间管理培训使车间员工深入了解了自己的岗位职责，逐步开始完善自己的工作进程。

通过三天的培训基本上达到了原定的培训目标，员工深入了解了公司的概况，熟悉了工作的基本流程，了解并掌握了工作必需的知识与技能。这次培训经过各位授课教师的辛苦讲解，受到了员工的肯定。大家普遍认为《员工心态培训》《礼仪培训》《安全防护知识》等课程讲解深入、授课方式灵活、容易接受，深受参训员工的欢迎。不过在与车间员工沟通的过程中也发现了授课及组织协调的许多不足：授课方式的生动化、多样化方面有欠缺，在制度讲解部分只是“照本宣科”，并没有深入、透彻、灵活地讲解；课堂氛围很沉闷，这也是一直以来培训授课中存在的通病；建议通过授课技巧的提高来解决。

应注重加强岗位操作人员的基本技能训练。使培训工作与选拔人才相结合，与提高岗位操作能力相结合，切实提高岗位操作人员的技能水平。

在日后的培训工作中会充分调动员工的积极性，保证培训知识能及时吸收和消化，做到逐步完善公司管理配套机制。

总经办

2017年3月10日

## 五、请示

请示适用于向上级公司请求指示、批准。

### （一）请示的种类

(1) 请求指示的请示：下级公司在工作中遇到无章可循的新情况、新问题时，请求上级指示；对有关方针、政策和上级公司发布的规定、指示有疑问，需要上级公司给予解答。如《××省财政厅关于〈会计人员职权条例〉中“总会计师”是行政职务或是技术职称的请示》。

(2) 请示批准的请示：为增设机构，增加编制，上项目，要资金、设备等而请求上级机关审核、批准的请示。如《关于请求追加我省自然灾害救济款的请示》。

(3) 请示批转的请示：政府职能部门提出相关问题的处理意见和办法，却无权直接要求平级公司和不相隶属公司照办，可用请示的方式要求上级公司审定批转给有关部门执行。

### （二）请示的写作

#### 1. 标题

请示的标题由发文公司、事由、文种三部分构成。其中发文公司可以省略，事由部分一般不能省略。事由概括时一般不应出现“申请”“请求”之类词语，避免与“请示”之意重复。

#### 2. 正文

请示的正文一般由请示缘由、请示事项、请示结尾三部分组成。

请示缘由即请示事项的背景、原因和依据，应写得充分、具体、合理、清楚。请示事项即请求上级公司指示、批准、帮助解决的具体事项。请示事项要明确具体，切忌模棱两可，让上级难以答复。

请示结尾通常以征询期复性的结语结尾。如“妥否，请批复”“当否，请批复”“以上意见当否，请批复”“以上请示如无不妥，请批转有关部门执行”等。

**【例文】**

**关于从集团公司内部调用管理人员的请示**

集团公司领导：

目前，随着我公司既定项目的陆续完成、投产和各项业务的逐渐展开，我们感到，由于管理人员尤其是中层管理人员出现匮乏和短缺，导致管理人员力量较弱。为了能够解决这一问题，虽然我们自2016年9月至今曾多次前往人才市场招聘，但是效果却不够理想，而且已聘用的人员也不稳定。为弥补人才的不足，强化公司的日常管理工作，进而投入全面运营，今特申请集团公司领导从集团内部选派几名中层管理人员充实到我物流公司来工作。经过推荐、考察，根据相关人员的业务素质与专长，我们选定集团的×××、×××两名同志来公司参与管理工作。具体工作分工：×××主要负责变电所运行管理；×××主要负责市场推介管理。希望集团领导大力支持我们的要求和工作，以便尽快提高公司的管理水平，规范管理行为，为公司早发展、快发展共同做出贡献。特此报告。

以上请示妥否，请领导批复。

×××公司

××××年×月×日

## 六、批复

批复适用于答复下级公司的请示事项。它是与请示相对应的下行文。

### (一) 批复的种类

批复按照内容性质划分主要有同意性批复、否定性批复和解答性批复三种。

### (二) 批复的写作

#### 1. 标题

批复的标题常见的形式有如下两种。

(1) 三项式。由发文公司、事由、文种三部分组成。如《国务院关于东北地区振兴规划的批复》。在标题的事由一项中，可以明确表示对请示事件的意见和态度，也可在文种前加上“给”请示公司的字样。

(2) 省略式。省略发文公司，标题由事由加文种组成。如《关于××乡人民政府申报兴建工业园问题的批复》。其中事由部分不能省略。

#### 2. 正文

批复的正文一般包括批复依据和批复意见两部分。批复依据先引叙对方来文(包括对方来文日期、标题和文号)并以“收悉”两字结束。如：“你局《关于×××的请示》(×局〔2009〕1 号)收悉”。接着用过渡语“现批复如下”引出批复意见。

批复意见是对请示事项表明态度，做出明确答复。同意性批复较简单，一般只需表示同意。否定性批复一般需阐述不同意的理由。解答性批复根据情况作具体的解答，内容可繁可简；有的批复在答复后还提希望和要求。结尾为“特此批复”等语。

批复的写作要态度明确，语气肯定，言简意赅。

**【例文】**

**关于申请筹建生物工程实验室项目缺口资金的请示**

省科技厅：

近年来，在省委、省政府和贵厅的大力支持和关心下，我所的工作取得较快发展，开发的项目多次获奖，有的项目已进入市场，创造了较好的社会效益和经济效益。我所按照科学发展观要求，以项目为载体，积极筹建生物工程实验室项目，经过努力，项目进展较快，现还差项目配套资金 100 万元，请贵厅按筹建生物工程实验室专题会会议精神给予拨付。

×××研究所<br>2016 年 5 月 6 日

关于对×××研究所资金缺口请示的批复

×××研究所：

你所上报的“关于申请筹建生物工程实验室项目缺口资金的请示”已收悉，同意拨付资金100万元，请你所按要求使用好该项资金，项目完成后，提交资金用途报告，我厅将进行审核。

省科技厅

2016年5月10日

## 七、函

函适用于不相隶属公司之间商洽工作、询问和答复问题、请求批准和答复审批事项。函的使用范围广泛，行文灵活简便。

### (一) 函的种类

(1) 按性质分，可分为公函、便函。
(2) 按行文方向分，有发函(也称去函)、复函。
(3) 按内容和作用分可分为以下几种。
① 商洽函：用于不相隶属公司之间商洽工作，如商调人员、洽谈业务等。
② 询问函：去函的一种，用于向有关部门询问具体问题。
③ 请批函：用于无隶属关系的公司向业务主管部门请求批准某一事项。
④ 答复函：复函的一种，用于回复公司收到的商洽函、询问函、请批函。
⑤ 告知函：去函的一种，用于告知受文单位某项具体事宜，不需要对方回复。

### (二) 函的写作

#### 1. 标题

(1) 三项式标题。由发文公司、事由、文种三部分组成。如《××公司关于选派技术人员进修的函》。

(2) 省略式。省略发文公司或事由。如《关于征求对加快道路运输发展的若干政策意见的函》。

#### 2. 正文

函的正文一般包括开头、主体和结尾三部分。开头交代函的目的、根据或原因等。复函应说明来函收悉情况，先引用对方来函的标题或发文字号或发文日期，如“你单位××年×月×日函悉”。

主体提出商洽、请求、询问或答复请批的具体事项。要写得具体明确，条理清楚，直陈其事。

结尾根据不同情况可“请予函复”“特此函告”“特此函复”“此复”等语。

#### 3. 写作要求

函要求一事一文，内容单一集中，不枝不蔓。用语简洁明快，恳切实在。语气应力求平和，谦恭有礼。要摒弃不必要的客套、无须讲的道理、空洞的套话。

【例文】

### 中国科学院×研究所关于建立全面协作关系的函

××大学:

近年来，我所与你校双方在一些科学研究项目上互相支持，取得了一定的成绩，建立了良好的协作基础。为了巩固成果，建议我们双方今后能进一步在学术思想、科学研究、人员培训、仪器设备等方面建立全面的交流协作关系，特提出如下意见:

一、定期举行所、校之间学术讨论与学术交流。(略)

二、根据所、校各自的科研发展方向和特点，对双方共同感觉好的课题进行协作。(略)

三、根据所、校各自人员配备情况，校方在可能的条件下对所方研究生、科研人员的培训予以帮助。(略)

四、双方科研教学所需要高、精、尖仪器设备，在可能的条件下，予对方提供利用。(略)

五、加强图书资料和情报的交流。以上各项，如蒙同意，建议互派科研主管人员就有关内容进一步磋商，达成协议，以利工作。

特此函达，务希研究见复。

中国科学院研×究所(盖章)

××××年×月×日

## 八、会议纪要

会议纪要适用于记载、传达会议情况和议定事项。对大型或重要会议的基本情况、讨论的事项和决议加以综合概括和反映，以达到通报会议精神、统一认识、指导工作的目的。

### (一) 会议纪要的种类

会议纪要按会议的内容与方式划分，主要有办公会议纪要、工作会议纪要和座谈会议纪要等。按会议的性质和作用划分，可分为决议型会议纪要和情况型会议纪要。

### (二) 会议纪要的写作

#### 1. 标题

会议纪要的标题常见的有:

(1) 单行标题。一般由会议名称或议题加文种组成。如《省科技创新“六个一”工程领导小组第二次会议纪要》。

(2) 双行标题。正题概括会议的主要内容或精神，副题补充说明会议名称等情况。如《探讨新时期文学的发展——中国当代文学研究会第二次学术会议纪要》。

#### 2. 正文

会议纪要正文一般分为开头、主体、结尾三部分。

(1) 开头部分是总述，概述会议基本情况。包括会议召开的时间、地点、参加人员、会议议题等，有的写上会议的背景、依据、目的和意义等。

(2) 主体部分是分述会议的主要精神。内容主要包括会议议定的事项、提出的要求等。通常可采用综合式、条项式和摘要式等结构形式。层次段落的开头常使用习惯用语，如“会议认为”“会议强调”“会议要求”“会议同意”“会议号召”等。

(3) 结尾一般写落实纪要的措施，提出希望，发出号召。

会议纪要写作时要将会议内容分门别类地整理，集中会议讨论的实质意见和主要精神，使之系统化、条理化和理论化，重点、要点突出。

**【例文】**

**××公司第一次总经理办公会议公司会议纪要**

×年××月××日下午，公司召开第一次总经理办公会议，研究讨论公司经济合同管理、资金管理办法、机关××年3～5月份岗位工资发放等事宜。张××总经理主持，公司领导，总经办、党群办及相关处室负责人参加。现将会议决定事项纪要如下：

一、关于公司经济合同管理办法

会议讨论了总经办提交的公司经济合同管理办法，认为实施船舶修理、物料配件和办公用品采购对外经济合同管理，有利于加强和规范企业管理。会议原则通过。会议要求，总经办根据会议决定进一步修改完善，发文执行。

二、关于职工因私借款规定

会议认为，职工因私借款是传统计划经济产物，不能作为文件规定。

但是，从关心员工考虑，在职工遇到突发性困难时，公司可以酌情借10 000元内的应急款。计财处要制定内部操作程序，严格把关。人力资源处配合。借款者本人要做出还款计划。

三、关于公司资金管理办法

会议认为计财处提交的公司资金管理办法有利于加强公司资金管理，提高资金使用效率，保障安全生产需要。会议原则通过，计财处修改完善后发文执行。

四、关于职工工资由银行代发事宜

会议听取了计财处提交的关于职工岗位工资和船员伙食费由银行代发的汇报，会议认为银行代发工资是社会发展的必然趋势，既方便船舶和船员领取，又有利于规避存放大额现金的风险。但需要两个月左右的宣传过渡期，让职工充分了解并接受。会议要求计财处认真做好实施前的准备工作，人力资源处配合，计划下半年实施。

五、关于公司机关11月份效益工资发放问题

会议听取了人力资源处关于公司机关11月份岗位工资发放标准的建议。会议决定机关员工3～5月份岗位工资发放，对已经下文明确的干部执行新的岗位工资标准，没有下文明确的干部暂维持不变。待三个月考核明确岗位后，一律按新岗位标准发放。

会议最后强调，公司机关要加强与运行船舶的沟通，建立公司领导每周上岗接船制度，完善机关管理员工随船工作制度，增强工作的针对性和有效性。

××公司<br>××××年×月×日

表 4-1 列出了公文常用特定用语简表。

表 4-1 公文常用特定用语简表

| 类别 | 用语名称 | 作用 | 常用特定用语 |
|---|---|---|---|
| 1 | 开端用语 | 主要用于文章开头，表示发语、引据 | 为、为了、为着、查、接、顷接、根据、据、遵照、依照、按照、按、鉴于、关于、兹、兹定于、今、随着、由于 |
| 2 | 称谓用语 | 用于表示人称或对单位的称谓 | 第一人称：我、我单位、本人、本公司、我们、敝单位<br>第二人称：你、你局、贵公司、贵方<br>第三人称：他、该公司、该项目 |
| 3 | 递送用语 | 用于表示文、物递送方向 | 上行：报、呈<br>平行：送<br>下行：发、颁发、颁布、发布、印发、下达 |
| 4 | 引叙用语 | 用于复文引据 | 悉、接、顷接、据、收悉 |
| 5 | 拟办用语 | 用于审批、拟办 | 拟办、责成、交办、试办、办理、执行 |
| 6 | 经办用语 | 用于表明进程 | 经、业经、已经、兹经 |
| 7 | 过渡用语 | 用于承上启下 | 鉴于、为此、对此、为使、对于、关于、如下 |
| 8 | 期请用语 | 用于表示期望请求 | 上行：请、恳请、拟请、特请、报请<br>平行：请、拟请、特请、务请、如蒙、即请、切盼<br>下行：希、望、尚望、切望、请、希予、勿误 |
| 9 | 结尾用语 | 用于结尾表示收束 | 上行：当否，请批示；可否，请指示；如无不当，请批转；如无不妥，请批准；特此报告；以上报告，请批转；以上报告，请审核<br>平行：此致敬礼；为盼；为荷；特此函达；特此证明；尚望函复<br>下行：为要；为宜；为妥；希遵照执行；特此通知；此复；为……而努力；……现予公布 |
| 10 | 谦敬用语 | 用于表示谦敬 | 承蒙惠允、不胜感激、鼎力相助、蒙、承蒙 |
| 11 | 批转用语 | 用于上级对下级来文的批转处理 | 批转、转发 |
| 12 | 征询用语 | 用于征请、询问对有关事项的意见、态度 | 当否、妥否、可否、是否妥当、是否同意、如无不当、如无不妥、如果可行等 |

公文的基本格式如图 4-1 所示。

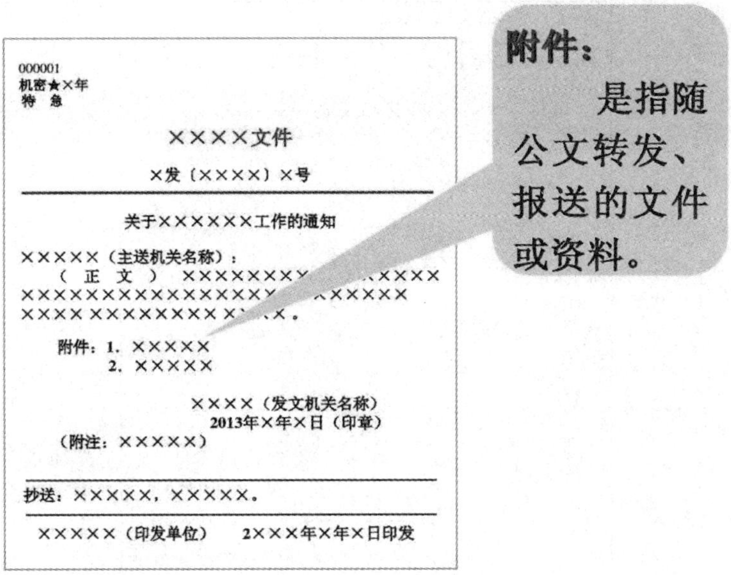

000001
机密★×年
特　急

××××文件

×发〔××××〕×号

关于××××××工作的通知

×××××（主送机关名称）：
（　正　文　）　××××××××××××××××××××××××××××××××××××××××××××××××××××××。

附件：1. ×××××
2. ×××××

××××（发文机关名称）
2013年×年×日（印章）
（附注：×××××）

抄送：×××××，×××××。

×××××（印发单位）　2×××年×年×日印发

附件：
是指随公文转发、报送的文件或资料。

图 4-1　公文的基本格式

公文首页的版式如图 4-2 所示。

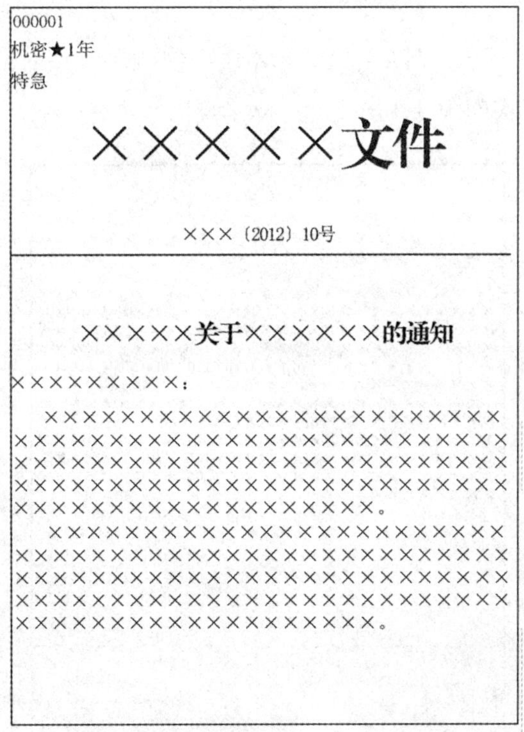

000001
机密★1年
特急

×××××文件

×××〔2012〕10号

×××××关于××××××的通知

×××××××××：
××××××××××××××××××××××××××××××××××××××××××××××××××××××××××××××××××××××××××××××××××××××××××××××××××××××××××××××××××××。
××××××××××××××××××××××××××××××××××××××××××××××××××××××××××××××××××××××××××××××××××××××××××××××××××××××××××××××××××××××××。

— 1 —

图 4-2　公文首页的版式

公文的附件说明页版式如图 4-3 所示。

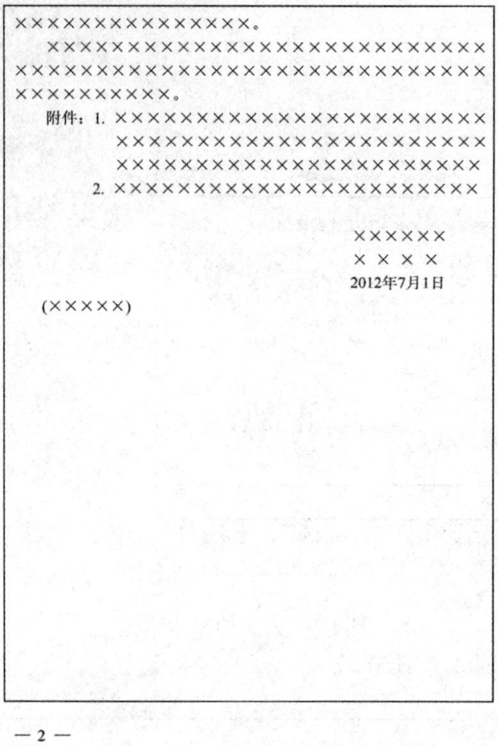

××××××××××××××。

××××××××××××××××××××××××××××
××××××××××××××××××××××××××××××
××××××××××。

附件：1. ××××××××××××××××××××××××
××××××××××××××××××××××××
××××××××××××××××××××××××

2. ×××××××××××××××××××××××

××××××
××××
2012年7月1日

（×××××）

— 2 —

图 4-3　公文的附件说明页版式

带附件公文的末页版式如图 4-4 所示。

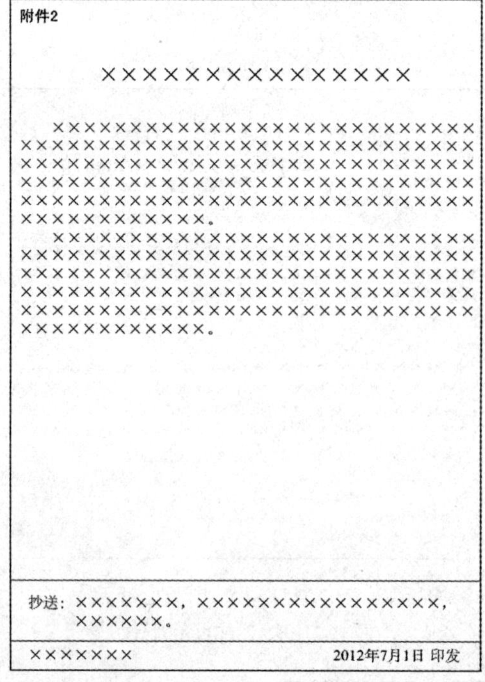

附件2

×××××××××××××××

××××××××××××××××××××××××××××
××××××××××××××××××××××××××××××
××××××××××××××××××××××××××××××
××××××××××××××××××××××××××××××
××××××××××××××××××××××××××××××
××××××××××××。

××××××××××××××××××××××××××××
××××××××××××××××××××××××××××××
××××××××××××××××××××××××××××××
××××××××××××××××××××××××××××××
××××××××××××××××××××××××××××××
××××××××××××。

抄送：×××××××，×××××××××××××××，
××××××。

×××××××　2012年7月1日 印发

图 4-4　带附件公文的末页版式

# 任务五　规章制度

## 任务描述

学生需根据前期对于创业企业的设定，草拟一份相应公司某方面的规章制度。

## 学习目标

了解规章制度的类型，掌握其格式、结构、内容、表述和撰写要领，能根据企业的特点及需求完成各方面规章制度的草拟。

## 任务导入

俗话说“无规矩不成方圆”，对于公司的管理来说也是一样。管理一个公司靠的不仅仅是管理者的个人能力，更多的是倚重事先订立的规矩，尤其是随着公司规模的不断扩大，各种人、事、物越来越繁杂，规矩就显得更为重要。对关统来说，公司已经逐渐步入正轨，而且随着公司规模的扩大，管理活动也更加复杂，事必躬亲早已是不现实，同时也是低效率的行为，怎么样才能让员工按照要求去进行工作呢，按照公司的要求和情况制定的规章制度必不可少。

### 一、规章制度的概念和作用

规章制度是由国家机关，社会团体，企事业单位在一定范围内制定的一种具有法规性和约束力的文件。它是对一定范围内的行为作的规范性的要求，有关人员必须按章办事，共同遵守。

规章制度具有法规性和约束力。规章制度一经制定并公布，就带有法规性质，在一定范围内对人们的行为起规范作用，具有行政约束力。

规章制度这类文书应用十分广泛，是社会管理的有力工具，为企业生产经营服务，为组织的高效率运转服务，为社会的稳定和安宁服务。任何一个团体、机关、单位、部门等，都是一个相对独立的系统，这个独立的系统又是由若干个体组成，为了众多的个体朝共同的目标和方向迈进，必须对个体行为进行约束和规范。这是各种规章制度产生的原因，也是它的作用。只有用这些规章制度来约束、控制和指导，才能确保工作、学习、生产、生活等有秩序地、正常协调地进行。

### 二、规章制度的种类

规章制度是一个总称，它的种类比较多。一般地说，由政府或企事业单位根据实际需要，用行政单位的名义制定公布的，叫作规章制度；由群众公议订立的，叫作公约。

常见的规章制度有章程、条例、规定、制度、规程、办法、规则、细则、守则、须知等。常见的公约有学习公约、班级公约、服务公约、卫生公约、拥军优属公约、拥政爱民公约等。下面主要介绍章程、条例、规定三种。

### （一）章程

章程是政治、经济、文化、科学等党团组织，为所属成员制定的共同遵守的法规性文件。如《中国共产主义青年团章程》。章程要对一个组织或团体的性质、宗旨、任务、目的、组织、成员、权利、义务、活动方式以及纪律等作明确的说明与规定。它是一种系统性、根本性的规章制度。对组织成员有很强的法规性和约束力。章程的使用范围很有限。一般是党团组织用于规定其组织性质、任务、宗旨等。此外一些企业单位用于规定其业务性质、活动方式时也采用章程的形式。其他方面的规范一般不用章程。

### （二）条例

条例，是对某方面行政工作做出比较全面、系统规定的文书。它属于行政法规的文件。如《中华人民共和国治安管理处罚条例》。条例，实质上是国家领导机关对法律、政策所做的补充说明和辅助性规定，是对某些政策法规的进一步具体化。条例，是具有权威性、法制性和强制性的行政法规文件。只有党和政府的领导机关才能制定条例。它具有法的约束力，它是行政人员执行公务时的具体依据，具有很强的指导性。同时，对被执行对象具有强制性。如《中华人民共和国治安管理处罚条例》对执行者、执行对象、执行方式等都做了明确的规定。

### （三）规定

规定是某个组织针对某项工作或活动提出一定的要求，并制定相应的措施，要下级机关或有关部门贯彻执行的指令性文件。规定具有一定的法规性，是一种应用极为广泛的机关事务文书。凡党政机关、企事业单位、社会团体，需对某方面工作做特定的要求，都可以制定相应的规定，以保证工作的顺利完成和落实。如《国务院关于职工探亲待遇的规定》。比之条例，规定所规范的对象和范围要集中一些，措施要求也要具体一些，比之办法，又显得原则性一些。

## 三、规章制度的格式内容

规章制度的格式比较固定，由标题、生效标识、正文、署名和日期五部分组成。

### （一）标题

规章制度的标题有两种写法。

1. 公文式标题。由制定单位名称、事由、文种组成。如《××公司关于请假制度的规定》《××公司关于员工年假申请流程的规定》。有的规章制度是作为某一公文的附件下发的，标题中则省略发文单位。如《关于节假日办公室轮值人员工作纪律的规定》。

2. 普通式。有的标题由适用范围、内容和文种三要素组成。如《江西省行政性收费实行预算管理办法》。有的则酌情省略其中的某个要素。如《中学生守则》《文明公约》。若规章制度还有待进一步完善，则要在标题中注明“暂行”“试行”等字样。

### （二）生效标识

行政法则要在标题正下方加括号注明规章制度的通过日期和会议名称，一般性规章制度可在落款处标明制定者和制定日期。

### （三）正文

规章制度的正文通常有两种写法：章条式和条文式。

1. 章条式。内容较全面、系统、原则，条文较多的规章制度宜用章条式写作。如法规、章程、条例、准则、规则等。

所谓章条式，通常由总则、分则和附则三大部分组成。

则中分若干章，章中分若干条，有时条下分若干款项。

① 总则。它主要概括说明制定此规章制度的目的、依据、基本原则、适用范围、主管部门等情况，类似于文章的前言。如果是章程，总则中主要写明该组织或该团体的名称、性质、宗旨、任务等。总则一般只设一章，下分若干条。

② 分则。自总则以下至附则的中间若干章均为分则。分则是全文的主体部分。根据不同的内容交代不同的事项。如章程的分则，通常写明成员的资格条件、义务、权利、组织机构、原则、纪律等。而一些条例、规定、办法、准则的分则部分通常交代必须遵循的具体行为规则、做法，如范围分类、具体规定、做法、责任、要求、处罚办法等。分则中章的数目视内容多少而定。根据需要，章下可分若干条，条下还可分若干款项。

③ 附则。附则是全文的末章。通常说明该规章制度的适用范围、作解释权的单位名称、与有关文件的关系及其他未尽事宜的处置办法、生效日期等内容。附则也只设 1 章，根据需要，下分若干条。

2. 条文式。内容相对简单的以及非权力机构制定的规章制度常用条文式写作，如条例办法、规则、守则、公约、须知等。条文式不分章，而分条例项来阐述。条文式也可分为两种：一种是前言条文式；另一种是条文贯通式。

① 前言条文式。它分前言和主体两部分。前言不设条，而且用简明扼要的文字概述制定该文的目的、依据、性质、意义。主体部分通常分若干条款，以交代各种规定的事项。

② 条文贯通式。即全文都用条款来阐述表达，不另分段作说明。这样写并非不要前言、结尾，而是将前言、结尾也都用条款标出。在写作中，根据需要条下也可分若干项表达。在写作中有的不标明“第×条”，而用汉语数字“一、二、三……”进行分开表达。

规章制度采用章条式和条文式的写法，主要是为了便于记忆、阅读、理解，也便于查找、引证，而且条理清晰，层次分明，言辞严谨，便于贯彻执行。

### （四）署名和日期

在规章制度正文的右下方署上制定单位名称和制定日期。如果制定单位已在标题中标明，这里可省略。随“通知”而发的规章制度，由于通知中已有发文日期，往往不再写制定日期。

## 四、规章制度的表达方法及语言

规章制度的表达方法，主要是定义说明和分类说明。毫无疑问，规章制度的语言多采取说明性语言。在写作时的要求主要有两个方面：

一是准确。要使规章制度的条款内容表达准确，首先对条款中的概念，必须始终保持内涵与外延的准确性。这就要注意写好有关定义和分类的条款。下定义的条款要写明什么是规章制度本身的内容；分类的条款要写明概念的外延。明确哪些是本章制度所包括的范围。其次，为了使概念准确，还要拟写必要条件，对概念加以限制、补充。特别是对一些容易引起混淆的概念，尤其要写好限制、补充的条件。

二是周密。要使规章制度定得周密，必须从三个方面着手。首先要掌握分寸，说得周全。每个条款对表示时间、范围、数量、程度、轻重、主次等的附加语要恰如其分。其次要前后照应，不出矛盾。条款中对同一事所用的名词，要做到前后一致，不要混淆概念。每个句子、词的搭配要得当。每一个条款常是一个句群。句子前后衔接要连贯、中心意思要明确，切忌语序混乱，不合逻辑。最后要明确肯定。不要用模棱两可的语句。常用“要”“须”“严禁”“不准”等,对“为主”“也许”“大概”等类词都不使用。

## 五、写规章制度应注意的事项

规章制度作为一种行为规范，是非准则，它有广泛而深刻的影响，直接关系到工作的成或败，人们的行或止，必须极力审慎严谨。在写作时特别要注意以下事项。

### （一）内容要周全

规章制度命题范围内的有关事项应完备齐全，力求“万无一失”，使事事都有法可依、有章可循。要做到这一点，事前要充分酝酿、深入调研，切实掌握此项工作的情况，了解可能发生和需要解决的问题。规章制度的疏漏，会导致实际工作的无所适从。因此，在规章制度内容表达时一定要谨慎从事，决不可粗枝大叶，马虎了事，要有对国家、对社会、对人民、对工作的高度责任心。

### （二）上下要协调

规章制度有严格的层次性，自上而下，一环扣一环。下级机关，尤其是基层单位必须了解上级机关同类文件的具体规定，保持与上级和上一个层次同类规章制度的连贯和衔接。这是正确贯彻党和国家方针、政策的具体保证。同时，也要注意与本单位过去制定和实施的同类文件的连贯和衔接。在这方面，重要的是加强政策观念和组织观念，不要只顾局部不顾整体，不要以感情代替政策。

### （三）注意相对稳定

规章制度一经公布实施，就应保持相对的稳定性，“朝令夕改”将会大大减弱规章制度的权威性和约束性。因此，规章制度不能频繁更改，但允许在适当的时候适当的场合对不太完善的部分进行调整修改。

### （四）表达要周密

规章制度是面向大众的，既要原则又要可行，在表达方面应当十分规范。要做到概念准确、文字简洁、层次分明、合乎语法逻辑，正确使用标点符号，特别是规章制度在具体阐述该做的、允许做的、不允许做的事情或者说明工作标准、程序时，要概念清晰、遣词恰切、态度明朗、语气肯定、前后一致，以保证规章制度实施的实际效果。

**【例文】**

## 仓库管理制度

一、目的

为实现仓库规范化管理，确保仓库物资在存储期间的数量、质量得到控制，服务生产物资需要，及时、完整记录出入库信息，定期向有关部门提供数据，特制定本制度。

二、使用范围

适用于公司所生产产品及外购、外协产品的仓库管理工作。

三、职责

1. 采购部负责大、小五金仓库管理工作。

2. 生产管理部负责半成品、成品库管理工作。

3. 采购、外协人员负责对外购、外包产品办理有关手续，到规定仓库办理入库。

4. 各车间及有关部门相关人员，对所生产产品负责办理有关手续，到规定仓库办理入库。

四、工作程序

1. 入库管理

(1) 产品入库时，仓库保管员首先应对入库单据及随货凭证进行审查，如检验员签字或手续不完备者，不得办理入库。

(2) 需入库产品，根据入库单填写内容，对照实物检查数量、规格、型号相符一致后，对其外观质量，标识等内容验收核实无误时，方可办理入库。

(3) 各车间及有关部门，应根据库管员的要求，将已办理入库的产品运到指定的仓库或场地。

2. 产品保管

(1) 仓库保管员对入库产品，应及时记账、建账、登记，妥善保管。

(2) 入库产品应做到分类、分区摆放，标识清晰，做到整齐、有序，一目了然。

(3) 库房安全措施应可靠有效，做好产品的防锈蚀、防磕碰、防丢失、防火等工作，确保产品的完整和完好性。

3. 检查和改进

(1) 仓库保管员对库存产品要定期检查和盘点，做到日清日结，账、卡、物三相符。

(2) 仓库保管员应做好日常巡视检查工作，发现问题随时采取措施进行改正，重大问题应向部门领导反映，共同研究解决。

(3) 部门领导每年末应对所辖仓库进行一次全面检查，对检查中发现或可能发生的问题，提出纠正或预防措施，进行整改，下次检查时并对整改情况实施验证复核，使仓库管理工作得到持续改进。

4. 出库交付

(1) 未办理入库的产品，不得办理出库手续。

(2) 公司内周转产品出库以“出库单”为凭证，最终产品交付应以“发货通知单”为依据，仓库保管员首先应对出库凭据进行确认，无误时方可办理出库。

(3) 产成品对公司外顾客交付时应做到：

① 当运输方式确定以后，根据发货明细要求检查实物，确认满足发货要求时，方可装车。

② 对发货整个过程要有专人进行全程监督，防止错装、漏装，并做好产品外部质量和产品标识的防护工作。

③ 装车完毕，对照实物检查随货所带的技术资料及备品、备件，确认齐全后，办理出库，将“装箱单”、发货清单(发货回执)交给运输人员，返回后要归档保存。

5. 记录

(1) 各类库存产品台账

(2) 产品入库单

(3) 产品出库单

(4) 发货明细表

(5) 发货清单

(6) 装箱单

(7) 盘点表

# 任务六　公关礼仪文书

## 任务描述

学生需以前期工作为依据，完成自建创业公司相应的公关礼仪类文书各一篇。

## 学习目标

能掌握公关礼仪类文书的结构和写作要领，能根据具体情况选择合适的公关礼仪文书相应的文种并能完成文书写作。

## 任务导入

企业生存在外部大环境中，为了让企业更好地融入环境，为环境中其他组织所接受，公关礼仪活动必不可少，公关礼仪类文书是企业建立同其他组织或个人关系的桥梁。关统的公司现在需要和其他合作公司搞好关系，来保证企业的运营平稳，面对各种各样的事务，什么情况下用什么样的礼仪文书，该文书又该如何写作，才能起到应有的作用？

## 一、请柬和邀请函

### (一) 请柬的概念

请柬也称请帖、邀请书。它是单位团体或个人邀请有关人员出席隆重的会议、典礼，参加某些活动时发出的礼仪书信。发请柬是为了表示郑重其事，有时也为了用作某种入场或报到的凭证。

随着礼仪活动越来越频繁，请柬的使用也越来越广泛。一些开幕式、落成典礼、纪念活动、节日联欢、各种宴请等重要活动都要使用请柬。鉴定会、联谊会、结婚典礼等重要会议和庄重场合也要使用请柬。

### （二）请柬的写法

请柬一般由以下几部分组成：

1. 标题

第一行中间位置标明“请柬”字样。有的把“请柬”二字标于封面上，封面经过艺术加工，美观精致，庄重大方，给人以美感。

2. 称呼

第二行顶格写被邀请者名称。单位名称或姓名之后要有职务、职称等称谓，或用“同志”“先生”等。对妇女也可根据具体情况用“女士”或“小姐”。

3. 正文

第三行空两格写正文，交代会议及活动的内容、性质、时间、地点。

4. 邀请语

文末多用“敬请光临”“恭候光临”等礼貌用语。

5. 落款

最后签署发柬单位的名称或个人的姓名，也可两者都用，位置在正文的右下方。日期，另起一行在署名下标明年月日。

### （三）撰写请柬应注意的问题

1. 措辞典雅得体，语气要带有希望、请求之意，以表诚心。
2. 函柬比较庄重，要求纸面美观悦目，书写工整清洁。
3. 要注意时间、地点、人名的准确无误，发送时间要恰当，太早容易遗忘，太晚难免贻误时间。

【例文】

**结婚请柬**

×××（先生、女士）：

谨订于二〇××年×月×日×时（星期×）在××酒店××厅，为×××、×××举行结婚典礼，敬请光临。

×××敬约

××××年×月×日

### （四）邀请函的概念和特点

邀请函是邀请亲朋好友或知名人士、专家等参加某项活动时所发的请约性书信。在国际交往以及日常的各种社交活动中，这类书信使用广泛。凡精心安排、精心组织的大型活动与仪式，如宴会、舞会、纪念会、庆祝会、发布会、单位的开业仪式等，只有采用礼仪活动邀请函邀请嘉宾，才会被人视为与其档次相称。礼仪活动邀请函有自己的基本内容、特点及写法上的一些要求。

邀请函的特点主要表现在以下四个方面：

1. 礼貌性强

礼貌性是邀请函的最显著的特征和基本原则。这体现在内容的完全的赞美、肯定和固定的礼貌用语的使用上，强调双方和谐友好的交往。

2. 感情诚挚

邀请函是为社交服务的专门文书，这使得它能够单纯地、充分地发散友好的感情信息，适宜在特定的礼仪时机、场合，向邀请对象表达专门诚挚的感情。

3. 语言简洁明了

邀请函是现实生活中常用的一种日常应用写作文种，要注意语言的简洁明了，看懂就行，文字不要太多太深奥。

4. 适用面广

邀请函适用于国际交往以及日常的各种社交活动中，而且适用于单位、企业、个人，范围非常广泛。

### （五）邀请函的写作格式

邀请函的结构通常由标题、称谓、正文、敬语和落款五部分组成。

1. 标题

一般只写文种“邀请函”即可，字号比通常标题要略大一些。有时也可以加事由，如“关于参加新产品发布会的邀请函”。有时还可包括个性化的活动主题标语，如“沟通无限中部六省城市信息化高级论坛邀请函”。

2. 称谓

称谓是对邀请对象的称呼。要顶格写受邀单位名称或个人姓名，后加冒号。要写明“教授”“先生”“女士”，或对方职务、职称、学衔。也可以用“同志”“经理”“小姐”称呼。通常还要加上“尊敬的”之类定语。

3. 正文

正文是邀请函的主体。开头可向被邀请人简单问候，位置在称谓下一行，空两格。接着写明举办礼仪活动的缘由、目的、事项及要求，写明活动的日程安排、时间、地点，邀请对象以及邀请对象所做的工作等，并对被邀请方发出得体、诚挚的邀请。若附有票、券等物也应同邀请函一并送给邀请对象。有较为详细出席说明的，通常要另纸说明，避免邀请函写得过长。

4. 敬语

一般要写常用的邀请惯用语。如“敬请光临”“敬请参加”“请届时出席”之类的敬语。有些邀请函可以用“此致敬礼”“顺致节日问候”等敬语。

5. 落款

首先写清单位名称或发函者个人名称，署上发函日期。邀请单位还应加盖公章，其次是形式上的要求。邀请函的形式要美观大方，不可用书信纸或单位的信函纸草草了事，而应用红纸或特制的请柬填写。

一般格式如下：

邀请函

尊敬的××：

您好！

××公司将于××年××月××日在××地，举办××活动，特邀您参加，谢谢。

××××

××××年×月×日

【例文】

邀请函

尊敬的张斌教授：

我们公司决定于2018年1月20日在西安市西安宾馆举办新技术研讨会。恭请您就有关除霾技术的现状与发展发表高见。务请拨冗出席。

顺祝

健康！

蓝天公司

联系人：关统

2018年1月10日

### (六) 写邀请函需注意的事项

1. “邀请函”三字是完整的文种名称，与公文中的“函”是两种不同的文种，因此不宜拆开写成“关于邀请出席××活动的函”。

2. 被邀请者的姓名应写全，不应写绰号或别名。在两个姓名之间应该写上“暨”或“和”，不用顿号或逗号。网上或报刊上公开发布的邀请函，由于对象不确定，可省略称呼，或以“敬启者”统称。

3. 严格遵守写作格式，称谓、邀请事由、具体内容、活动时间、活动地点、相关事宜、联系方式、落款等是必不可少的部分，不能丢漏信息。

4. 邀请事项务必周详，使邀请对象可以有备而来，也会使活动举办的个人或单位减少一些意想不到的麻烦。

5. 邀请函须提前发送，使受邀方有足够的时间对各种事务进行统筹安排。

总之，邀请函属于社会生活使用文书，具有社会公关及礼仪功能。它不仅表示礼貌庄重，也有凭证作用，要写得简明得体，准确文雅。

### (七) 请柬、邀请函的联系与区别

请柬、邀请函的相似之处都是邀请某人、某单位参加某项活动。请柬与邀请函的区别主要表现在：从作用上来说，请柬公私兼用，多用于隆重的庆典仪式场合，邀请对象一般只需出席、捧场即可，不承担工作任务，邀请函多用于公务活动，对邀请对象有具

体的工作任务与要求。从内容上来说，请柬只需用一句话点明会议的内容或名称，而邀请函邀请对方来参加某项实质性的活动，即是有具体内容、事项的，而不是例行的礼仪活动，因此为了真诚地邀请对方，也为了使对方能对活动有一个了解，邀请函往往对活动本身的作用、意义要作介绍，这是两者最大的区别。

因此，一般请柬内容简单，而邀请函事项复杂。请柬要求精心设计，制作精美，有封面、有内页。邀请函则大多直接用 A4 纸打印。

## 二、感谢信、慰问信、贺信

### (一) 感谢信的概念和类型

感谢信是为了答谢对方的邀请、问候、关心、帮助和支持而写的公关礼仪书信。感谢信对于弘扬正气、树立良好的社会风尚、促进社会主义精神文明建设有着重要意义。感谢信依据不同的内容可以有不同的分法。

#### 1. 从感谢对象的特点来分

(1) 给集体的感谢信。这类感谢信，一般是个人由于在困难时，受到了集体的帮助，使自己渡过了难关，走出了困境，所以要用感谢信的方式表达自己的感激之情。

(2) 给个人的感谢信。这类感谢信，可以是个人也可以是单位集体为了表达某个人曾给予的帮助、照顾而写的。

#### 2. 从感谢信的存在形式上来分

(1) 公开张贴的感谢信。这种感谢信包括登报、电台广播或电视台播报的感谢信等，总之是一种公开的感谢信。

(2) 寄往单位或个人的感谢信。这种感谢信直接寄给单位和个人。

### (二) 感谢信的特点

#### 1. 公开感谢和表扬

感谢信以宣传好思想、好作风、好风格，树立新风为宗旨。

#### 2. 感情真挚

感谢信以赞美、扬善、表达真情实意为写作的出发点。

#### 3. 表达方式多样

感谢信的表达方式灵活多样，不拘一格。

### (三) 感谢信的写法

感谢信通常由标题、称谓、正文、结尾和落款五部分组成。

#### 1. 标题

感谢信的标题写法通常有以下几种形式。

(1) 单独由文种名称组成。如“感谢信”。

(2) 由感谢对象和文种名称共同组成。如“致某某公司的感谢信”。

(3) 由感谢双方和文种名称组成。如“××街道致××公司的感谢信”。

**2. 称谓**

写在开头顶格处，要求写明被感谢的机关、单位、团体或个人的名称或姓名，然后加上冒号，如“××交警大队”“×××同志”。

**3. 正文**

感谢信的正文从称呼下移一行空两格开始写，要求写上感谢的内容和感谢的心情。应分段写出以下几个方面：

(1) 感谢的事由

精练地叙述事情的前因后果，叙述对方的好品德，好作风。叙述时务必交代清楚人物、事件、时间、地点、原因和结果，尤其重点叙述关键时刻对方的关心和支持。

(2) 揭示意义

在叙事的基础上指出对方的关心支持和帮助对整个事情成功的重要性以及体现出的可贵精神，同时表示向对方学习的态度和决心。

**4. 结尾**

结尾要写上敬意的、感谢的话。如“此致，敬礼”“致以诚挚的敬意”等。

**5. 落款**

感谢信的落款署上发文单位名称或发文者的姓名，并且署上成文日期。

**(四) 感谢信写作的注意事项**

1. 感情抒写要真诚朴素、恰如其分，不可漫无边际地空发议论。
2. 在叙述对方对自己或本单位的帮助时，要把人物、时间、地点、原因、结果和经过写清楚。
3. 语言要热情洋溢，诚恳地表达自己的感激之情。
4. 要写得短小精练。叙事要概括，议论要缘事而发，切莫不着边际。

**【例文】**

**感谢信**

尊敬的领导：

您好！我是×××，是11月8号60位面试者中来自××大学的大四本科生。感谢贵公司给了我一个面试的机会。这次面试，从各方面，开阔了我的视野，增长了见识，给予我全方面不同的改进，相信您对我各方面综合能力的肯定，一定能增强我的竞争优势，让我在求职的路上更加坚定信心。感谢公司对我的关爱，感谢公司给我的这次毕生难忘的经历！

无论这次我是否能被公司录用，我更坚信——选择贵公司是明智之举。无论今后我会在哪个单位上班，我都将尽心尽责做一位具有强烈责任感，与单位荣辱与共的员工，一位扎根于单位，立志为社会创造最大价值的攀登者，一位积极进取，脚踏实地而又极具创新意识的新型人才。

大千世界，芸芸众生，如我者甚众，胜我者恒多，虽然我现在还很平凡，但勤奋进取永不服输。如蒙不弃，惠于录用，必将竭尽才智，为公司鞠躬尽瘁！感谢的同时，祝贵单位事业蒸蒸日上，一帆风顺！

此致

敬礼!

×××

××××年×月×日

简析：这是一封面试归来后写的感谢信。正文首先概述事由，清楚地交代了感谢的原因，表达了自己的感激之情。完全符合感谢信的一般写法。

**【例文】**

### 感谢信

××公安局派出所:

我母亲××多岁，今年×月××日从××老家送我的小儿子到××××，在××倒车时，她去厕所迷了路，找不到孙子了。贵所所长刘××同志了解这情况后，立即发动所有同志去找，据我母亲说，你们找了一个多小时，在离火车开车前几分钟终于找到了我的小儿子，并将他们祖孙二人送上火车。我母亲要给大家买汽水，也被你们谢绝了。你们这种精神真值得我学习。在此，我代表我全家向贵所及全体同志表示衷心的感谢!

我是一名售货员，我一定要像你们那样兢兢业业，热情周到地做好我的服务工作。

此致

敬礼!

×××

××××年×月×日

简析：这是得到帮助后写的感谢信。正文首先概述事由，清楚地交代了感谢的原因，描述了事情的前因后果，语言简洁、精练，表达了自己的感激之情。完全符合感谢信的一般写法。该感谢信语言朴实自然，措辞亲切中肯，是一种真情实感的自然流露。

#### (五) 慰问信的概念、分类及特点

慰问信是表示向对方关怀、慰问的信函。它是有关机关或者个人，以组织或个人的名义在他人处于特殊的情况下(如战争、自然灾害、事故)，或在节假日，向对方表示问候、关心的应用文。慰问信的作用主要表现在能够体现组织的温暖，社会的关怀和人与人之间深厚的情谊，给人以继续前进和克服困难的力量、勇气和信心。

慰问信可分为先进(表彰)慰问、遇灾(同情)慰问和节日慰问三种。

(1) 先进(表彰)慰问。向做出重大贡献以及取得突出成绩的集体或个人表示慰问。这种慰问信侧重赞扬功绩，如对在抗震救灾和保卫国家与人民生命财产安全等重大社会活动中做出卓越贡献的人民解放军、公安干警等的慰问。

(2) 遇灾(同情)慰问。对遭受意外灾难，蒙受严重损失，遇到巨大困难的集体或个人表示慰问。这种慰问信侧重同情、安抚和鼓励，如对灾区人民的慰问。

(3) 节日慰问。这种慰问信侧重强调节日意义，赞扬有关人员取得的成绩或做出的贡献。如春节对英雄模范人物及军烈属的慰问，教师节对教育工作者的祝贺，“三八”妇

女节对妇女同志的问候。

慰问信的特点主要表现在以下三个方面：

(1) 发文的单向性。慰问信通常是单向进行的，由一方慰问另一方。

(2) 内容的针对性。慰问信是根据对象确定慰问信的内容和作用，行文目的和内容都很有针对性。

(3) 情感的沟通性。慰问是通过或赞扬表达崇敬之情，或同情表达关切之意的方式来达成双方的情感交流和相互理解的。

### (六) 慰问信的结构

慰问信由标题、称谓、正文、结语和落款五部分组成。

#### 1. 标题

标题有三种形式：

一是用文种“慰问信”作标题。

二是由慰问对象和文种组成标题，如“致××的慰问信”。

三是由写信方、慰问对象及文种组成的标题，如“北大学生致北京申奥代表团的慰问信”。

标题的位置在第一行，居中、醒目。

#### 2. 称谓

写慰问对象的名称。如慰问对象是单位，写单位全称或规范化简称；如慰问对象是个人，在个人姓名后加“同志”“先生”“女士”或职务等尊称。称谓后加冒号。在个人姓名前边，往往还要加上“敬爱的”“尊敬的”“亲爱的”等字样，以表示尊重。称谓的位置在标题下空一行，顶格写。

#### 3. 正文

正文的内容主要有两个方面：

一是先具体叙述慰问信的背景、原因及有关形势和情况。

二是概述对方的先进事迹及其意义，表示赞扬、鼓励；或写对方克服困难，战胜灾害的有利因素，对遭受的灾难和不幸，表示慰问，给予鼓励。

不同类型的慰问信的具体写法：

(1) 先进慰问。其正文内容主要简述其取得的成绩以及意义，表示赞扬，鼓励其继续努力。常用“欣闻(喜闻)……非常高兴，特表示祝贺并致以亲切的慰问”等概述语句开头；然后写成绩是如何取得的，有什么意义，并赞扬其高尚品德；最后鼓励先进再接再厉，争创更大的成绩。

(2) 灾难慰问。表示同情和安慰，勉励其鼓足勇气，战胜困难，夺取胜利。常用“惊悉(获悉)……深表同情，并致以深切的慰问”等概述语句开头；然后描写对方的境遇，鼓励其克服困难，勇往直前，夺取胜利；最后表示良好祝愿和真诚的期望。

(3) 节日慰问。其正文开头概述节日意义，对有关人员表示亲切的问候；然后简叙其对社会的作用及贡献，阐述其肩负的责任，指出今后的任务；最后提出希望或表示良好祝愿。

4. 结语

又叫祝颂语，以“祝取得更大的成绩”“祝节日愉快”“顺致最美好的祝愿”等作结。

5. 落款

包括署名和日期，在单位名称或个人姓名的正下方，写发信的日期。

### （七）慰问信写作的注意事项

1. 要根据慰问的情况和对象来确定写法。如对死难者用“致以最深挚的哀悼”，对其家属“致以亲切的问候”来慰问；对英雄模范人物或做出重大贡献的集体和个人用“向你们致以亲切的慰问和崇高的敬意”来慰问。

2. 感情要真挚、热切，情深意厚。

3. 语言要亲切，让对方真正感到温暖，受到鼓舞。

【例文】

慰问信

在外工作的新蔡县同胞:

“风雨送春归，飞雪迎春到。”值此新春佳节即将到来之际，县委、县政府谨代表全县 100 万父老乡亲向您及您的家人致以诚挚的新年祝福和亲切问候！

“每逢佳节倍思亲。”此时此刻我们更加思念远在异乡的骨肉乡亲，我们深信，您也无限地怀念故土，思念家乡亲人。寄书传情，谨愿带动故乡的音讯，以期抚慰您远离家乡和眷恋故土的亲情。

20××年，在县委、县政府的领导下，经过全县人民的共同努力，全县国民经济和各项社会事业得到持续、快速、健康发展，国内生产总值预计完成 31.41 亿元，比上年增长 10%，其中第一、二、三产业增加值分别比上年增长 6.6%、15.2%、12%。粮食生产获得丰收，农村经济全面发展；工业经济持续增长，经济效益有所提高；乡镇企业健康发展，实现了速度效益的同步增长；东西合作成效显著，对外开放进一步加快，城乡面貌焕然一新；城乡居民收入增长较快，生活水平稳步提高；全县社会大局稳定，人民生活幸福，安居乐业。

新蔡县自古人杰地灵，人文荟萃。而今，更涌现出一批像您这样颇有建树的精英人物，然虽远离故土，但却心系家乡的建设与发展，这份深情家乡人民永远铭记在心，家乡人民真诚地感谢您！

在新的一年里，县委、县政府决心率领全县 100 万人民大力弘扬“团结奋进、开拓创新，务实苦干，增辉新蔡”的新蔡精神，全面实施“农业重调整，工业重盘活，商贸重拓展、乡企重形象、城镇重开发、开放重环境”的经济发展思路，励精图治，艰苦奋斗，为全面建设小康社会而努力奋斗。同时，家乡人民也热情地欢迎您“常回家看看”，探亲访友叙深情，共同感受家乡的变化与发展，并为家乡的经济建设和各项社会事业发展提出中肯的意见和建议，关心支持新蔡振兴大业，共创新蔡美好未来！

祝您和您的家人新春愉快、阖家安康、万事如意！

新蔡县委县政府

20××年 12 月 26 日

简析：这是新蔡县委、县政府起草的节日慰问信。正文首先简要概述对在外工作同胞的节日问候，着重描述该县20××年取得的骄人成绩以及提出下一年工作的希望。语言亲切，感情真挚，让在外漂泊的游子感受到父老乡亲的温暖。

### （八）贺信的概念

贺信是表示庆贺的书信的总称。有喜事就要庆贺，如会议隆重开幕，科研取得成果，重大比赛获得冠军，庆贺节日、生日等，都可以写信祝贺道喜。

贺信有的是以个人名义写的，有的是以单位的名义写的，有的是同级单位之间或上级机关给下级单位写的。总之，它是以组织或个人名义向集体单位或个人表示祝贺的书信。

### （九）贺信的结构

贺信一般由标题、称谓、正文、结尾和落款五部分组成。

#### 1. 标题

贺信的标题通常由文种名构成。如在第一行正中书写“贺信”二字。有些贺信的标题同时也写明发信单位或会议名称。如“×××给×××的贺信”。

#### 2. 称谓

顶格写明被祝贺单位或个人的名称或姓名。写给个人的，要在姓名后加上相应的礼仪名称，如“同志”。称呼之后要用冒号。

#### 3. 正文

贺信可以庆贺家庭、个人婚嫁祝寿一类的喜事；可以庆贺重大的会议或重要的纪念活动、某工程竣工、某科研项目成功、某人任职等。

贺信的正文要交代清楚以下几项内容：

第一，结合当前的形势状况，说明对方取得成绩的大背景，或者某个重要会议召开的历史条件。

第二，概括说明对方都在哪些方面取得了成绩，分析其成功的主观、客观原因。

第三，表示热烈的祝贺。要写出自己祝贺的心情，由衷地表达自己真诚的祝福。写些鼓励的话，提出希望和共同理想。

#### 4. 结尾

结尾要写上祝愿的话。如“此致敬礼”“祝争取更大的胜利”“祝您健康长寿”“谨寄数语，聊表祝贺与希望”等。

#### 5. 落款

写明发文的单位名称或个人的姓名，并署上成文的时间。

### （十）贺信写作的注意事项

1. 内容要紧扣庆贺对象和庆贺事情，抓住重点，善于概括，充分揭示祝贺内容的意义。

2. 贺信正文的篇幅一般不长。

3. 结语要视不同情况而写。

4. 感情要热烈而真诚，富有鼓舞人心的力量。

5. 贺信要及时，并迅速发出。

6. 文辞要优美。

【例文】

### 结婚贺信

亲爱的××：

喜闻1月1日是你和×××的新婚吉日，在此，公司全体同事为你们的喜结连理送上最衷心的祝福，祝你们幸福美满，百年好合。

作为公司的元老，你一直以勤勤恳恳、踏实工作为领导及同事所称赞，入职以来与公司命运相连、共同发展，取得了傲人的成绩。当然，在你取得的成绩背后离不开你的努力与付出，更离不开你家人与朋友的大力支持，在你取得成功的时候他们分享你的喜悦，在你遇到困难的时候他们分担你的忧愁，是他们的无私奉献与真诚关怀帮助你一步步走向成功，走向更美好的未来。借此机会，公司全体同事对你的家人及朋友致以深深的谢意。

美好的婚姻是一个归宿，也是一个新的起点，在它意味着更多快乐的同时，也带来了更多的责任，在今后共同的人生道路上要互相理解，相扶相助，工作与生活齐头并进，共同打造属于你们的幸福家园。

祝白头偕老，永结同心！

××有限公司<br>××××年×月×日

【例文】

### 2014年新春贺信

三联书店全体员工、离退休老同志：

经过全店员工拼搏奋斗，2013年我店喜获大丰收，实现大发展大跨越。一大批好书排闼而出，《邓小平时代》《重启改革议程》《王鼎钧作品系列》《王世襄集》《百年佛缘》《三联经典文库(第二辑)》《故国人民有所思》《陈寅恪的最后二十年(修订版)》《剑桥中国文学史》《凤凰咏》《红蕖留梦》《监狱琐记》等，堪称河面上“活蹦乱跳的鱼”，吸引了读者眼球，年终盘点，获奖众多。在一连串畅销书的拉动下，全店图书销售额首次突破3亿元，较上年度的2.1亿元增长46%，《三联生活周刊》《读书》杂志依然在同类刊物中处于领先地位。2014年度邮发订户双双上升，昭示着读者对它们的喜爱。产品营销和经营工作取得突出成绩。发行10万册以上的畅销图书明显增多，创造出多个经典营销案例。年度营业收入达到2.7亿元，较上年度增长18%。利润总额6400万元，增长29%，是1995年的20倍，2008年的7倍多，经济实力显著增强。三联书店品牌影响力明显提升。生活书店恢复设立，《新知》杂志创刊，品牌群扩容；和沪港三联深化合作，“打造大三联”迈出新步伐；社店战略合作更加紧密，品牌影响力向发行下游延伸；韬奋图书馆对外开放、捐建云南彝良地震灾区云落希望小学建成开学、江西余江韬奋祖居落成使用等公益事业，增加了社会影响力。此外，群众路线教育实践活动、人才队伍建设等都有新成果、新突破，各项工作都跃上一个新台阶。

这些丰硕成果是在三联几代领导人所奠定的坚实基础上获得的，是三联同人用血汗浇灌出来的，是我们发展的基石和信心所在。值此迎新春之际，我们满怀丰收的喜悦，向全店员工暨离退休老同志致以节日的问候，祝大家马年吉祥，万事如意；祝我们三联乘势而上，再创辉煌。

马蹄嘚嘚，战鼓咚咚，2014，我们又开始了新的征程。为了实现新的奋斗目标，我们启动了数字化、国际化、集团化新战略，在继续实施品牌战略、人才战略、企业文化战略的同时，充实和丰富我们的战略思路。所谓数字化，就是开辟数字化出版新领域，使之形成新的一翼，并与传统图书出版形成互动和呼应，这决定着我们的长度，关系到前途的远近。所谓国际化，就是加快走出去步伐，从版权输出转变向国际发展，把国内影响力向国际影响力转移，这决定着我们发展的宽度，关系到品牌的轻重。所谓集团化，就是把各分社、各下属单位做实做优，力争个个成为独立经营和虚拟独立经营的实体，变扁平管理为立体化管理，这决定着我们的高度，关系到三联实力的高低。这三大战略同时也是我们工作着力的重点。

我们要勇于克服困难，超越自我。行业竞争、环境变化，我们面临诸多困难。“从今以后更艰难，努力从头再试”，歌词中这样说，“艰难困苦，玉汝于成”，古书上这么讲。唯有困难才能成就我们。所谓成功，就是克服一个又一个困难的过程，我们是这么一步一步走过来的，也将这样一步一步走下去。我们有信心、决心和勇气，未来的胜利属于我们，属于我们光荣的三联人。

又是一年春光好，芳草萋萋绿马蹄。让我们扬鞭策马，去创造新的奇迹。

生活·读书·新知三联书店

2014 年×月×日

## 三、欢迎词和欢送词

### （一）欢迎词的概念

欢迎词是指在接待或招待客人的正式场合中，主人发表的表示欢迎之意的致辞。外宾来访、领导视察、新生入学、新教师入校等都要表示热烈的欢迎和美好的祝愿。

### （二）欢迎词的写法

欢迎词的一般格式和写法如下。

1. 标题

第一行正中写标题，字体略大，可写“欢迎词”三个字或“×××在欢迎×××会上的讲话”。

2. 称呼

第二行顶格写称呼，称呼要讲究礼仪，姓名要写全，要用尊称，可根据主客之间关系的疏密在姓名前面加表示亲切的修饰词语，如尊敬的、敬爱的、亲爱的，要因人而异。

**3. 正文**

正文要表示三层意思：

(1) 开头要对客人表示热烈的欢迎、诚挚的问候和致意。

(2) 阐述来访的意义，赞颂客人各方面取得的成就，也可回顾双方之间的交往与友谊，赞扬双方之间友好的合作。

(3) 最后表示良好的祝愿或希望。

**4. 结尾**

再一次对客人表示热烈的欢迎和良好的祝愿。

**5. 署名、日期**

正文右下方署名，如标题有名称，可不署名，署名下一行标明日期。

**【例文】**

**欢迎词**

女士们、先生们：

值此×××公司5周年庆之际，请允许我代表×××公司，并以我个人的名义，向远道而来的贵宾们表示热烈的欢迎。

朋友们不顾路途遥远专程前来贺喜并洽谈贸易合作事宜，为我公司5周年庆更添了一份热烈和祥和，我由衷地感到高兴，并对朋友们为增进双方友好关系作出努力的行动，表示诚挚的谢意！

今天在座的各位来宾中，有许多是我们的老朋友，我们之间有着良好的合作关系。我公司创建5年来能取得今天的成绩，离不开老朋友们的真诚合作和大力支持。对此，我们表示由衷的钦佩和感谢。同时，我们也为能有幸结识来自全国各地的新朋友感到十分高兴。在此，我谨再次向新朋友们表示热烈欢迎，并希望能与新朋友们密切协作，发展相互间的友好合作关系。

“有朋自远方来，不亦乐乎。”在此新朋老友相会之际，我提议：

为今后我们之间的进一步合作，

为我们之间日益增进的友谊，

为朋友们的健康幸福，

干杯！

××

××××年×月×日

**(三) 欢送词**

欢送词系指向客人告别的正式场合中主人发表的表示送别之情的致辞。会议闭幕、学生毕业、客人结束访问等，都要表示热烈的欢送。

欢送词的格式和写法一般同欢迎词，只是正文部分的内容有所区别，应对客人表示热烈的欢送并对客人在这一阶段取得的成绩予以肯定，给予适当的评价。最后结束语要以生动感人的语言对客人表示希望和勉励，并显示出依依惜别的感情。

【例文】

欢送词

尊敬的××博士，尊敬的朋友们、同志们：

××博士结束了在我校为期三年的执教生活，近日就要回国了。今天我们备此薄餐，为××博士送行。

三年来，××博士以出众的才智和辛勤的工作，赢得了全校师生的信赖与尊敬。他所做的几次学术报告，开阔了我们的视野，推动了学校的教学改革。对此，请允许我们代表全体师生对××博士再次表示感谢！

在三年的教学工作和日常交往中，××博士与油脂专业的师生诚挚交流，以友相待，结下了较为深厚的友谊，我们为此而感到高兴。

中国有句古话："海内存知己，天涯若比邻。"千山万水无阻于我们友谊的发展，隔不断彼此之间的联系。我们期望××博士在适当的时候再回来做客，讲学。

××博士将踏上回程的时候，请带上我们全体师生的深情厚谊，也请给我们留下宝贵的意见和建议。

最后，祝××博士一路平安，万事如意。

××

××××年×月×日

# 模块小结

本模块主要包括了创业具体实施过程中，已成立企业的正常业务经营中会用到的财经信息沟通文书、财经法律文书和企业日常事务文书三大类文种。其中财经信息沟通文书包括营销策划书、广告、商务函电、产品说明书、财经新闻、招投标书，财经法律文书包括条据、经济合同和经济纠纷诉状，企业日常事务文书包括经济分析报告、计划与总结、述职报告、公文、规章制度、礼仪类文书，本模块主要介绍了以上文书的概念、写作特点和注意事项，以及它们的格式、结构和写法。

# 模块五

# 财经专业毕业论文

【模块目标】

| 学习目标 | 达成度 |
| --- | --- |
| 理论知识 | 掌握毕业论文的概念，了解毕业论文的特点<br>掌握毕业论文的写作方法和写作技巧 |
| 专业技能 | 能够结合专业特性选择合适的论文题目<br>能够根据一定的背景材料确定论文的框架，并收集相关资料<br>具备完成毕业论文撰写的能力 |

【模块任务】

项目一　财经专业毕业论文

# 项目一

# 财经专业毕业论文

## 项目描述

大学生本科阶段最后一件也是最重要的一件事情就是毕业论文的写作。毕业论文是对学生大学阶段学习状况的一种考查，从某种程度上反映出了学生四年所学专业知识的掌握情况，以及学生理论联系实际的能力，毕业论文的成绩是决定作者毕业与否和能否获得相应学位的重要依据。此项目要求学生撰写一篇毕业论文的大纲。

## 任务描述

学生能够结合自己的专业确定合适的论文题目，在查阅相关文献资料后，完成毕业论文框架结构的设计。

## 学习目标

能掌握毕业论文写作的基本要领。

## 任务导入

关统四年的大学生活即将结束，作为四年学习生活的总结和学位获取的重要依据，毕业论文成为关统大学最后阶段的主要工作。论文写作流程是什么，论文题目该如何拟定？材料如何收集？结构怎么搭建？语言如何组织？论文格式是什么？对没有毕业论文写作经验的关统及其同学来说都是一个个难题。毕业论文的写作究竟需要注意些什么，又该如何动手，这些都需要好好地研究一番。

### 一、毕业论文的概念及特点

#### (一) 毕业论文的概念

毕业论文是指各类高等院校和科研机构的学生(研究生)毕业时，在导师的指导和审定下，在一定时间内完成的，用一定的篇幅反映自己在本专业的学习成果和从事本专业工作、科研的能力，以及应该达到的学术水平，具有一定的理论价值和学术价值，并以此进行答辩而取得毕业资格和学位的书面论文。也就是说，毕业论文的写作主体是学生。

毕业论文的撰写和完成必须经过导师的指导和审定。毕业论文的内容、格式、篇幅、完成时间以及写作过程中的各个环节都必须符合明确的规定和要求。特别是毕业论文的内容应表明作者确已对本学科的基础理论、专门知识有一定深度和广度的掌握，以及作者具有运用专业知识从事科学研究工作和独立担负专门技术工作的能力，体现出一定的专业性、理论性和学术性。毕业论文的成绩是决定作者毕业与否和能否获得相应学位的重要依据。在这个意义上，毕业论文又称为学位论文。

### （二）毕业论文的特点

毕业论文的特点，主要是创见性、理论性和专业性。

#### 1. 创见性

毕业论文的主要目的在于表明作者对本学科的基础理论、专门知识和基本技能掌握的程度；表明作者是否具有理论联系实际，从事或者独立从事科研和专门技术工作的能力。科学的本质是创造，科学研究的生命在于发现和创造，毕业论文的特点首先是独创性。所谓创见性，是指作者对所研究的问题有新颖独到的见解，不能人云亦云，即发前人之未发。大至开创一门新学科，建立一个理论体系；小至发现一条有价值的信息，纠正一个观点，悟出一点新意，都属于一种创见。此外，创见性还表现在对问题研究的途径、角度、方法等的独特上。

#### 2. 理论性

具有较强的理论性是毕业论文的一个本质特征。一般而言，毕业论文的表现形态同其他类论文一样，也是概念、判断组成的推理体系，表现出对一般现象或一般原理或实践经验的高度概括和升华。在毕业论文里，事实往往被浓缩、抽象或凝聚为数据、图表，感性的东西深化为理性的东西，客观的存在加入科学思维的序列。基于缜密而又新颖的推理判断，抽象而又生动的科学概括，作者对事物本质和规律的深刻认识，彰显出毕业论文的理论色彩和理论深度。

毕业论文的理论性是对科学性的印证，又是对论文创见价值的一种说明，要求作者必须遵循具体学科中的推理规则，持之有故，言之成理；要求作者必须为自己的创见能够令人接受和信服而尽可能寻找出充分成立的论据、科学正确的思维方法。

#### 3. 专业性

强调专业性是毕业论文对研究者写作内容的规定。所谓专业性，就是要求毕业论文所研究、探求的内容应具有专门性和系统性，一定要反映作者研究的专业方向；与此相适应，在书面表达时，其语言的应用、概念的诠释和术语的表达都应有鲜明的专业特色。如财经方面的论文势必要运用财经方面的概念、术语等。倘若一篇毕业论文不能反映出作者对自己专业的基本原理系统而又全面地掌握；不能言之有据、言之成理地分析、解决一个重要的专业问题；不能就所研究的专业方向提出自己独到的科学见解，则就无专业性而言。

毕业论文的专业性，要求作者必须立足于雄厚的专业基础，准确地运用专业理论、专业术语，发掘本学科研究的前沿问题，向研究的深度、广度和高度进军，研究所得的创见能够经受本专业发展进程的检验。

## 二、毕业论文的作用和种类

### (一) 毕业论文的作用

撰写毕业论文是每个高等院校(研究机构)的学生(研究生)在校学习必须完成的最后一项学习任务，毕业论文的作用主要是用来表明作者是否系统、全面、熟练地掌握本学科的基础理论、专门知识和基本技能，是否可以综合运用本专业的基本理论、基本概念、基本观点分析解决本学科中带有基本性质的某个重要问题，以作为考查学生的学习成果、从事专门技术工作和科学研究的能力，判断学生能否毕业、授予学位的重要依据。虽然可以不像其他类作者所撰写的论文那样要求直接面向社会、面向现实，必须产生社会效用，但毕竟是论文的一类。从论文是科学研究的工具和科学研究成果的载体；论文标志着国家、民族乃至社会的科学水平、科研实力；论文孕育了人类的文明进步，把人类引向未来；以及论文写作的主要思维方式是理论思维，而理论思维的水平是衡量人们处理人类自身及人类与自然的关系的自觉程度、成熟程度的重要标志的角度看，毕业论文同样也是推动社会和科学进步的重要力量和基本手段。

### (二) 毕业论文的种类

毕业论文可涉及的范围非常广泛，因分类的标准不同而有不同的分法。如按作者分类，可分为学士学位论文、硕士学位论文、博士学位论文等。

## 三、毕业论文的选题

### (一) 选题的意义

本质上，毕业论文的撰写着意于科研能力的培养和提高，撰写毕业论文的过程也就是学术研究的过程。无论是从学术研究的角度，还是从论文写作的角度来看，其首要的和重要的问题都是选题。选择和确定课题的意义之所以重大，是因为选题：①决定着论文写作的方向和目标，标志着学术研究活动的开始。撰写毕业论文是目的性很强的活动，选题的准确限定，表明作者学术研究的目的已经明确，并且作者已经集中精力，全力以赴，方向明确，目标清楚地开始了具体的科研活动。②决定着论文写作的成败和学术研究活动的价值。对毕业论文来说，选题是其成败的关键，选准了题，论文也就成功了一半。因为选题可以显示出论文研究的问题与作者知识结构的相互适应，表明论文研究的问题在本专业领域的重要程度，以及作者具有分析、解决问题，完成学术研究的能力和条件。③决定着论文写作的水平和科学研究的创新能力。课题的选择和确定，本身就是在发现问题、提出问题和思考问题，而对值得研究的问题的发现、提出和思考，则意味着作者有较强的认识能力和创新能力，有较高的知识水平和科研水平。因此，撰写一篇毕业论文之前，必须选择好要研究的课题。

### (二) 选题的思路

题好文一半，选好论文的题目是论文成败关键性的第一步。要选好一个课题，必须从主观条件和客观条件两方面进行考虑。

从主观条件方面来说，需要注意以下两点：

(1) 选择自己有浓厚兴趣并能发挥专长的课题。

(2) 要从自己的能力、时间、获取资料的条件等方面的情况综合考虑，选择大小适中的课题。

从客观方面来说，可选择以下几类课题：

(1) 选择填补空白的课题。任何一个学科在发展过程中都有其不平衡性。这种不平衡可能表现在一个学科领域，也可能表现在两个或两个以上学科之间。由此而形成的一些空白，自然需要填补。写作论文时，如果选择了这类课题是最有前途的。

(2) 选择前沿课题。即选择社会生活和科学领域里亟待解决的课题。

(3) 选择有争鸣的课题。这类课题因为争议未决、众说纷纭，以致多种观点并存。这给选题提供了空间。

(4) 选择纠正或补充前人观点的课题。这是发展性研究。由于历史的局限，前人的成说难免会有错误的东西，或不够确切、不够完善的地方。写作的论文如果能够使前人不够完善的地方得以完善，对于学科的发展也是有相当大的作用的。

当然，作为毕业论文的课题或论题，它的选择和确定，必须经过导师的指导和审定，相对来说，难度不会太大。而作为毕业论文的作者来说，欲使课题或论题选准、选好，则必须注意平时的积累，选题才能有方向；注意研究的方向专一，选题才能有目的；注意重视课题或论题的价值，选题才能有意义；注意课题或论题的利于展开，选题才能对自己有利。

## 四、毕业论文的格式及写法

实际上，论文的写作并没有什么固定的或者说一成不变的模式，但作为毕业论文的写作，从首先是学习、熟悉、掌握论文写作的角度来说，则应该从掌握人们一般采用的论文的基本格式开始。下面就论文的一般格式进行介绍。

### (一) 标题

标题是以最恰当、最简明的词语反映论文中最重要的特定内容的逻辑组合。标题既要准确地描述内容，又要尽可能简短，一般不宜超过 20 个字。并且，标题中应避免使用不常见的缩略语、字符、代号和公式等。在表现形式上，一般可有以下几种。

#### 1. 单标题

这类标题在内容上，可以直接揭示论文的论点，也可以揭示论文研究的对象，还可以指明论文研究的范围。在形式上，既可用判断句和陈述句表示，也可用疑问句表示。例如：《××公司新产品市场推广方案设计》《××地区物流业对农业发展的促进作用研究》《××公司库存成本控制》《××公司市场影响力分析》。

#### 2. 双标题

这类标题是由正题和副题组成的正副标题，正题概括论文的论点或主要内容，副题对论文的研究对象或论述范围做出说明。这类标题往往在以下两种情况下使用：一是用副题对正题进行说明或阐释，如《增加农民收入的路径探索——农村剩余劳动力转移及其政策选择》。二是用副题说明对某人、某作品、某论点的反驳或商榷，如《共享经济与资源浪费——对共享经济过快发展的质疑》。

### (二) 摘要和关键词

摘要是毕业论文极为重要且不可或缺的组成部分。作为论文的窗口，频繁地用于国内外资料交流、情报检索、二次文献编辑等。一般地说，它是论文要点的摘录，含有整篇论文的主要信息，是论文要点不加注释和评论的一篇完整的陈述性短文，能独立于论文使用和被引用。

摘要的内容应包括研究的前提、目的和任务以及所涉及的主题范围；用于研究的原理、理论、条件、对象、手段、程序等；研究的结果和对结果的分析和研究，以及虽然不属于研究的主要目的，而就结论和情报价值而言也很重要的信息。在形式上，一般不用图、表、化学结构式、计算机程序，不用非通用的符号、术语和非法定的计量单位。在篇幅上，一般不作限定。

关键词是论文内容、观点、涉及的问题等方面的标志和提示，作用是易于分类、存储和检索。关键词的标注在摘要的下方，以 3~7 个为宜，涉及的内容、领域从大到小排列，便于文献编目与查询。

此外，与中文摘要和关键词相对应的是还应有英语摘要和关键词。英语摘要用词应准确，使用本学科通用的词汇，使用因忽略主语作用的被动语态，使用正确的时态，必要的冠词不能省略，并注意主、谓语的一致。

### (三) 正文

#### 1. 引论——文献综述

在正文前的引论(引言)部分，应对相关领域前人的研究工作进行文献综述，简要说明研究工作的目的与范围、研究设想、实验设计预期结果和意义等。在内容上，文献综述必须分析和综合现有研究成果、理论基础，指出相关的知识缺陷和知识空白。文献综述的篇幅要求一般是，学士学位论文要求不少于 600 汉字，硕士学位论文要求不少于 1000 汉字；博士学位论文要求不少于 3000 汉字。

#### 2. 本论

本论是论文的主体部分。本论中，作者要展开论题，对论点进行分析论证，阐述和公布研究成果的中心内容。一般地说，本论中关于科学的假说、理论的充分论证极为重要，决定着假说、理论的能否成立，决定着研究的成果能否准确、有效地表达、公布出来，决定着论文写作的成败。

本论的结构方式，主要有总分式、层递式、并列式、综合式和散论式。

(1) 总分式。总分式是一种有总论、分论的结构方式。根据总论与分论安排上的先后不同，又可分为：①先总后分式；②先分后总式；③先总、再分、后又总的总分总式。

(2) 层递式。层递式又称递进式或推进式，即各层次之间是逐层深入的关系。这种结构中，前一个层次是后一个层次的基础，后一个层次是前一个层次的进一步深化。

(3) 并列式。并列式又称平列式，即各层之间为平等并列的关系，围绕中心论点从不同方面、不同角度进行论证，各层次的分论点与中心论点是局部与主体的关系。尽管各部分事实上不可能绝对平等，但它们的轻重缓急差别不大，次序变换一下，对全文影响不大。这种结构适宜论证较为复杂、又易列项或诸多有相对独立性的问题。

(4) 综合式。综合式即是把总分式、层递式、并列式等结构方式结合起来交错运用的结构方式。这种结构的长处是可以容纳丰富复杂的内容，可使论证充分并富于变化。篇幅较长或论述的问题较为复杂则常常运用这种结构，并且常以一种形式为主、其他方式为辅。

(5) 散论式。散论式是边分析论述边做结论，每个层次都有较大的独立性，层次之间的联系不十分紧密的一种较为自由开放的结构形式。这种结构也是围绕一个中心、一个范围较广的论题，但论述中可以有重点地专论几个方面自己有见解的问题。采用这种结构的文章往往以“关于某某问题的几点思考”“关于某某的若干问题”等为题。

总之，论文的本论应该包括研究对象、研究方法、实验和观测方法、实验和观测结果、计算方法和编程原理、数据资料、经过加工整理的图表、形成的论点和导出的结论等。各章节标题要大致对称，内容之间有严密的逻辑论证关系，各部分篇幅长短不宜悬殊太大，章节标题不宜太长。

#### 3. 结论

结论部分，表明的是作者在本论对问题的综合分析研究的基础上所归纳出的论文的中心论点。同时，也对研究成果的意义、推广应用的现实性或可能性和进一步的发展等加以探讨和论述。这部分是收束论文的结尾，遣词造句上要求准确、完整、明确、精练。

### (四) 注释

毕业论文中的所有引文，均须注明出处。给论文加注，一是为了说明有根据；二是为了便于查考。

注释一般有夹注、脚注和尾注三种。注释要求准确、完整，引文部分的作者、出处、时间、原书名及文章题目、页码等，都应一一写出。

### (五) 参考文献

在尾注的下方，按文中出现的顺序列出直接引用的主要参考文献，先列出中文文献，再列出外文文献。列于参考文献表的文献类型，包括图书、期刊、会议论文集、专利和学位论文等。

## 五、写毕业论文应注意的事项

在毕业论文的写作中，凡有明确规定和要求的方方面面，相对来说，是比较容易熟悉和掌握的。比较有难度的是毕业论文正文的“本论”，这一部分的写作要有自己的创新。因此要注意以下两点。

1. 早定方向，了解学术前沿。本科生最晚在三年级就应有自己的论文写作方向，并及时了解学术动态，才会胸中有数，而不是到了快毕业时临时抱佛脚，这是写不出有质量的论文的，只能是东拼西凑而已。

2. 建立材料库，做有米之炊。论文者平时多走、多看、多记、多思，注意积累，手中有丰富的材料，写论文时就会水到渠成；否则，将捉襟见肘。

【例文】

## 暖心日用品有限公司网络营销存在的问题及对策分析


### 摘　要

本文从暖心日用品公司的网络营销中的实施现状进行分析，通过分析，了解到了暖心日用品有限公司在网络营销中存在的一些问题，通过书籍及网上查询资料，了解到了公司中存在的一些问题，同时，为了提高公司效率，我也找到了相应的解决办法。特别是网络营销中的建立健全信用制度，加强消费者保护权益方面和改善网络营销中的效果的测量方法，我提出了比较全面的方案。

在改善网络营销效果的测量方法中，我通过“关于网站设计的评价和网站推广的评价以及网站流量评价指标”来解决。总而言之，我觉得我的论文解决了现在公司的一些不足之处。


关键词：暖心日用品网络营销策略


### Abstract

From the warm heart products company in the network marketing implementation present situation carries on the analysis, through analysis, the awareness of warm heart daily necessities co., LTD. In some of the problems existing in the network marketing, and online query information through books, the problems existing in the awareness of the company, at the same time, in order to improve the efficiency of company, I also find the corresponding solution. Especially the establishing and perfecting the credit system in the network marketing, strengthening the protection of consumer rights and interests and improve the effect of network marketing of the measurement method, I put forward the comprehensive solutions.

In measuring method for improving network marketing effect, I through the “about the assessment of website design and website promotion and site traffic evaluation index” to solve. Overall, I think my thesis solved the company now some shortcomings.


Keywords: enterprise network marketing;  problem;  countermeasures

### 引　　言

随着互联网技术的发展，网络营销等电子商务活动对我们的影响越来越大，企业信息化已经是大势所趋。当前，暖心日用品有限公司的发展已经取得了不错的成绩，其中网络营销对暖心日用品有限公司的贡献比例很大，同时也为暖心日用品有限公司变成跨国性企业做出了重要贡献。但同时，暖心日用品有限公司的发展也面临很多问题，伴随着市场信息化的发展，其他类似的企业也广泛引进信息技术，而网络营销也是这些企业近几年来的发展热点。网络营销对于暖心日用品有限公司来讲，是发展的机遇，但同时也是挑战。建立网络营销并有效利用，可以降低企业成本、扩大企业市场等，所以研究暖心日用品有限公司网络营销中存在的问题并提出相关的对策，对于暖心日用品有限公司的网络营销发展是至关重要的。

一、暖心日用品有限公司简介

杭州暖心日用品有限公司成立于 2009 年，位于有“人间天堂”称誉的杭州，是一家专业从事家居生活用品生产销售的专业化公司。他们依托飞速发展的电子商务契机，大投入，大发展，公司拥有200平方米的办公室，1300多平方米的仓储厂房。他们紧跟日韩流行元素，主营各种时尚家居用品，暖宝宝发热贴，时尚增高鞋垫，保暖鞋垫，保健鞋垫等流行热销产品。

暖心日用品有限公司的组织结构，有运营经理部、产品策划部、美工部、配送部、客服部和财务部。

运营经理部职责是：(1)负责网店整体规划、营销、推广、客户关系管理等系统经营性工作；(2)负责网店日常改版策划、上架、推广、销售、售后服务等经营与管理工作；(3)负责网店日常维护，保证网店的正常运作，优化店铺及商品排名；(4)负责执行与配合公司相关营销活动，策划店铺促销活动方案；(5)负责收集市场和行业信息，提供有效应对方案；(6)制订销售计划，带领团队完成销售业绩目标；(7)客户关系维护，处理相关客户投诉及纠纷问题。

产品策划部的职责是：(1)负责不定期策划淘宝商城营销活动；(2)负责产品的文案描述；(3)策划并制订网络店铺及产品推广方案(包括淘宝推广、SEO、论坛推广、博客营销、旺旺推广等)等营销工作；(4)研究竞争对手的推广方案，向运营经理提出推广建议；(5)对数据进行分析和挖掘，向运营经理汇报推广效果；(6)负责对店铺与标题关键字策略优化、橱窗推荐、搜索引擎营销、淘宝直通车、淘宝客等推广工作。

美工部的职责是：(1)负责网店产品上传宝贝的文字编辑及上传宝贝的相关工作，图片拍摄制作；(2)根据主题需要完成店铺的整体美化(公告栏和促销栏图片设计)；(3)根据文字需求完成网页平面设计，完成网页HTML编辑；(4)产品拍摄图片的美化、编辑排版。

配送部的职责是：(1)负责网店备货和物资的验收、入库、码放、保管、盘点、对账等工作；(2)负责保持仓库内货品和环境的清洁、整齐和卫生工作；(3)按发货单正确执行商品包装工作，准时准确完成包装任务；(4)准确地在网店后台输入发货单号，更改发货状态，对问题件能及时处理。

客服部的职责是：(1)通过在线聊天工具，负责在淘宝上和顾客沟通，解答顾客对产品和购买服务的疑问；(2)产品数据在线维护管理，登录销售系统内部处理订单的完成，制作快递单，整理货物等；(3)客户关系维护工作，在线沟通解答顾客咨询，引导用户在商城上顺利地购买商品，促成交易；(4)负责客户疑难订单的追踪和查件，处理评价、投诉等。

财务部的职责是：(1)负责网店销售与资金到账的管理；(2)负责网店与快递公司业务费用的管理；(3)负责网店日常运营财务方面的处理。

二、暖心日用品有限公司网络营销实施现状

暖心日用品有限公司的服装业网络营销刚刚发展，刚迈入网上销售产品的行业中，网络营销策略在暖心日用品有限公司处于探索期，发展不够健全，和其他一些小的服装企业在网络营销方面存在同一系列问题。

我们公司的客户目标自创业初期就定位在中低端，由我们的产品价格可以看出我公司的买家主要以月收入5000元以下的中低收入者为主。作为一个电子商务公司，企业中各环节的电子商务应用水平差异较大。比如在采购和营销中，能熟练应用电子商务的企业分别占到了15%和13%的比例，而在物流环节，比例不到10%。

没有把客户的利益放在第一位。作为一个拥有自己仓库及库存的淘宝公司，连在发货时进行最基本的检查都没有，甚至是还发错了服装的颜色或者是服装的尺码，更有可能是服装的款式。比如在收到订单之后，不检查货物的质量而直接将货品邮寄给了客户，而刚好这个货物是个次品；还有在收到顾客的询问时，有些客服的服务态度非常不好，只是敷衍了事，觉得这个和自己没有多大的关系。

还有就是在发完货后就对其快件不管不顾了，没有考虑到物流公司的快慢或者失误，没有时刻注意着快件的追踪信息等。

还有就是公司内部的职责都不是很清楚。售前做着售后的问题，使更多的消费群体不能马上得到他们所问的问题的答案。还有就是财务部门的员工做着行政的工作，美工部门的员工做着产品部的工作等。一句话就是谁有空的话就去帮忙那些比较忙的部门，公司的员工都说我们是万能的，因为我们什么都做，什么都会做。

我们的产品都是由产品部的人经过检验样品再交给质检部的人。但是我们招聘的却都是那些不专业的妈妈级人物，对衣服的质量也没有多大的研究。还有就是在发货的时候没有仔细检查货物，将那些次品流向了顾客。

现阶段的公司，发的工资中有给客服部门的提成。客服在5分钟之内没有回复的话，就会被累计下来，达到一定的程度时，就会扣除相当一部分的提成，但是奇怪的是，连在放假或者是休息的时候没有回复的，也同样计算在了里面。

我们公司的文化是家的文化，我们的从属文化是服务意识、执行力、团队协作、积极主动；我们的核心价值观是真实、自然、快乐。我们的梦想：我们是一群有梦想，有活力的年轻人，我们是互相帮助实现彼此梦想的一家人。我们的愿景：成就“暖心日用品有限公司”互联网女性第一品牌。我们的为人：我们是一群正直善良的人，我们是一群孝顺父母的人，我们是一群认真勤奋的人，我们是一家人！

本文主要根据暖心日用品有限公司网络营销的现状，探讨其存在的问题及发展对策，从而促进暖心日用品有限公司合理健康地发展。

三、暖心日用品有限公司网络营销存在的问题

(一) 售后服务质量不佳

1. 购物容易退货难

网上买东西“购物容易退货难”的现实一直都存在。即使在一些能够退换的网上商店，网上退货还需经过重重“关卡”。这个问题已经开始制约网上购物的发展。

淘宝网的品种繁多，商品图片常常经过美化处理，而消费者拿到手中的商品却与照片大相径庭。淘宝网的商品几乎是无质量问题是不予退换的，即使是双方协商可以退换，但是来回的运费都得消费者自己掏腰包，另外淘宝网退货流程的复杂也加大了退货的难度。

2.“三包”形同虚设

淘宝网上所售商品无“三包”的情况时有发生，一旦消费者网上订购的商品出现质量问题，卖家与生产厂家互相推卸责任，修、退、换都很难实施，结果造成消费者有苦无处诉。由于这些因素的存在，使得大部分消费者的积极性都受到了严重的打击。

3. 服务态度和方式

淘宝网卖家来自社会各个阶层，性格各异，淘宝网卖家服务态度生硬，对消费者提出的问题采取回避态度，缺乏沟通能力，导致卖家无法正确理解消费者的意图及需求，不能妥善处理消费者提出的异议，造成纠纷不断。

(二) 网络营销策略水平不高

暖心日用品有限公司对网络营销策略缺乏系统的研究，还没有形成一套适合其企业状况的网络营销策略，还没有专业化的营销队伍。该公司已经建立了自己的网站并在网上发布了自己的商品信息。但是，该公司认为可以“一网无忧”，以为建立了网站、发

布了商品信息就可以坐等贵客光临。殊不知现在互联网的网页已经上百亿，不作宣传，消费者根本就不知道自己的网站，更不可能浏览企业的网页。此外，暖心日用品有限公司的网页信息长时间没有更新，信息陈旧，对消费者来说没有任何意义。另外，暖心日用品有限公司由于后续的管理没有跟上，网络营销的后续服务严重滞后。该公司没有及时对顾客的意见或者邮件进行处理，或者根本就没有安排专门人员负责，严重打击了消费者的积极性，丧失了和消费者互动的机会。也有通过滥发电子邮件的形式进行宣传，但是，由于互联网的日渐发展，成熟的消费者对垃圾邮件已经越来越反感，利用垃圾邮件进行宣传的方式已经收效甚微。

(三) 发货环节缺乏质检

暖心日用品有限公司在接到订单后，通过一系列的流程，到达发货环节。但是在发货环节中，并没有进行严格的质检管理，相反的是，他们看到订单后，直接将产品进行了包装，连最起码的颜色、大小、款式都没有很仔细地看，更别说是让打包员看产品的完好性了。

(四) 缺乏完善的网络营销绩效评估体系

暖心日用品有限公司的网络营销与其他的营销方式并不是孤立的，而是有机地联系在一起的。网络营销的同时也需要传统营销媒体的配合与支持。不能只靠网络宣传，也需要其他媒体的辅助以增强其广告效果。公司没有完善的网络营销绩效评估体系来判断网络营销是如何给企业盈利及发现网络营销中的不足并加以改进。对于暖心日用品有限公司来说，其网络营销也许只是让企业产品和形象传播到潜在客户，但这并不能给企业带来现实利益，这时候网络营销给企业带来的是长远利益，很难去直接地评估其效果。相对于暖心日用品有限公司，网络营销的投入也是一笔巨大的费用，企业网络营销的目的性又不像传统媒体那样以增加销售额为主要目的，难以用量化的指标进行衡量。使企业的决策者陷入对网络营销成效的顾虑中。

(五) 物流的配送问题

一般网络营销的消费者非常关心网上购买的服装多长时间能收到，这就牵涉到物流配送系统。对于物流配送系统，主要包括邮局、快递公司等完成传统的配送任务，由于和暖心日用品有限公司合作的快递或者邮局并不属于暖心日用品有限公司，这些物流公司完全没有对暖心日用品有限公司的集体荣誉感，从而并不是很迅速地将暖心日用品有限公司的快件寄出去甚至反而是压了几天，这样就导致顾客的不耐烦和差评。因此，我们可以看出：滞后的物流早已经和快速发展的网络营销不相适应，物流配送问题成为暖心日用品有限公司销售的又一障碍。

四、暖心日用品有限公司网络营销问题的对策与建议

(一) 改善服务质量，提高客户满意度

利用阿里旺旺加强与消费者的信息沟通，加快响应速度，卖家可以把常用的话语设置为快捷回复，这样在忙乱的时候可以快速回复客户，比如欢迎词、活动介绍、不讲价的解释、发货时间等。保证时效性，及时受理客户查件催单、售后问题、退换货等。在规定的时间内给予答复或者处理完毕，不可在未征得消费者同意的情况下拖延时间。

(二) 大力提高网络营销策略水平

现在看来，网络营销能更好地解决“顾客、沟通、便利和成本”这些因素所带来的问题。不仅如此，公司应该对自己网站的推广也要有相应的策略，要有相应的网站推广计划，相应的推广策略以及对网络消费者行为的分析，这样才能获得成功。

值得一提的是网络广告，它在整个网络营销策略中的地位也是非常重要的，针对网络广告的设计与发布，都要有相应的技术开发和技术创新，针对网络广告的收费方式也要有所依据。

(三) 建立健全发货制度，加强消费者保护权益

发货前，对当天所要发的快递单按款式、数量、单件或多件、颜色进行分类，并对所发数量和款式进行登记。注意快递面单上所需的物品，特别是看清面单上的颜色、数量、尺寸、有无备注，有无赠品、是否修改，确认后方可包装发货。打包发货时要仔细地观察、留心每一个细节，比如衣服是否缺纽扣、拉链、缺件少件、包装未封好等现象，检查无误后才可发出。打包时应注意包裹内与面单上的所需物品是否齐全，包裹包扎是否严实，确认无误后才可发货。发货员在检查货物时，发现问题应及时处理，不能修复的，及时上报，有问题的货物应分出独立存放。

(四) 改进网络营销效果的测量方法

1. 关于网站设计的评价

网站是网络营销的基本工具和根据地，营销功能是企业网站的第一要素，一个企业网站的功能和基本内容是否完善，是评价网站设计的最重要指标。除了功能、风格和视觉设计等取决于网站本身的特定要求之外，在网站的设计方面，有一些通用的指标，主要有主页下载时间(在不同接入情形下)、有无死链接、拼写错误、不同浏览器的适应性、对搜索引擎的友好程度(META 标签合理与否)等。

2. 关于网站推广的评价

网站推广的力度在一定程度上说明了网络营销人员为之付出劳动的多少，而且可以进行量化，这些指标主要有：

登记搜索引擎的数量和排名。一般来说，登记的搜索引擎越多，对增加访问量越有效果，同时，搜索引擎的排名也很重要，一些网站虽然在搜索引擎注册了，但排名在第三名之后，或者在几百名之后，同样起不到多大作用。

被其他网站链接的数量。在其他网站链接的数量越多，对搜索结果排名越有利，而且访问者还可以直接从链接的网页进入你的网站。实践证明，在其他网站作链接对网站推广起到重要作用。

用户数量。用户数量是一个网站价值的重要体现，在一定程度上反映了网站的内容为用户提供的价值，而且用户也就是潜在的顾客，因此，用户数量直接反映了一个网站的潜在价值。

3. 网站流量评价指标

独立访问者数量。指在一定时期内访问网站的人数，每一个固定的访问者只代表一个唯一的用户。访问者越多，说明网站推广越有成效，也意味着网络营销的效果卓有成效，虽然访问量与最终收益之间并没有固定的比例关系。

页面浏览数。即在一定时期内所有访问者浏览的页面数量，页面浏览数量说明了网站受到关注的程度，是评价一个网站受欢迎程度的主要指标之一。

每个访问者的页面浏览数。即在一定时间内全部页面浏览数与所有访问者相除的平均数。这一指标表明了访问者对网站内容或者产品信息感兴趣的程度，如果大多数访问者的页面浏览数仅为一个网页，表明用户对网站内容或者产品显然没有多大兴趣。

用户在每个页面的平均时间。即访问者在网站停留总时间与网站页面总数之比，这个指标的水平说明了网站内容对访问者的有效性。尽管可以监测到网站的流量、反应率

等指标，但这些本身并不直接代表网站有多成功或者失败，也不能表明与收益之间有什么直接关系，而只能作为相对指标，比如与同一行业的平均指标，或者全部上网者的指标相比较，而且指标本身也很难做到精确。尽管网络营销效果难以准确评价，但这些评价指标可以从一定程度上说明一个企业为之投入的努力以及网络营销的成效。

(五) 完善物流系统

由于我们的企业起步较晚，与其他企业的差距较大，物流中心的设施设备普遍比较落后，未达到第三方物流的条件，所以应加强智能化、自动化仓库的建设，增强仓储运输系统的整合效能。加强信息化建设，可以提高物流的利用率。重视物流在整个营销中的作用，可以使企业的营销有更好的发展。网络营销作为一种全新的营销模式，与传统营销方式相比，具有传播范围广、速度快、无时间地域限制、内容详尽、形象生动、双向交流、反馈迅速、无店面租金成本等特点。网络营销更为企业架起了一座通向国际市场的绿色通道。在网上，任何企业都不受自身规模的绝对限制，都能平等地获取世界各地的信息及平等地展示自己，为我们企业创造了一个良好的发展空间。网络营销同时能使消费者获得比传统营销更大的选择自由，有利于节省消费者的交易时间与交易成本。网络营销是适应网络技术发展与信息网络时代社会变革的一种全新的营销理念，它在未来经济中会有巨大的发展空间。在发展中肯定会存在这样或那样的问题，我们也只有不断地探索，在政府、企业和消费者的共同努力下，在发展中解决问题，才能推动网络营销的良性运行和协调发展。

## 结　论

本文以暖心日用品有限公司为例，得到以下结论：淘宝网存在网络营销策略水平不高、网络安全问题、价格缺乏说服力、客户服务质量较差和物流配送的问题。淘宝网必须改变消费者的消费意识、拓展网络营销渠道、加强安全技术措施、提供价格说明信息、健全服务系统，提高服务质量和完善物流系统，寻找新增长点。

我相信，只要网上营销经营人保持清醒的头脑，保持对市场和客户需求的敏锐洞察力，积极应对挑战，完全可以找到适合自身发展的盈利模式，在网络购物市场继续领跑，并不断推动我国的互联网经济持续发展。

## 参考文献

[1] 郭莲莲. 服装网络营销分析[J]. 新西部. 2010, 8:4-8.

[2] 郭蕊. 企业网络营销问题研究[J]. 中外企业家. 2008, 11: 80-82.

[3] 蒋涛刍. 议网络营销在发展过程中存在的问题及对策[J]. 中小企业管理与技术，2008, 6: 172-174.

[4] 孔伟成，陈水芳，罗辉道. 网络营销的理论与实践[M]. 北京：电子工业出版社，2009, 18-28.

[5] 孔祥梅，徐相阁. 服装网络营销市场的现状及发展前景[J]. 商业时代. 2008, 27:7-9.

[6] 李北雁. 服装网络营销探讨和研究[J]. 商场现代化. 2007, 10:34-45.

[7] 李东. 传统商务与电子商务比较研究[J]. 商业经济荟萃. 2003, 5:22-27.

[8] 李桂娥. 我国网络营销存在的问题和发展对策[J]. 山西经济管理干部学院学报. 2004，4: 21-23.

[9] 秦效宏. 网络营销存在的问题及其对策分析[J]. 甘肃科技. 2003, 5:27-29.

[10] 尚晓春. 网络营销策划[M]. 南京：东南大学出版社，2002，43-48.

[11] 王辉. 浅议网络信息安全[J]. 农业图书情报学刊. 2008，6:146-147.

[12] 魏想明. 网络营销学[M]. 北京：机械工业出版社，2008，33-35.

[13] 薛辛光. 网络营销学[M]. 北京：电子工业出版社，2003，24-26.

[14] 夏晓红. 浅析我国服装业实施网络营销的现状及对策建议[J]. 四川师范大学学报. 2005, S1:72-90.

[15] 杨路明. 网络营销中的策略[J]. 商学研究. 2002, 17:129-132.

**致　谢**

光阴似箭，岁月如梭，不知不觉我即将走完大学生涯的第四个年头，回想这一路走来的日子，父母的疼爱关心，老师的悉心教诲，朋友的支持帮助，一直陪伴着我，让我渐渐长大，也慢慢走向成熟。

四年，给予我的，是不断丰厚的学识，是从容、自信和幸福的能力，还有珍贵的友谊。同门求学是一种缘分。无数次结伴同游，无数次对酒当歌，无数次谈天说地、嬉笑怒骂，无数次在美丽天堂杭州寻找快乐。曾经一样的悲欢，注定在未来的日子里，我们可以共同分享许多美好的回忆。尽管就要各奔东西，但四年同窗之谊，我们会成为一生的朋友。

在论文即将完成之际，我的心情无法平静，从开始进入课题到论文的顺利完成，有多少可敬的师长、同学、朋友给了我无言的帮助，在这里请接受我诚挚的谢意!最后我还要感谢含辛茹苦培养我长大的父母，谢谢你们!

# 模块小结

毕业论文是每一个大学本科生都要面对的任务，写好一篇毕业论文至关重要。本模块主要介绍了毕业论文的概念、特点，毕业论文的结构和写作方法，以及在毕业论文写作过程中应注意的问题。

# 参考文献


[1] 应用文写作[M]. 沈阳：东北大学出版社，2017.

[2] 熊晓亮. 财经应用文写作[M]. 长沙：湖南师范大学出版社，2014.

[3] 郑延琦. 财经应用文写作方法与技巧[M]. 北京：人民邮电出版社，2017.

[4] 方有林，娄永毅. 经济应用文写作[M]. 上海：复旦大学出版社，2009.

[5] 闫秀荣. 市场调查与市场预测[M]. 上海：上海财经大学出版社，2009.

[6] 王立名. 财经应用文写作[M]. 北京：经济科学出版社，2009.

[7] 刘春丹. 财经应用文写作[M]. 北京：北京大学出版社，2017.

[8] 邓红. 经济应用文写作[M]. 重庆：重庆大学出版社，2016.

[9] 付家柏. 财经应用文写作[M]. 北京：清华大学出版社，2014.

[10] 郭英立，秦颐，吴成巍. 经济应用文写作[M]. 北京：清华大学出版社，2016.